本书由教育部人文社会科学研究青年基金项目资助，是作者主持的2013年度教育部人文社会科学研究青年基金项目“企业年金制度可持续发展的理论分析及实证检验”（项目编号：13YJC840026）的最终研究成果。

企业年金制度
可持续发展的理论分析及实证检验

刘军丽◎著

Theoretical Analysis And Empirical Test of The Sustainable Development of Enterprise Pension System

中国经济出版社
CHINA ECONOMIC PUBLISHING HOUSE
北 京

图书在版编目（CIP）数据

企业年金制度可持续发展的理论分析及实证检验 / 刘军丽著 . -- 北京：中国经济出版社，2019.9

ISBN 978-7-5136-5915-4

Ⅰ . ①企… Ⅱ . ①刘… Ⅲ . ①企业 – 养老保险 – 研究 – 中国 Ⅳ . ① F842.67

中国版本图书馆 CIP 数据核字（2019）第 209300 号

责任编辑　贺　静
责任印制　巢新强
封面设计　华子设计

出版发行　中国经济出版社
印 刷 者　北京中石油彩色印刷有限责任公司
经 销 者　各地新华书店
开　　本　710mm × 1000mm　1/16
印　　张　18
字　　数　257 千字
版　　次　2019 年 9 月第 1 版
印　　次　2019 年 9 月第 1 次
定　　价　69.00 元
广告经营许可证　京西工商广字第 8179 号

中国经济出版社 **网址** www.economyph.com **社址** 北京市东城区安定门外大街 58 号 **邮编** 100011

目 录

第一章 绪 论

第一节 企业年金概述

理论界定是制定相关政策的基本前提，实践中对于“企业年金”的泛化理解已经影响到了企业年金制度的发展，因此，有必要从理论上对相关概念予以清晰界定和阐述。我国养老保障体系改革正面临巨大挑战，养老保障体系顶层制度设计尤为关键，因此，系统地厘清企业年金的概念，是研究企业年金制度的前提和条件。

一、企业年金的基本内涵

年金是指在一定年限内按年度（或按期）支付的一定数额的现金收益，通常是指以保障退休后（养老）收入为目的的收益。企业年金（Corporation Pension），顾名思义，就是企业向职工提供的养老金或企业退休金。在不同的国家，企业年金的具体规定和制度都有所不同，但都是指在公共养老金制度之外，企业为本企业职工提供一定程度的退休收入保障的养老金制度。企业年金的概念包括两层含义：①企业年金的主体是企业，即企业年金的提供者是企业。企业包括多种雇主形式，可以是单一雇主，也可以是联合雇主，甚至可以是政府或某一行业。②企业年金以延期支付方式存在，即企业年金是将职工的一部分报酬或应获得的企业利润延期到未来退休时支付。

在国外，与“企业年金”类似的概念有补充养老保险计划（Supplementary

Pension Schemes）、职业年金（Occupational Pension）、第二层次养老保险（Second Pillar Pension）、私人年金（Private Pension）、自愿养老保险（Voluntary Pension）等，它们的含义基本一致，都是指由企业提供的养老金，其实质是以延期支付方式存在的职工劳动报酬的一部分，或者是职工分享企业利润的一部分。①

企业年金可以按照不同的分类标准进行划分：一是按照年金的缴费和支付方式来划分，分为缴费确定型（Defined Contribution Pension，DC型）和待遇确定型（Defined Benefit Pension，DB型）。在DC型计划下，职工退休后的收入取决于在职时的缴费积累和投资收益积累的总额。在DB型计划下，企业在职工退休后定期按固定金额给付退休金，其给付数额在退休前已经事先确定。二是按照企业在建立年金计划中的自愿程度来划分，可以划分为强制性、准强制性和自愿性企业年金。强制性企业年金是按照国家法律规定建立年金计划；准强制性企业年金是根据工会与雇主的集体谈判建立年金计划；自愿性企业年金是企业自愿为职工建立年金计划。②

我国的“企业年金”概念是为了与国际接轨，由原有的“企业补充养老保险”更名而来，其作用与国际上其他国家的概念基本相似。最初的“补充养老保险”在实践中不断地摸索，在内涵上不断地演变，逐渐形成现在的“企业年金”概念。最初我国于1991年颁布的《国务院关于企业职工养老保障制度改革的决定》中就提出了“国家提倡、鼓励企业实行补充养老保险”，这里的“企业补充养老保险”是“企业年金”的雏形，当时的目的是建立由基本养老保险及补充养老保险构成的多重支柱的养老保障体系，但补充养老保险的缴费、运营和管理等具体操作细节一直没有得到确认。

经过十多年的试水，2000年，国务院颁布了《关于完善城镇社会养老保障体系试点方案》，正式将“企业补充养老保险”更名为“企业年金”，并提

① 杨燕绥．国外企业年金的历史沿革及经验［J］．劳动保障通讯，2004（3）：38–41.

② 郑秉文，孙守纪．强制性企业年金制度及其对金融发展的影响——澳大利亚、冰岛和瑞士三国案例分析［J］．公共管理学报，2008，5（2）：1–13.

出“有条件的企业可为职工建立企业年金，并实行市场化运营和管理。企业年金实行完全积累，并采用个人账户方式进行管理，费用由企业或者由企业与职工共同缴纳”。至此，我国初步确立了养老保障体系发展的方向，即由基本养老保险、企业年金和员工商业养老保险共同构成的三支柱养老保障体系，企业年金从此正式登上中国养老保障体系改革的舞台，被称为养老体系的“第二支柱”。

目前我国的“企业年金”概念仍未完全统一，还有少数企业依然沿用“补充养老保险”的概念，有些企业则是“企业年金”和“补充养老保险”两个概念并用，这与企业年金制度概念的推广不力和覆盖不足是有因果关系的。

二、企业年金与职业年金的区别

长期以来，由于我国的企业和事业单位的养老分离，机关事业单位的养老金长期高于企业养老金。为了减少养老差异、逐渐统一养老制度，国务院于2015年1月印发了《关于机关事业单位工作人员养老保险制度改革的决定》，该文件指出，我国机关事业单位与企业养老保险制度并轨，建立统账结合的基本养老保险制度、职业年金等多支柱体系。同时，国务院又印发了《机关事业单位职业年金办法》，人力资源和社会保障部、财政部联合印发了《职业年金基金管理办法》等配套文件，进一步确定了我国职业年金制度和其市场化运营的规则，“职业年金”的概念开始在我国的养老保障体系中出现。

虽然企业年金和职业年金同为养老保障体系的第二支柱，但是两者在制度属性、缴费来源和缴费比例账户虚实、社保经办机构作用等方面都存在明显的区别。

（1）制度属性。企业有建立企业年金的自主选择权，可以根据自己的经济实力、行业前景和发展目标，与本企业员工一起协商建立。其目的在于增加员工福利、增强对员工的吸引力、提高企业凝聚力，以及稳定人才队伍；而职业年金则是国家强制建立的，其主要目标是保证我国企业、事业单位改革前后待遇水平的衔接。

（2）缴费来源和缴费比例不同。企业年金由企业和员工一起缴纳，各自的缴费比例由企业和员工协商确定，只要在国家规定范围的8%的上限以下即可［2018年度出台《企业年金办法》（人社部发〔2017〕36号）的最新规定］，该规定给予企业非常大的自主权，企业可以依此规定对员工进行不同比例的缴费，从而提高激励效率；机关事业单位职工的工资等收入源于国家财政拨款，因此，职业年金也来自财政，其缴费不应由单位自主决定，而是按规定由单位缴费8%，员工缴费4%，比例固定。

（3）账户虚实不同。企业年金的个人账户由企业员工缴纳，因此是实体账户，不能仅仅采取记账形式。同时，企业缴费部分虽然暂时不计入个人账户，但也必须是实账，即企业缴费多少，企业的年金账户记账多少；而职业年金来自财政全额拨款，因此单位缴费部分可以采取记账式管理，减轻当期的财政负担。

（4）社保经办管理机构作用不同。社保经办管理机构在管理企业年金的过程中，只参与企业制定的年金方案的审核工作，不具有年金代理人的职能，企业年金的代理和投资运营等需要由企业来决定委托哪些具备资格的相关机构来管理运营。社保经办管理机构在经办管理职业年金过程中作用更大，体现在三个方面：一是负责职业年金个人账户的管理；二是受理参保登记、核定缴费、基金归集、关系转移、核定待遇等相关业务，其中大多数过程与基本养老保险的经办管理相一致，可以统一受理；三是充当机关事业单位的职业年金代理人角色，中央养老保险管理中心和省级社保经办机构代表机关事业单位及职工，集中行使委托投资运营职责，起到受益人和基金管理机构之间的纽带作用。

三、企业年金的基本特征

不同国家企业年金制度都是基于本国发展背景建立的，有其历史、社会和经济的特殊性，但是不同国家的企业年金作为一种养老保险制度，都是实现公民养老的手段和工具，因此又有其共同性。总结起来，企业年金具有以下最基本的特征：

（1）私属性。企业年金的私属性是相对于公共养老的公共性而言的。企业年金基金以个人账户为基础，由两部分构成，一是缴费期的缴费金额，二是缴费期和领取期的年金投资收益，这些基金积累均归个人所有。公共养老金一般是通过财政税收或者其他强制的方式将养老金纳入国家财政，然后参考个人缴费水平和当地实际退休需要向退休人员提供。公共养老金属于社会资源的再分配，其目的是保障员工的基本退休生活水平、体现社会公平。与公共养老金不同，企业年金是社会资源的初次分配，其目的是维持员工退休后的生活水平、保障缴费人的养老金水平。

（2）税惠性。由于企业年金客观上减轻了政府当期的养老负担，政府一般会利用税收优惠政策给予相应的鼓励，鼓励社会中更多的企业和员工参与企业年金制度。企业出于能够为企业减少税款的目的、员工出于能够延期支付税款的目的，都增加了参与企业年金的动力。许多国家已经通过税收优惠手段使企业年金覆盖范围和基金积累规模在较短时期内获得迅速扩展，税收优惠也已经成为企业年金制度获得快速发展的国际经验。

（3）积累性。按照年金缴费方法的不同，企业年金制度分为DB型和DC型。DB型为待遇确定型，即企业年金在员工退休后的给付金额是确定的；DC型为缴费确定型，即由员工和企业缴费的多少及投资的获益决定员工退休后的给付金额。在DC型模式下，个人缴费责任和个人获益权益对等，可以有效防范人们的道德风险和逆向选择问题，因此目前大部分国家建立的年金制度都是DC型。DC型企业年金重在积累，每次积累的金额越多、积累时间越长，个人账户的积累额就越大、退休后得到的养老金就越多。

（4）支付方式多样性。企业年金支付方式具有一定的灵活性，可以根据员工的不同需求作出相应的规定。退休后的支取方式分为按年支付、按月支付、退休后一次性支付等多种支付方式。有些企业年金计划在拟定合同时会加进一些灵活性条款，如允许职工在遇到买房、子女上大学、罹患重大疾病等需要巨额现金支出的情况时，从企业年金个人账户积累额中提前支取或借贷一部分。

（5）投资性。企业年金的缴费期限覆盖了人们的整个工作生涯，时间跨度很大，例如，某员工从22岁工作一直到65岁退休，那么缴费期限将长达44年。这么长的时间跨度如果只是将企业年金基金放入银行中，资金安全性虽然提高了，但是由于通货膨胀和经济增长，企业年金基金的购买力实际上是在降低的。因此，企业年金必须到资本市场上进行运营，以获得超过通货膨胀和保持与经济增长持平的盈利，这也是国际上通行的做法。

四、企业年金制度的作用

企业年金制度的作用在不同的历史时期有所不同。1875年至二战以前，在自由市场经济比较发达的国家，企业为了缓和劳资矛盾以及应对市场竞争需要，主动为员工提供企业年金以吸引和保留员工，这个时期企业年金建立的目的源于自身需求，因此由企业进行自我管理；在二战之后的一段时期内，西方国家实施了普惠式高给付的公共养老金计划，员工对企业年金的需求减少，使得企业年金发展几乎停滞；直到19世纪80年代后，在人口老龄化和经济衰退双重危机下，高给付的公共养老金计划难以为继，西方各国政府开始通过立法和规范来激励企业年金计划，从而将养老责任部分地转移给企业，以减轻政府养老压力。

经过100多年的发展，企业年金制度在市场经济国家的经济社会生活中日益显现出其他一些重要功能，其附加价值逐渐体现出来。发达国家的实践证明，企业年金制度具有减轻政府负担和提高退休人员生活水平的基本作用。然而，任何制度都具有两面性，企业年金制度在为社会和部分群体带来利益的同时，也会由于制度的设计、运行及推广等方面的不完善，而对社会和另一部分群体带来负面影响。

（一）企业年金制度的积极作用

1. 减轻政府财政的支付压力，完善国家多支柱养老保障体系

单一支柱的公共养老金制度下，政府包揽了养老保障的全部或大部分责任，抑制了企业保障责任和个人保障动力，使得员工过于依赖政府的养老功

能，政府保障责任被无限扩大，严重限制了国家财政支出能力，压缩了老年人提高生活水平的空间。可以说，当前企业年金制度能够在全世界得以推广的很重要的一个原因在于，它是多国政府为了应付公共养老财政支出逐渐捉襟见肘的产物。在企业年金制度中，企业和员工承担了更多的养老责任，企业为员工提供企业福利、承担有限的社会责任，员工为自己的养老承担缴费责任。企业年金制度是各国养老保障体系改革追求效率和公平的结果，企业年金的出现在很大程度上缓解了公共养老金的压力，完善了国家养老保障体系。

2. 与资本市场互动，壮大本国资本市场力量

企业年金基金本身由于缴费期长、领取期长、投资运营期长，具备了资本市场所需的良好资产的特性，即稳定性和长期性。另外，参与企业年金的企业和员工众多，又可以为资本市场提供大量资金，因此具备了资本市场所需的资产规模性。从企业年金基金的稳定性、长期性和规模性等方面综合来看，企业年金基金是资本市场不可多得的优良的入市资产。大规模企业年金基金追求长期稳定投资回报的特点，将会对资本市场的制度、结构和效率产生极其重要的积极影响。而资本市场的成熟度、活跃性及稳定性也会反过来影响企业年金制度的推广和企业年金基金的积累。

3. 减少劳动力逆向选择，提高企业竞争力

对于企业来说，企业年金既是一种福利工具，又是一种薪酬制度。企业年金的实质是将员工现期的一部分工资转移到退休后领取，因而企业年金也是员工参与企业管理和企业利润分配的一部分。企业年金制度可以减少公共养老制度下的劳动力市场中的逆向选择问题。对于企业来说，如果将其作为人力资源管理的一个手段或工具，通过设计不同的企业年金方案，将员工待遇与企业经营状况紧密联系在一起，将员工眼前利益和长远利益统一起来，就能最大限度地调动员工的积极性与创造性。另外，通过建立企业年金计划，还可以稳定企业劳动力队伍，吸引和留住一些优秀的管理人才和技术人才，从而提高企业的经济效益和竞争力，实现企业经济效益最大化的目标。

4. 克服员工短视行为，保障老年生活水平

如果人是完全“理性”的，那么他就能够在整个工作时期为自己积累足够多的养老金。然而，通常人不是完全理性的，他可能会在工作时期为自己积累一部分养老金，但也有很多人在工作时期就消费掉自己大部分的工资，能够保留下来的养老金十分有限。人的短视行为导致退休后的生活消费习惯仍维持不变，加上收入减少，因此生活水平总体下降。当企业为员工建立企业年金计划后，由企业委托相关机构负责管理这笔基金资产，员工一般情况下在退休之前不可以支取，这就相当于强制员工进行养老储蓄，从这个角度来看，企业年金制度有助于克服员工的短视行为，保障员工退休后的生活水平。

除以上促进作用外，企业年金在现代企业管理制度、劳动力市场优化、金融体系监管等方面也有一定的促进作用，这里不再一一赘述。

（二）企业年金制度的负面作用

1. 阻碍劳动力自由流动

企业年金在稳定劳动关系的同时也制约了劳动力的流动。首先，企业培训员工需要付出一定的成本，企业不希望已经经过培训的并且具有熟练技能的员工离开本企业，甚至会防止个别员工流失到竞争对手那里，因此，企业会通过规定享有企业年金计划的最短年限来限制本企业员工的向外流动。其次，企业的生产需要稳定的团队合作，在一起工作时间较长的员工之间的合作更为默契，遇到问题时沟通更为有效，有利于提高生产效率和工作效率。基于此，企业不希望劳动力流动过快，因为这种情况不仅影响生产竞争力，同时也加大了企业寻找适合工作岗位劳动力的成本。最后，企业虽然不希望本企业的员工外流，但同时又希望吸引其他企业高素质人才流入本企业，那么提供优厚的福利就成为重要手段，而企业年金就是一项比较有吸引力的福利措施。基于以上三个原因，企业用提供企业年金的方式激励员工为本企业长期工作，同时也可以约束员工为了能够获得足额的企业年金待遇，必须要服务较长年限甚至一直到退休。这样，企业年金计划实际上就成了一种“隐蔽合同”，阻碍了劳动力的自由流动。

2. 扩大社会贫富差距

企业年金制度按照政府是否强制企业参与，可以被划分为强制性企业年金制度和非强制性企业年金制度。目前，大多数国家实施的是非强制性企业年金制度，也就是说，只有“有能力并且有意愿”的企业才会参与到企业年金制度中来。在实施非强制性企业年金的国家中，“有能力有意愿”本身就意味着企业自身已经非常强大，它既有充分的财力应付大额企业年金缴费，又有足够的信心应对长期缴费的压力。这些能够做到“有能力有意愿”的企业，其员工在社会中已经属于高收入群体，参与企业年金制度会使该企业员工的收入比其他企业高出更多。再者，政府为了推广企业年金制度往往采取税收优惠措施，只有参与了企业年金制度的员工才有资格享有税收优惠，这使得员工之间的收入水平差距进一步扩大。因此，非强制性企业年金制度的确造成了贫富差距扩大的负面影响。

3. 部分养老责任转移

在原有单一养老金的框架下，政府是公共养老金的提供者，承担着无限养老责任，无论养老金收支是否平衡，政府都要负担公共养老金的支付。如果政府的养老金收入长期小于养老金支出，政府财政将无法负担，那么政府就有可能采取降低公共养老金支付待遇的措施以减少财政压力，带来的后果就是社会成员退休后的生活水平整体下降。在多支柱的养老保障体系下，政府将部分养老责任转移到企业和员工身上，企业和员工可以通过参与企业年金制度和商业养老保险来为养老作出积累，政府只负担最低水平的公共养老责任。因此，多支柱的养老金体系其实是将政府的养老责任部分转移到了企业和员工身上，企业和员工将承担一部分养老责任。

4. 企业和员工的养老风险加大

在单一养老金体系下，政府是唯一的养老金提供者，公平分配是这个制度得以运行的必要条件。在公平分配原则下，每个人每月得到的养老金多少由国家统一确定，每个人缴费多少和退休后的收入不存在完全相等的关系，因此个人无须为养老金的管理和运营风险担忧，政府最需要解决好的问题就是养老金的代际转移和收支平衡，只要能够做到收支平衡，就不存在养老金进行市场化运营的问题，也就不存在运营的风险。但是在多支柱的养老保障体系下，由于企业年金的缴费、管理和运营完全由企业和员工决定，收益完全由企业和员工获得，政府在其中的作用只是监管和引导，并不直接参与到企业年金的收取、运营和发放等过程中，政府对企业年金没有收取和分配的权力，因此政府不需要承担责任。一旦企业年金基金遭遇风险，损失将由企业和员工承担。在某些国家，政府有可能通过建立某种赔付制度承担一小部分补偿责任，但最终承担绝大部分风险的仍是企业和员工，这在2008年的国际金融危机中就已经显现了出来。

第二节　研究背景和意义

一、研究背景

早在1991年，国务院就提出了“随着经济的发展，逐步建立起基本养老保险与企业补充养老保险和职工个人储蓄性养老保险相结合的制度”，国家的“十三五”规划纲要中又提出“构建包括职业年金、企业年金和商业保险的多层次养老保险体系”，至此，企业年金制度在我国已经发展了近30年。但是经过近30年的发展，企业年金制度并没有像最初预期的那样获得平稳、快速的发展，反而在公平性、覆盖面、保障性等方面都不尽如人意。首先，企业年金制度的公平性没有得到重视。截至2017年年底，参与企业年金制度的企业为8万户，参与人数为2331万人，积累基金共计12880亿元，分别比2007年增加了4.8万户、1402万人、11361亿元，企业数和参与人数增长均为1.5倍，而基金积累增长幅度则高达7.48倍。由此可以推断，首先我国企业年金制度在过去的发展模式下已经出现了严重的失衡，基金积累增长幅度远高于企业参与数和员工参与数，这说明在过去10年间，企业年金成为少数人“快速增长”的补充养老金，企业年金制度的公平性诉求被严重忽略。其次，企业年金制度的第二支柱地位没有得到体现。截至2017年年底，参与企业年金制度的企业数占全国企业法人单位数的0.44%，参与人数（参与缴费人数）占全国城镇总就业人数的5.49%，无论是企业参与数量还是参与人数数量都非常低。同时，企业年金覆盖率（包括参与缴费人数和年金领取人数）占全国城镇总就业人数的5.19%，与城镇职工基本养老保险人数相比，仅占到5.79%。由此可见，企业年金制度在多支柱的养老保险体系中的地位非常低，与其第二支柱的地位极不相符。最后，企业年金制度的养老保障功能没有实现。世界银行建议，若要保持退休后生活水平与退休前基本一致，养老金总替代率不能低于70%。由于人们收入水平提高和政府养老财政支出危机，我国基本养老保险的替代率已经由最初的70%迅速降至40%左右，这部分缺口亟须作为第二支柱的企业年金来抵补，但事实上，我国的企业年金的替代率在2012—2017年一直徘徊在4.5% 左右，占总替代率的比例很低，企业年金的养老保障功能并未实现。

企业年金制度发展滞后，已经到了必须改革的时候。企业年金制度的建立归根结底是由我国人口老龄化加速决定的，人口老龄化问题直接催生了企业年金制度。我国的人口老龄化形势非常严峻，突出表现在规模大、速度猛、未富先老、抚养比高等方面。到2011年年底，我国60岁以上老年人口约为1.85亿人，占总人口比重的13.70%，65岁以上老年人口约为1.23亿人，占总人口比重的9.10%；到2017年年底，我国60岁以上的老年人口突破了2.40亿人，占总人口比重的17.3%，其中，65岁以上的老年人突破了1.58亿人，占总人口比重达到11.40%。老年人口总数增加了近1/3，占总人口比重增加约2.5个百分点。到2050年，中国老年人口将超过4.8亿人，到2035年前后，我国将接近老龄化社会。世界其他老龄化国家大部分已经步入了高收入水平国家行列，而我国进入“老龄化高原期”则是处在中等收入水平阶段，并且与地区间、城乡间收入差距的严重失衡状况相叠加，与家庭小型化、空巢化、高龄化状况相叠加，导致养老问题更加突出。截至2017年年底，我国的老年人口抚养比已经高达15.86%，随着生育率不断降低、医疗水平越来越高，可以预见我国的老年人口抚养比将会逐年增加。

综上所述，企业年金制度的产生和发展，有利于促进社会公正和人们共享国家发展成果，它既是应对人口老龄化风险的需要，又是提高人们退休生活水平的保障。但是经过近30年的发展，我国的企业年金制度并没有像政府和专家最初预期的那样顺利地发展，相反，在发展过程中一直受到来自各个方面、多种因素的制约。因此，基于可持续发展视角，厘清企业年金制度的变迁轨迹，认识企业年金制度发展中的局限，以及剖析企业年金制度的制约影响因素，对于研究企业年金制度的可持续发展具有重要意义。

二、研究意义

企业年金是目前社会上的热点问题，虽然企业年金制度在我国已经发展了很多年，但它并没有如人们期望般地顺利发展，无论是发展规模、覆盖范围，还是分布结构等，在发展过程中都受到多种因素制约，实现企业年金制度的可持续发展成为遥不可及的目标。因此，研究如何促使企业年金制度可持续发展、实现三支柱社会养老保障体系改革目标，成为亟待解决的难点和热点问题。本书的写作具有以下重要意义：

（1）为企业年金制度指明发展方向。社会保障制度的价值理念是实现“公平”与“效率”的辩证统一，当前企业年金制度更多追求的是“效率”，发展的结果却是既不“公平”又没有“效率”。本书通过对企业年金制度的价值理念重新进行审视，可以为其指明发展方向。

（2）为促进企业年金制度发展提供决策依据和理论支持。企业年金制度发展过程中受到企业与个人微观因素的综合影响，本书从企业和个人角度剖析企业年金制度建设运行中影响可持续发展的因素及其产生根源，可以为促进企业年金制度可持续发展提供决策依据和理论支持。

（3）为我国建立可持续发展的企业年金制度提供行动指南。企业年金制度改革总是停留在走一步算一步的层面上，基于可持续发展目标的企业年金制度的发展机制和路径尚未形成。探索企业年金制度可持续发展的实现路径，可以为企业年金制度提供行动指南。

（4）为完善社会养老保障体系奠定基础。近年来，人口老龄化加速给我国财政支付和社会发展带来了威胁。本书将从制度变迁角度出发研究企业年金制度的发展，有助于认识企业年金制度产生的根源和发展目标，从而确立适合我国国情的企业年金制度，为完善社会养老保障体系奠定基础。

综上所述，企业年金制度可持续发展是完善社会养老保障体系亟待研究和解决的问题。本书从制度创新的视角进行研究，构建符合中国国情的可持续发展的企业年金制度的理论体系和应用体系，这对于解决企业年金制度发展中存在的问题，以及缓解企业年金制度发展中的短期行为对社会经济的负面影响，具有实际应用价值和前瞻性，同时，也为我国政府部门进一步制定和规范企业年金的法律法规等正式制度及政策措施奠定了理论框架和方法论基础。

三、国内外研究现状和趋势

近年来，企业年金制度在我国发展受阻，国际金融经济危机也给国际上许多国家的企业年金制度带来了严重冲击，使得当前学术界纷纷关注企业年金制度的发展问题，相关研究主要包括以下4个方面。

1. 企业年金制度价值理念方面的研究

企业年金制度已经获得了普遍认可，但是制度本身也带来了一些公平性方面的问题。例如，企业年金制度只能给工作稳定的劳动者提供较高的养老保障，而对于工作不稳定、间断性工作或者没有工作的群体却无法实现其保障功能，从而扩大了社会的收入差距，不利于社会公平（Fabio，2005；Armeanu，2010）；不公平的企业年金制度是不可持续的，为了确保企业年金制度的公平性，应对企业年金进行结构调整，关注弱势群体的利益，使其覆盖更多的劳动者。（Meyer et al.，2008；何文炯，2010）。

2. 企业年金制度发展影响因素方面的研究

影响企业年金制度发展的因素有税收优惠政策、发展均衡程度、投资风险、监管体系等。西方国家的经验表明，企业年金制度的快速发展离不开政府的税收优惠支持（Hernaes et al.，2011）。在没有足够的税收优惠政策的情况下，企业缺乏提供企业年金计划的动力（Mudrack，2007；郑秉文，2010；陆解芬等，

2011；郭磊等，2017）。由于大型公司拥有完善的工资协商机制、强大的工会组织以及长期的员工知识培训，企业年金计划通常在大型企业得以建立（Hernaes et al.，2011；Pavolini E. et al.，2018）；企业年金的建立不仅取决于企业规模和行业等供给侧因素，还取决于个人社会人口学特征（Dummann，2008；Tamborini et al.，2013）；Burger的研究则认为，雇员参与企业年金计划和雇员的雇佣年数与员工地理位置相关（Burger，2011）；工会在企业年金制度中发挥着重要作用，工会集中程度、工会协调能力、工会权利资源等因素都可以影响雇主建立企业年金计划的决策（Yoshida et al.，2012；Keune，2018）。我国建立企业年金计划的企业大多数集中在发达地区、垄断行业和大中型国有企业（郭庆然，2010；朱铭来等，2015）。金融市场的发展促使全球金融机构将企业年金基金投资风险转嫁给普通家庭，导致投资者要承担投资决策错误的损失（Hastings et al.，2011；Conrad，2012）；员工投资水平也会影响企业年金制度的发展（Amos，2011）；由于金融市场发生了巨大变化，国家监管部门均已经不适应新的金融市场环境（Bridgen et al.，2009）。我国的企业年金基金监管体系存在企业年金监管法律法规体系不够完善、没有统一的监管机构、信息披露制度不够健全、监管人员素质偏低等问题（丛春霞，2010）；我国的企业年金市场存在恶性竞争现象，导致政府失灵（杨燕绥，2011；钱振伟等，2009）。

3. 企业年金制度发展对策方面的研究

实施部分TEE模式能够使企业年金税收优惠困境得到缓解（郑秉文，2010；郭磊等，2015）。风险预警模型能够分析员工生命周期内风险投资与风险投资的差异（Dirk et al.，2010）。Braun等（2011）根据企业年金基金的资产分布和投资回报，建立了企业年金基金支付预警模型。Grande等（2011）认为建立风险准备金制度可以转移员工的企业年金投资风险。为衡量企业年金投资市场收益水平及其变动趋势，杨长汉（2011）设计了企业年金指数，为企业年金基金投资的不同资产配置提供决策依据。Burger等（2011）认为采用定量监管模式可以有效降低企业年金基金的投资风险和管理风险。Roth（2010）认为鼓励社会组织对企业年金制度进行监督有助于减少企业年金管理风险。辜毅等（2009）

借鉴美国和欧盟在企业年金可携带性问题上的经验和最新研究成果，结合我国构建养老保障体系的目标，指出通过科学设计与完善法律体系，才能促进企业年金的可携带性（辜毅等，2009）。Clark R.等（2017）认为，如果雇主为雇员提供学习职业年金计划的相关知识，则会增加雇员的参与比例。

4. 对现有研究的评述

综上所述，学术界在促进企业年金制度可持续发展方面的研究尚处于探索阶段，存在如下不足：①目前对企业年金制度可持续发展的价值理念的研究较为少见；②有关企业年金制度尚未形成统一的可持续发展的理论与评价指标体系；③有关影响企业年金制度可持续发展因素的研究缺乏实证基础；④在探讨企业年金制度可持续发展的实现路径方面，缺少数据支持及科学的实证分析方法。

因此，本书将在前人研究的基础上，主要从以下4个方面解决企业年金制度可持续发展问题，包括：构建企业年金制度可持续发展的理论评价指标体系并进行评价；塑造企业年金制度可持续发展的价值理念；基于理论体系和实证分析方法，构建企业年金制度可持续发展的影响因素模型；在影响因素模型基础上，探讨企业年金制度可持续发展的实现路径。

四、本书的研究内容、研究创新与研究方法

本书的研究目标是为企业年金制度的可持续发展提供理论支持和应用建议，从而为政府部门更好地设计和推进企业年金制度提供理论支持，构建和谐的社会养老保障体系。

（一）研究内容

1. 中国企业年金制度变迁与可持续发展的理论和评价

实现制度可持续发展的重心和动力源于制度创新，因此，本书拟以制度变迁和可持续发展两个基础理论为主线，展开研究企业年金制度，并对现行的企业年金制度进行评价。本书首先围绕制度变迁理论，以制度历史发展进程为研究对象，从企业年金制度的历史起源、制度运行环境变化、制度的路

径选择、制度演化过程与制度发展目标等时间维度，对我国的企业年金制度变迁进行理论与实践分析；同时，围绕可持续发展理论，以制度现实运行过程为研究对象，从企业年金制度的覆盖情况、发展速度、替代率与实施效率等截面维度，构建企业年金制度可持续发展的评价指标体系。分别从历史发展角度和现实运行角度构建了企业年金制度可持续发展的理论体系，为实现企业年金制度可持续发展提供了理论支持。

2. 企业年金制度可持续发展价值理念研究

企业年金制度建设之所以成效不显著，症结在于没有形成普遍认同的价值理念。本书将企业年金制度的发展置于社会养老保障体系变迁的背景下，研究企业年金制度价值目标的动态变化与可持续发展的价值理念。企业年金制度可持续发展思想不能简单地将企业年金制度与可持续发展的概念相加，而应该从内涵上加以深入解析，依据我国企业年金制度的性质和特点，辨析企业年金制度与可持续发展之间的关系。与以往研究不同，本书不但从理论角度来分析企业年金制度可持续发展的价值理念，还对企业及员工进行深入访谈，识别企业年金制度的价值取向认知，通过从理论角度和实践角度综合分析，获得更为客观、真实的企业年金制度的可持续发展的价值理念。

3. 企业年金制度可持续发展影响因素模型研究

本部分将在研究企业年金制度发展现状基础上，分析企业年金制度可持续发展的影响因素，构建企业年金制度可持续发展的影响因素模型，并剖析影响因素产生的根源。企业及其员工是参与企业年金制度的核心行为主体，因此本书分别探讨影响企业和员工参与企业年金制度决策的因素并构建模型。企业参与决策的影响因素包括企业财务能力、企业特征和参与者意愿等；员工参与决策的影响因素包括企业年金政策、个人特征和企业特征等。在前续研究的基础上，进一步剖析影响因素产生的根源，为寻找企业年金制度可持续发展的实现路径奠定基础。

4. 企业年金制度可持续发展实现路径研究

企业年金制度比较健全的国家主要集中在经济合作与发展组织（OECP）

国家中，这些国家的企业年金制度经过了长期的探索和改革，已经发展成为比较成熟的制度，这为我们提供了非常宝贵的经验。本书在探讨企业年金制度可持续发展的实现路径时，将充分借鉴这些国家的成功经验，并结合企业年金制度可持续发展的影响因素模型，探索具有可实施性的实现路径。

（二）研究创新

1. 重塑企业年金制度可持续发展价值理念

这部分研究利用理论和实证相结合的方法，一方面，利用制度经济学与社会保障等相关理论，明确企业年金制度是以“效率”还是以“公平”为核心目标。另一方面，通过问卷调查进行实证分析。调查对象包括已经建立企业年金计划的企业和尚未建立年金计划的企业的员工，了解这些员工对企业年金制度的价值理念的认知。综合理论分析和实际调查研究，塑造企业年金制度可持续发展的价值理念，为企业年金制度可持续发展确定发展方向。

2. 构建企业年金制度可持续发展的评价指标体系

评价一项制度是否可持续，需要构建相应的评价指标体系，但是目前有关企业年金制度评价指标体系构建的研究非常有限，现有文献大都是关于社会保障或养老保险评价指标体系的研究。针对这种情况，本书尝试参考国内外养老金制度的评价指标体系，针对我国企业年金制度的特点，构建合理的企业年金制度可持续发展的评价指标体系，为实证分析我国企业年金制度的可持续性提供理论依据。

3. 构建企业年金制度影响因素模型，并依据模型结论提出可持续发展的实现路径

针对有关企业年金制度定性研究多、定量研究少，理论研究多、实证研究少的现状，以及现有权威数据欠缺的困境，本书通过搜集上市公司数据和实地调查数据，深入探讨和分析企业年金制度发展过程中制约企业与员工参与决策的主要因素，并通过构建影响因素模型来剖析各影响因素的作用及影响程度，为探讨企业年金制度可持续发展的实现路径奠定了实证分析基础。

（三）研究方法

本书将坚持理论联系实际、定性分析与定量分析相结合的原则，综合运用不同学科的多种研究方法和手段，解决所提出的问题。

1. 文献法

本书收集的文献种类比较广泛，既包括国际与国内公开发行和出版的学术论著、期刊论文、网络资料和报纸杂志，又包括相关会议的前沿学术资料，还包括有关政府及非政府组织的相关调查报告及研究资料。通过对这些文献的整理、归纳与分析，本书的研究视野得到扩展，研究思路得到延伸，在继承前人成果的基础上，创造性地形成了自己的研究视角和研究思路。

2. 规范研究与实证研究相结合的方法

本书在研究企业年金制度可持续化问题时，从多个学科领域进行阐述，涉及社会学领域的适度人口论和人口转变理论；经济学领域的制度变迁理论、可持续发展理论、个人有限理性理论、效用理论等；管理学领域的企业激励理论、公平理论、期望理论等；财政学领域的税收优惠理论。通过对这些理论进行演绎推理，判断和分析现行企业年金发展进程与这些理论之间存在的偏差。结合实证研究，利用强有力的证据来说明问题的客观真实性，探究表象所反映的问题的本质。

3. 定性和定量相结合的方法

为了研究影响企业年金制定可持续发展的深层次原因，本书不仅对企业年金制度相关问题作了质的分析和把握，而且通过广泛的数据收集和多层次、多角度的数据分析使这些问题清晰地呈现出来。通过对重点对象进行深入访谈，对影响因素进行初步探索，并在专家的指导下设计调查问卷；使用小样本测试问卷的效度与信度，优化调查问卷，在此基础上进行大样本的调查，以尽可能地降低估计误差。面对上市公司数据存在的多种数据误差，运用统计工具进行数据清理和完善；采用以上数据搜集方法搜集数据并构建了计量经济学模型，利用多种计量经济学方法对模型进行了深入分析，以期探索企业年金制度可持续发展的影响因素及其数量关系。

第二章　多层次养老保障体系与中国企业年金制度变迁

当代西方养老金制度于20世纪30年代到60年代建立并完善起来，但是在20世纪70年代，伴随着两次世界石油危机而来的全球经济危机使社会开始动荡不安，原有的养老金制度已经不能满足人口老龄化的转变和人们日益增长的对养老的需求，西方国家开始不断探索和调整养老金制度改革的方向和目标，以适应社会经济环境的变化。各种形式的非公共养老保障制度开始运行，包括企业年金和员工储蓄性养老保险。于是，多层次的养老保障体系应运而生，企业年金制度也成为多层次养老保障体系的重要一环，逐渐被引入多个国家的养老金制度体系中。

第一节　多层次养老保障体系

一、养老保障体系危机与改革原动力

由于各个国家的历史条件不同、经济发展水平不同以及国家对养老保障体系的价值取向不同，每个国家在各自发展历史进程中选择了适合自身发展的养老保障体系。虽然各国养老保障体系不完全相同，但可以依据参与主体在养老制度中承担的责任将其分类，以寻求其中的共同点，从而发现世界养老保障体系发展的轨迹和规律。

承担养老责任的主体一般有三方，即政府、企业和个人，在保证养老待遇水平一定的前提下，三个主体之间承担的责任大小呈现出此消彼长的关系。

可以根据这三方在养老制度中的责任和义务大小，将其分为四类：[①]第一类是基于公平观的养老制度，即政府承担大部分养老责任，企业和个人的责任有限。这种养老制度属于福利国家的特色。这种养老模式属于现收现付制，即由当期工作的年轻人为已经退休的老年人提供养老资金，在这种模式下，容易产生逆向选择问题。由于这种模式的不可持续性，很多国家已经开始从"公共养老金制度"向"私人养老金制度"改革。这些福利国家包括英国、瑞典、丹麦、芬兰、挪威及冰岛等国。第二类是基于效率有限的养老制度，即企业和个人承担大部分养老责任，政府仅承担很小部分责任。这种模式是在公平与效率的选择上，以效率为首要追求目标，属于收入关联模式，即待遇给付与收入和交付挂钩。企业和个人缴纳的基金是养老金的最主要来源，政府提供的养老保险以维持老龄人口基本生存水平为基础，因此财政支付非常有限，即便是在人口老龄化趋势日趋严重的情况下，也能够根据自身财政能力作出调整。这种模式强调的是三方的养老责任分担，是当前各国比较推崇的一种模式。目前实施这种养老模式的国家有美国、德国及日本等国。第三类是完全公平的养老制度，即养老金完全由政府提供，养老金属于社会再分配，其目的是实现全社会公平。这种模式是政府通过对全社会的资源进行再分配实现养老公平的模式，苏联和改革前的中国就属于这类模式，即国家保障模式。目前这类模式已不再受到欢迎，主要原因是实施国家保障模式的国家经济水平不够发达，政府没有足够的财力支撑养老责任。另外，这种模式下养老分配一味地追求社会公平而缺乏效率，会导致整个社会生产缺乏效率，生产力发展受到制约。第四类是政府不承担养老责任，所有养老金完全由企业或个人承担，认为养老属于私人责任。这种模式下的效率得到了最高体现。如果企业富有、个人工作能力强，则个人退休后的收入水平就高；反之就低。这种模式属于储蓄型保险模式，其特征是个人基金完全积累。这种模式以智利和新加坡为代表。

---

① 李连友．基本养老保险制度中政府作用研究［M］．长沙：湖南人民出版社，2004：66-69.

通过比较可知，第一类和第三类养老保险强调的是政府责任，政府在社会养老中扮演重要角色，政府通过税收来实现收支平衡，企业和个人无须为未来的养老问题担忧。第二类和第四类养老保险强调的是企业和个人责任，养老基金来源于企业和个人的缴费，政府只是起到财政“兜底”或者监督的作用。

在20世纪初期至中期，很多国家都建立了由政府承担养老责任的公共养老保险制度。由于公共养老保险制度社会化程度高、覆盖面广、保障水平高，一直备受人们推崇。20世纪70年代之前，一些发达国家的公共养老保险无论是收支规模、占GDP比重，还是在养老保障体系中的地位，都是所有社会保障项目的重中之重。但是20世纪70年代后，世界经济开始普遍不景气，公共养老保险的持续巨额支出使政府对公共养老保险的支持力度不得不减弱，传统的以公共养老保险为主的养老保障体系受到严重冲击，需要改革才能调和养老保障体系与经济发展之间的矛盾。养老保障体系危机主要来源于三个方面：首先，20世纪70年代前后世界各国经济发展速度放缓，高福利国家的高福利承诺导致了财政支付危机。20世纪70年代前后，受到石油危机的影响，各国经济增长速度明显开始放缓，许多国家的养老保障制度面临入不敷出的窘境。尤其是西方一些发达国家在步入福利社会后，政府需要对在职的劳动力征收高额税款，以应对名目繁多且水平较高的各种福利支出，这导致在职劳动力选择主动失业或提前退休。劳动力退出劳动市场使社会生产动力进一步遭到破坏，征收的税款也随之相应减少，养老负担日益严重，公共养老已经无法继续维系原有水平。其次，发达国家和发展中国家相继陷入人口老龄化的困境，造成全球普遍出现因人口老龄化而导致的养老金支付困难的境况。由于经济的快速发展，人们生活水平不断提高，医疗水平也大幅提升，人类的平均寿命在短短几十年间就增加了二三十岁，这在以往几千年的人类发展历史中从未出现过，这就导致很多国家面临一个共同的问题，即低死亡率和低出生率，人口老龄化加速了财政支付危机。最后，工业化的发展促使城市化进程加快，大量的农村剩余劳动力涌入城市，城市人口规模快速膨胀，原有的自给自足式的农村人口在短时期内加入城市大军，成为依靠政府财政养老的群体。农村人口涌入城市使原本就面临支付压力的政府财政雪上加霜，进一步恶化了财政支付危机。

以上问题的出现给各国的养老保障体系带来了挑战，各国不得不着手养老保障体系的改革。养老保障体系的建设与各国的经济水平、政府的价值取向、劳动力市场状况、金融体系与资本市场完善程度等方面联系密切，改革并没有一个统一的路径可遵循，但是在长期摸索和实践过程中，各国却找到了一个统一的规律，即养老保障体系由单一支柱向多重支柱转变能够有效解决经济发展速度放缓、人口老龄化加速、社会化进程加快等带来的财政支付压力大等问题。

二、多层次的养老保障体系

世界银行通过对多个国家的养老问题进行调查研究发现，无论是发达国家还是发展中国家都面临财政支付问题，原有的养老保障体系已经不再适合人口老龄化下的世界经济发展，无法保证国家养老目标的实现，养老保障体系改革面临困难的抉择。通过对多个国家的改革经验进行总结，世界银行发现，各国解决问题的基本思路是一致的，就是将单一的养老保障体系过渡到多支柱的养老保障体系，能够有效化解财政支付危机、解决养老保险问题。

（一）“三支柱”养老保障体系

1994年，世界银行在《防止老龄危机——保护老年人及促进增长的政策》报告中首次提出并向各国政府推荐建立养老金制度“三支柱”的思想和建议，这一改革思路很快获得了认可，并成为目前绝大部分国家采取的养老模式。该报告的立足点是全球的发达国家和发展中国家，其核心理念是解决全球人口老龄化问题，解决的基本思路是将养老保障制度由单一养老保障过渡为多重养老保障。

世界银行提出的多支柱养老体系是基于区分老年经济保障制度的三种功能——再分配、储蓄和保险来设计的，其主要理念是将养老保障制度的储蓄功能和再分配功能相分离，以期实现在一个养老保障制度框架下有效地保护老年人生活（通过再分配实现）和促进经济增长（通过储蓄和保险功能实现）。世界银行认为政府可以建立一个由“三支柱”构成的养老保障制度，如图2–1所示。

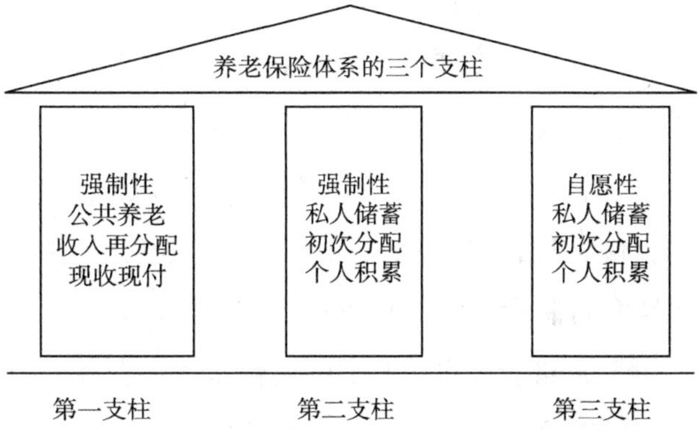

图2–1　世界银行建议的“三支柱”养老保障体系

第一支柱是强制和非积累制的养老保险，属于由政府管理的DB型（待遇确定型）制度。这个支柱属于公共管理型的强制性制度，属于社会再分配范畴，其目标是有限度地缓解和消除老年人中的贫困问题，而不是让老年人达到“富裕”，因此这一支柱提供的保障十分有限。第二支柱属于由市场管理的强制性DC型（缴费确定型）制度。这一支柱属于私人经营的强制性储蓄制度，属于养老储蓄范畴，是社会的初次分配，但是这一支柱强调的是“强制性”。第三支柱是自愿性养老储蓄。该支柱也属于养老储蓄范畴，是社会的初次分配，强调的是“自愿性”。通过单一支柱的养老保险向多支柱的养老保障体系过渡，使多个支柱共同发挥作用，能够有效缓解人口老龄化带来的社会养老问题，保障老年人的生活（第一支柱的社会资源再分配），促进经济增长（通过积累实现社会资金储蓄）。

世界银行的报告强调了通过个人储蓄账户提供老年财政保障的第二支柱的重要作用。在世界银行提出“三支柱”养老保障体系之后，以第二支柱为基础的养老金改革在拉美国家、东欧和中欧等经济转型中的国家中得到广泛推广。但是有学者研究认为，世界银行1994年提出的“三支柱”建议忽略了养老保障体系的主要政策目标以及微观经济框架下的保险和储蓄的作用，第二支柱可能由于覆盖率低、政府对养老储蓄高回报率支持、高额的个人账户管理费用、养老金风险长期锁定到退休等原因而缺乏可持续性（Gill et al.，2005）。[①]

（二）“五支柱”养老保障体系

Holzmann等（2005）扩展了世界银行的“三支柱”框架，提出了“五支柱”养老保障体系的建议，该建议被用于实现全体公民普遍享有老年收入的目标。[②]如图2-2所示，5个支柱分别为：零支柱，即职工缴费的养老金计划，提供最低限度的保障，以消除全民贫困为目的，是全民的社会养老金形式；第一支柱，强制性缴费制度，是非积累性的，与个体收入水平挂钩；第二支柱，是不同形式的个人储蓄账户性质的强制性个人储蓄账户；第三支柱，是自愿性的缴费，可以采取多种形式，包括个人缴费、雇主资助，可以是待遇确定型或缴费确定型，但大都是基于灵活自愿原则而建立的；第四支柱，是非财务支柱，包括家庭之间或隔代之间对老年人的经济或非经济援助、卫生保健和住房方面的资助，实现的是更为广泛的社会目标。该框架指出，养老保障制度的主要目标应该是提供充足的、可负担得起的、可持续的和有力的退休收入，政府应该基于这个目标改善本国的养老保障制度。

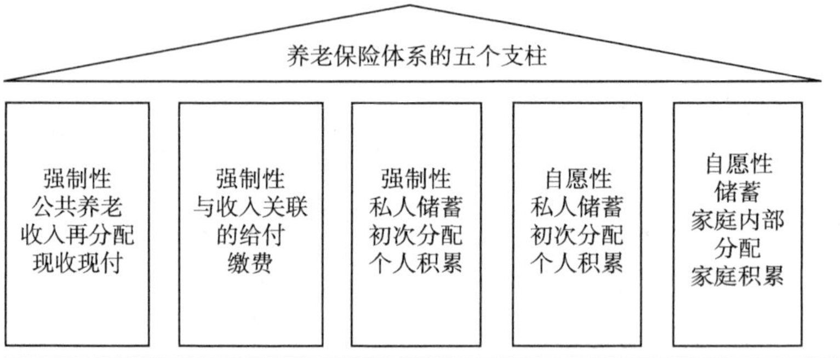

图2-2 “五支柱”养老保障体系

① Gill, I., Packard, T.,Yermo, J. Keeping the Promise of Social Security in Latin America［M］. Stanford, CA, Stanford University Press，2005：xxi，341.

② Holzmann, R. ,Hinz, R., von Gersdorff, H., Gill, I., Impavido, G., Musalem, A.R., Palacios, R., Robolino, D., Rutkowski, M., Schwarz, A., Sin, Y. and Subbarao, K. Old-age Income Support in the 21st Century［M］. World Bank，2005.

与“三支柱”的多层次养老保障体系相比，“五支柱”的多层次养老保障体系扩展出两个支柱，即“零支柱”与“第四支柱”。“零支柱”的目的是消除老年贫困，属于普享型或补救型的养老金，其目标群体范围要比第一支柱和第二支柱更为广泛。“零支柱”对于政府来说起到社会稳定器的作用，对于社会贫困阶层来说具有重要的养老功能，尤其是在低收入国家，最低的养老收入保障是不可缺少的。“第四支柱”是包括了更为广泛的社会政策目标的养老制度，除去社会养老保障外，扩展了更多领域的养老功能，包括非正式扶持（如家庭养老）、其他正规社会福利计划（如医疗保险），以及其他个人金融或非金融资产（如房屋所有权）。相对于“三支柱”的养老保障体系来说，“五支柱”的养老保障体系能够为发达国家和发展中国家的社会、经济和政治带来更积极的影响。①

第二节　中国企业年金制度的产生背景

人口老龄化及其引起的财政危机是催生我国企业年金制度的根源，企业年金制度的重要作用又在人口老龄化加速的进程中不断被认知和强化，所以有必要对人口年龄变动带来的养老危机进行分析，以更好地把握企业年金制度产生的背景和实现目标。

一、适度人口理论与人口转变理论

（一）适度人口理论

适度人口理论是探讨一个国家在现有的资源、科学技术水平下最适宜的人口规模的学说，有时称之为“适中人口论”“时中人口论”或“最优人口论”，是人口理论的一个概念。它最初探讨最适宜的人口数量，后来扩展到探讨最适当的人口密度和人口素质。适度人口论出现于19世纪晚期，正式形成

① Holzmann, R. ,Hinz, R., von Gersdorff, H., Gill, I., Impavido, G., Musalem, A.R., Palacios, R., Robolino, D., Rutkowski, M., Schwarz, A., Sin, Y. and Subbarao, K. Old-age Income Support in the 21st Century ［M］. World Bank,2005.

于20世纪初期，当时，资本主义国家人口出生率和自然增长率趋于下降，担心未来劳动力和兵员不足，一些西方学者提出“人口不足”和“人口过剩”都不是理想的人口状态，因而试图寻求适宜国家发展的“适度人口”。

适度人口理论的奠基者是英国经济学家 E. 坎南，以坎南为代表的理论属于早期适度人口理论。坎南认为，递增的人口不一定会使产业生产率递减，而递减的人口不一定会使产业生产率递增，在一定时间内，能够获得最大生产率的、在一定面积土地上生存的人口数量是一定的。坎南由此归纳了一个规律，即在一定生产条件下，人口既不能太多，也不要太少，以一个适度的人口数量，才能获得最大的生产率，从而获得最大的经济收益。[①]该规律可用图2–3表示，横轴代表一个国家或地区的人口规模，纵轴代表该国或地区的人均产量，可以看出人均产量随着人口规模的变动而变动，在“适度人口”的人口规模下，人均产量达到最大，即生产最优化。图中虚线左侧，一国或地区的人口规模比“适度人口”少，表明这个国家或地区人口规模不足，没有充分利用各项资源，包括劳动力、技术、资金等，从而导致人均产量过少，经济发展受到人口不足的制约；图中虚线右侧表示如果人口规模比“适度人口”多，则该国或地区的人口规模处于“人口过剩”状态，也就意味着在现有资源的限制下，社会上的劳动力无法充分就业或者已经实现充分就业，但实现不了劳动力资源的最大利用，反而造成了劳动力资源的浪费。一个国家或地区的人口规模只有在某一特定的数值时才是这个地区的“适度人口”。

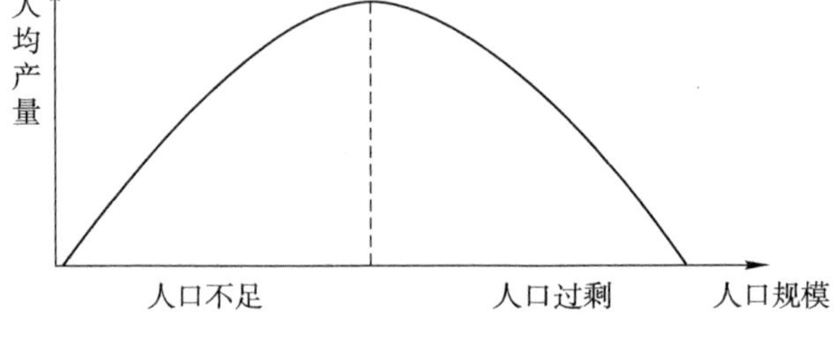

图2–3　适度人口论

① 李仲生．人口经济学：第 3 版［M］．北京：清华大学出版社，2013：140.

在坎南之后又有很多经济学家对适度人口理论进行了研究。其中，瑞典经济学家 K. 维克赛尔认为，人口增长对经济的作用会“出现完全相反的两种趋势：一是由于人类只有极少量的土地或自然资源，一般来说，劳动生产率会下降；二是为了对付自然界的束缚，人力的结合、分工、协作以及产业的组织往往是重要的。在这两种趋势相互抵消时，确实会有适度人口规模”①。这段话的含义是，人口增长对经济的作用是两个相反的方面，当其他条件不变时，单纯的人口增长使得人均土地和资源减少，人均劳动生产率会降低；但是当生产条件发生改变时，人均劳动生产率会先增后减。维克赛尔还指出，适度人口规模不是一成不变的，人口规模的增长应与社会的新发现、新发明、新科技、新知识等相适应。

20世纪前期的适度人口理论是对人口的静态分析，即在假设生产技术、物质资源、产品分配、人口年龄结构、工作时日等要素条件不变，并且社会实现充分就业，也没有发生国际贸易和移民的情况下，考察人口数量规模与社会收益量或者社会福利的相互关系。然而，现实中的这些条件不但是不断变化的，而且有些条件的变化非常剧烈，例如，生产技术一直在发生巨大的变化，国际贸易量也不断加大，等等，因此静态分析“适度人口”是不现实的。后来人们开始意识到静态分析的不足，将研究视角逐渐转变为动态分析，即在假设某些条件发生变动的情况下，分析人口的适度规模与社会收益或者社会福利的相互关系。“动态适度人口论”的代表人物是法国人口学家索维，他将适度人口分为“经济适度人口”和“实力适度人口”，“经济适度人口”是从经济角度出发的适度人口，是指与人均产量最高点相对应的人口数；“实力适度人口”是从国家或地区的实力出发考虑的适度人口，是指在一定国家或地区内保证最大实力的人口数。索维认为，“经济适度人口”就是能够使国民获得最大经济收益和福利的人口，“实力适度人口”就是能够使国家获得最大综合实力的人口。政府除追求经济目标之外，还要为追求政治目标和军事

① 陶裕春 . 人口经济学概论［M］. 北京：北京大学出版社，2018：196.

目标而增加人口，因此，实力适度人口永远大于经济适度人口，而且适度人口的经济目标与实力目标是一致的。这一理论将“适度人口”的概念从经济领域扩大到非经济领域，考察人口增长和非经济社会因素方面的关系，提出了从国力、军力、经济等方面来衡量“适度人口”。索维提出了衡量“经济适度人口”和“实力适度人口”的9个指标，包括个人福利、福利总和、财富增加、就业、实力、健康长寿、寿命总和、文化知识和居民人数等。

索维在此理论的基础上又提出了“适度人口增长率”的概念，研究人口增长和变化会给经济发展带来的影响，试图从人口增长与经济增长的关系来探寻两者之间的均衡关系，从而确定“适度人口增长率”。这一概念将“适度人口”概念扩展到了“适度人口增长率”，扩展了人们研究人口规模的视野和研究角度。索维认为，人口增长太慢或者太快都不利于经济的增长。人口增长太慢，不利于促进社会生产力的发展，社会生产会缺乏劳动力，从而导致生产力不足；而人口增长太快又会给家庭和社会带来一定的负担，由于物质有限性和生产能力有限性，新增的人口分享了其他社会成员本应享有的经济成果。人口增长总有一个平衡点，能够使得社会负担和经济增长达到一个平衡点，这才是适度的人口增长率。

（二）人口转变理论

适度人口理论认为，在一定时期、一定经济条件和资源条件下，某个国家或地区会有一个均衡的人口规模，这一人口规模在社会负担与经济增长之间寻得一个平衡点。这一定理对于我国来说也是成立的，也就是我国应该存在一个适度的人口规模与当前的经济发展程度及社会发展状况相适应。但是我国的实际情况是，现阶段人口增长速度及人口绝对规模背离了经济发展所需要的适度人口，处于绝对人口过剩状态，这和我国现有的资源拥有量与技术发展程度相背离，国家经济发展因此受到严重阻碍，人民群众的经济利益也遭受损失。目前我国的人口增长已经表现出了负面效应，例如，长期存在过剩劳动力、无法实现充分就业、人们劳动收入低下、土地资源开发过度、社会资源出现紧缺等，这些都表明现阶段我国的人口规模不是我国现在应该具备的“适度人口”。虽然我国社会财富得到前所未有的快速积累，但是多出生的人口在一定程度上又导致了人均拥有财富的减少。由上述“人口转变”理论可知，目前我国的这种状态已经经历了人口迅速积累期，步入了第四个阶段，即“出生率减速，死亡率稳定”阶段。但由于从第一阶段跨越到第四阶段时间过快，造成了人口大量积压，使得我国的很多制度和政策都来不及调整，以应对过多的人口增长。

“人口转变”是指随着社会经济条件的发展变化，各种人口现象处于同一相互联系的体系中，呈现出有规律地、阶段性递进转变的现象。一般来讲，随着社会经济条件的好转，人口转变表现为人口从高出生率和高死亡率向低出生率和低死亡率的转变。“人口转变”理论是专以人口的发展阶段、演变过程及其生成原因为研究对象的人口学说，该理论产生于20世纪30年代的西方，是为了对西欧、北美的人口死亡率和生育率下降的历史过程加以描述和解释，同时，该理论也可用于对发展中国家人口发展趋势进行预测。美国人口学家汤姆逊（U. S. Thomson）于1929年首先提出该理论，后由法国人口学家兰德里（A. Landry）加以补充，又由美国人口学家诺特斯坦（F. W. Notestein）全面发展为一套人口理论。西方国家的学者对人口转变阶段的划分及其理论阐述存在分歧，但是在某些基本认知方面还是存在基本一致的共识的：①

（1）人口转变包括死亡率转变与出生率转变这两个既相对独立又相互影响的环节，这种转变总是以死亡率下降为先导，以出生率降至接近甚至低于死亡率水平为完结。

（2）出生率和死亡率由传统社会的高水平向现代社会的低水平转化，是任何一个社会或迟或早都必然要经历的人口转变过程，这一人口转变过程可按照一定的人口统计指标及其相应的社会经济特征，划分为不同的人口转变阶段。

（3）经验表明，在人口转变进程中，出生率与死亡率的下降并不同步，两者间存在一个“时滞”，即出生率的下降通常比死亡率的下降滞后数十年乃至上百年的时间，其间必将引发人口数量的急剧膨胀，即所谓的“转变增长

① 罗淳．人口转变进程中的人口老龄化——兼以中国为例［J］．人口与经济，2002（2）：38-43.

阶段”。但在人口转变接近尾声时，由于出生率与死亡率都相继降到较低水平并趋于相对稳定，这时人口将会呈现出“零增长”甚至“负增长”状态，进而形成所谓的“静止人口”或“稳定人口”。

（4）人口转变的根本动因在于其所依存的社会经济背景是生产力的发展，科学技术的进步和现代化的实现促成了人口转变。

由以上基本共识可以总结出西方人口转变理论的研究实际上包括两个层面：一是对人口转变过程本身的统计描述；二是对人口转变背景的解释。法国人口学家兰德里将人口转变过程划分为三大阶段，分别是“原始阶段”“中期阶段”及“现代阶段”，它们分别与经济发展时期互相适应并依次更替。美国人口学家诺特斯坦则将从农业社会向工业社会过渡的人口转变过程划分为四个阶段，即“前工业化时期”“初步工业化时期”“进一步工业化时期”和“后工业化时期”。在总结西方学者及国内学者的研究基础上，依据人口转变理论，将人口转变过程划分为以下五个阶段。

第一个阶段是“高出生率、高死亡率”阶段。这一时期由于生产力水平极低，死亡率虽时高时低，却一直维持在一个较高的水平上，为了补偿人口的高死亡率，人口的出生率也很高，并且和死亡率基本持平，人口增长接近零增长。在这一时期，由于出生率与死亡率都处于高位，两者间的差距尚未拉开，人口转变非常有限，是人口转变前的比较稳定的阶段。

第二个阶段是“高出生率、死亡率减速”阶段。当出生率依然维持在较高水平时，近代科技的发展使得死亡率开始稳步下降，但因人口发展过程中的滞后作用和人们生活水平的提高，人口出生率一直维持在较高水平。高出生率和逐渐降低的死亡率使得人口自然增长率升高，人口规模开始进入加速增长时期，人口转变也随之开始。

第三个阶段是“出生率减速、死亡率减速”阶段。在死亡率稳步下降持续了相当一个时期后，人口发展过程的时滞作用结束，人们逐渐意识到高出生率会导致社会平均物质生活的降低，随后出生率也开始下降，并且下降幅度逐渐加大。而死亡率则由上一阶段的高速下降时期转变为低速下降时期，这是因为技术进步带来的死亡率降低常常是有限的，高龄导致死亡的趋势则是不可避免的，当技术发展到一定程度时，死亡率主要是由寿命终结带来的。这一时期，出生率刚开始降低，而死亡率则降到非常低的速度，因此人口自然增长率呈持续上升趋势，人口转变自此进入了高峰时期，人口增长迅猛。

第四个阶段是“出生率减速、死亡率稳定”阶段。为了维持现有的生活水平，人们逐渐降低了出生率和人口增长速度，这表现为出生率的持续下降。而死亡率经过以上阶段的减速已降至低位并趋于较低的稳定状态，这时出生率与死亡率之间的差距越来越小，人口增长速度逐渐减慢。

第五个阶段是“低出生率、低死亡率”阶段。当生活水平处于较高水准时，人们的生育观发生了变化，社会出生率降到最低水平。而技术的进步也导致了人们寿命的延长，死亡率也降至最低水平。出生率和死亡率都维持在一个非常低的水平，人口自然增长率又恢复到了第一阶段的“零增长”状态，标志着人口转变过程结束。

需要注意的是，第一阶段和第五阶段人口“零增长”的背景是不同的：前者是经济非常低下的时期，高出生率与高死亡率导致的人口“零增长”，后者是经济非常发达时期的低出生率与低死亡率导致的人口“零增长”。表2-1显示了人口转变的不同阶段的出生率和死亡率的数量特征，以及人口自然增长率的数量特征，由某一国或地区的出生率和死亡率就可以推出这个国家或地区正处于人口转变的哪个阶段，由此为国家制定相关人口政策和经济政策提供背景依据。

表2-1 人口转变阶段的参量指标 (‰)

参量指标	第一阶段	第二阶段	第三阶段	第四阶段	第五阶段
出生率	≥ 40	≈ 40	20~40	≈ 20	≤ 15
死亡率	≥ 38	30~35	15~30	10~15	≤ 13
自然增长率	≤ 2	5~10	10~25	5~10	≤ 2

资料来源：罗淳．人口转变进程中的人口老龄化——兼以中国为例［J］．人口与经济，2002（2）：38–43.

二、中国人口老龄化与财政支付危机

在未来几十年，我国将面临人口老龄化的显著加速，原因有三个方面：一是计划生育政策导致出生率下降并且潜移默化地影响了人们的生育观；二是人们健康状况有所改善，预期寿命不断延长；三是我国20世纪50年代、60年代、80年代前后的三次婴儿潮时期出生的婴儿陆续进入老年。相较而言，前两个原因对我国的人口老龄化影响更为深远，第三个原因只是造成短暂的人口失衡。这三个原因综合起来，将在未来的几十年里使我国人口结构发生重大变化：老龄人口、超高龄人口比重逐渐加大，劳动年龄人口比重逐渐缩小，由此将导致老年抚养比上升、公共养老保险支出压力进一步加大。如果不对此加以控制，任此风险持续下去，将会对我国的经济发展和人们的安居乐业产生巨大的不利影响。

（一）中国的人口老龄化

参照罗淳（2002）研究人口老龄化的指标体系，将1990—2018年的相关指标数据进行整理，得到表2-2。该表由“人口转变过程”和“人口老龄化过程”两个部分组成，分别反映了我国在1990年后的人口转变趋势和人口结构趋势。

表2-2　1990—2018年中国人口转变与人口老龄化过程

年份	1990	1995	2000	2005	2010	2015	2016	2017	2018
人口转变过程									
出生率 /‰	21.06	17.12	14.03	12.40	11.90	12.07	12.95	12.43	10.94
死亡率 /‰	6.67	6.57	6.45	6.51	7.11	7.11	7.09	7.11	7.13
平均预期寿命 / 岁	68.55	70.80*	71.40	72.95	74.83	76.34			
增减幅度									
出生率 /‰		−3.94	−3.09	−1.63	−0.5	0.17	0.88	−0.52	−1.49
死亡率 /‰		−0.10	−0.12	0.06	0.60	0.00	−0.02	0.02	0.02
平均预期寿命 / 岁		2.25	0.60	1.55	1.88	1.51			
人口老龄化过程									
≤ 14 岁少儿人口比重 /%	27.70	26.60	22.90	20.30	16.60	16.52	16.64	16.78	16.86
≥ 60 岁老年人口比重 /%						16.10	16.70	17.30	17.90

续表

年份	1990	1995	2000	2005	2010	2015	2016	2017	2018
≥ 65 岁老年人口比重 /%	5.60	6.20	7.00	7.70	8.90	10.50	10.80	11.40	11.90
增减幅度									
≤ 14 岁少儿人口比重 /%		−1.10	−3.70	−2.60	−3.70	−0.08	0.12	0.14	0.08
≥ 60 岁老年人口比重 /%							0.60	0.60	0.60
≥ 65 岁老年人口比重 /%		0.60	0.80	0.70	1.20	1.60	0.30	0.60	0.50

注：老龄化国际公认标准：60 岁占比 10%，或 65 岁占比 7%（占总人口比重）。

资料来源：《中国统计年鉴（2018）》，表中标注 * 的 1995 年平均预期寿命实际为 1996 年数据。

由表2–2可以看出，近30年来，我国人口发生了巨大的转变，逐渐从“后期减速期”演变到“低位静止期”。出生率由1990年的21.06‰降低到2000年的14.03‰，到达“低位静止期”的临界值15%，然后又迅速降低到2018年的10.94‰，2015—2017年，由于二胎政策的出台，出生率下降速度有所减缓，但到了2018年，二胎政策的集中爆发效应已过，出生率又下降了近1.5个千分点，可见出生率总的趋势是下降的。1990—2018年我国的死亡率整体变化不大，说明出生率与死亡率之间的“剪刀差”在不断合拢，逐渐趋向于均衡，当出生率与死亡率相等时，人口规模维持不变，一旦出生率低于死亡率，人口规模将开始递减。得益于经济的快速发展，我国居民的平均预期寿命提升非常快。1990年的平均预期寿命还在68.55岁的水平上，但是到2015年，则上升至76.34岁，也就是说，在25年间，我们的平均寿命每一年都要增长0.3116岁，这在国际历史上是非常快的增长速度。

人们的平均预期寿命的增加与出生率的降低使得我国人口老龄化加速。我国小于等于14岁少儿的人口比重从1990年的27.70%降低到2018年的16.86%，降幅达到10.84个百分点。同期，大于等于65岁的老龄人口比重从5.6%上升至11.90%，老年人口比重几乎增长了1倍。这反映出我国人口年龄结构已经开始加速老龄化。由出生率降低、低死亡率和老龄人口比重增加三个指标的变动规律可以预期，下一阶段我国的“低位静止期”将表现出“老龄化高原期”特征，即高龄老人比重一直维持在高位的一段时期。

（二）财政支付危机

人口老龄化带来的直接负面影响就是国家的养老负担过重，财政支出出现危机。表2-3给出了我国1990—2016年城镇基本养老保险参保人数变动，以及基本养老保险收入与支出情况。1990—2016年，我国城镇职工基本养老保险参保人数呈递增趋势，参保人数平均增长速度为7.3%，覆盖面扩大速度较快，但不能忽略的一个变化是，城镇职工基本养老保险参保人数包括在职职工人数和退休人员人数两部分，其中职工人数的平均增长速度为6.7%，而退休人员人数平均增长速度为9.4%。也就是说，1990—2016年，退休人员人数增长对城镇基本养老保险覆盖人数增长的贡献更大，是城镇基本养老保险覆盖面扩大的主要因素，这恰恰反映出我国城镇基本养老保险缴费人数增长速度远不如退休人员人数增长速度，在基金现收现付模式下，这意味着基金收入增速不抵基金支出增速。

表2-3显示出我国基本养老保险基金的收入和支出都在逐年递增。主要原因包括：其一，通货膨胀的影响。通货膨胀使得名义基金金额比实际基金金额更高。其二，覆盖面扩大。由于我国的基本养老保险覆盖面在逐步扩大，缴费人数和发放人数都在增加。其三，缴费率的变动。在OECD国家，养老金通常与工资增长率挂钩，而我国将养老金与工资增长率和通货膨胀率同时挂钩，但实际上具有很大的随意性，如在2006年之前上涨很少，但是在2006年后每年大约上涨10%。①

我国基本养老保险基金收入与基本养老保险基金支出同时增长，但是收入的平均增长速度小于支出的平均增长速度。如果加上人口未来的老龄化趋势，劳动人口逐年减少，能够收缴的基本养老保险基金会逐年降低，基本养老保险基金收支之间矛盾会更加凸显和尖锐。同时，基本养老保险基金支出的刚性越来越强，支出水平越来越高，而基本养老保险基金收入增长的刚性不强，造成基本养老保险基金的收支压力逐年加大。事实上，近年来有很多省份的基本养老金已经收不抵支。

---

① 封进.可持续的养老保险水平——全球化、城市化、老龄化的视角[M].北京：中信出版社，2016：31.

表2-3　1990—2016年城镇基本养老保险参保人数变动与基本养老保险收入支出情况

年份	城镇职工基本养老保险参保人数 / 万人	其中：职工人数 / 万人	其中：退休人员人数 / 万人	基本养老保险支出 / 亿元	比上年增长 / %	基本养老保险收入 / 亿元	比上年增长 / %	养老金支出占养老金收入的比重 /%
1990	6166.0	5200.7	965.3	149.3	25.7	178.8	21.9	83.5
1991	6740.3	5653.7	1086.6	173.1	15.9	215.7	20.6	80.3
1992	9456.2	7774.7	1681.5	321.9	86.0	365.8	69.6	88.0
1993	9847.6	8008.2	1839.4	470.6	46.2	503.5	37.6	93.5
1994	10573.5	8494.1	2079.4	661.1	40.5	707.4	40.5	93.5
1995	10979.0	8737.8	2241.2	847.6	28.2	950.1	34.3	89.2
1996	11116.7	8758.4	2358.3	1031.9	21.7	1171.8	23.3	88.1
1997	11203.9	8670.9	2533.0	1251.3	21.3	1337.9	14.2	93.5
1998	11203.1	8475.8	2727.3	1511.6	20.8	1459.0	9.1	103.6
1999	12485.4	9501.8	2983.6	1924.9	27.3	1965.1	34.7	98.0
2000	13617.4	10447.5	3169.9	2115.5	9.9	2278.5	15.9	92.8
2001	14182.5	10801.9	3380.6	2321.3	9.7	2489.0	9.2	93.3
2002	14736.6	11128.8	3607.8	2842.9	22.5	3171.5	27.4	89.6
2003	15506.7	11646.5	3860.2	3122.1	9.8	3680.0	16.0	84.8
2004	16352.9	12250.3	4102.6	3502.1	12.2	4258.4	15.7	82.2
2005	17487.9	13120.4	4367.5	4040.3	15.4	5093.3	19.6	79.3
2006	18766.3	14130.9	4635.4	4896.7	21.2	6309.8	23.9	77.6
2007	20136.9	15183.2	4953.7	5964.9	21.8	7834.2	24.2	76.1
2008	21891.1	16587.5	5303.6	7389.6	23.9	9740.2	24.3	75.9
2009	23549.9	17743.0	5806.9	8894.4	20.4	11490.8	18.0	77.4
2010	25707.3	19402.3	6305.0	10755.3	20.9	13872.9	20.7	77.5
2011	28391.3	21565.0	6826.2	13363.2	24.2	18004.8	29.8	74.2
2012	30426.8	22981.1	7445.7	16711.5	25.1	21830.2	21.2	76.6
2013	32218.4	24177.6	8041.0	19818.7	18.6	24732.6	13.3	80.1
2014	34124.4	25531.0	8593.4	23325.8	17.7	27619.9	11.7	84.5
2015	35361.2	26219.2	9141.9	27929.4	19.7	32195.5	16.6	86.7
2016	37929.7	27826.3	10103.4	34004.3	21.8	37990.8	18.0	89.5

续表

年份	城镇职工基本养老保险参保人数 / 万人	其中：职工人数 / 万人	其中：退休人员人数 / 万人	基本养老保险支出 / 亿元	比上年增长 / %	基本养老保险收入 / 亿元	比上年增长 / %	养老金支出占养老金收入的比重 /%
增长速度 / %	7.3	6.7	9.4	23.3		22.8		

注：表中的参保人数采用的是城镇基本养老保险参保人数，不包括城乡基本养老保险参保人数，这是因为城乡基本养老保险制度于 2014 年开始实施，实施虽然较晚，但是参与人数已经超过城镇基本养老保险。同时，由于缴费水平非常低，城乡基本养老保险基金收支规模还不足城镇基本养老保险的 10%，因此表中参与人数指标采用的是城镇基本养老保险人数，同时，基金指标采用的是城镇与城乡基本养老保险基金总计收支情况。

资料来源：根据《中国劳动统计年鉴》（2017）整理计算。其中基本养老保险基金由城镇职工的基本养老保险基金和城乡居民基本养老保险基金组成。但是在 2010 年前，城乡居民基本养老保险制度刚开始实施，参与人数较少，所以在参与人数部分只考虑城镇参与基本养老保险人数。

当养老金面临财政支付危机而采取其他措施解决问题时，政府将不得不降低养老金的发放标准，这无疑会降低养老金的替代率，而这是我们所不希望看到的。因为改革开放后我国人民的生活水平提高得很快，日益富裕的人们对生活水平的要求越来越高，对养老的要求不可能永远停滞在保障基本养老生活这一层次，所以低替代率的养老金根本无法满足人们的养老需求。

由以上分析可知，传统的养老保障体系无法应对人口老龄化和财政支付危机的挑战，也无法满足人们日益增长的美好生活需要。发达国家解决这些问题的途径包括构建多支柱养老保障体系、延长退休时间、提高出生率、鼓励迁移增加劳动力供给等，考虑到我国结构性失业、低生育愿望、庞大的人口规模等现状，构建多支柱养老保障体系是最值得借鉴的应对方法。有必要发展企业年金制度和其他养老保险制度，解决当前的危机并且实现老年人生活水平更上一层楼。

三、政府建立企业年金制度的动因

企业年金作为我国的养老保障体系的第二大支柱，并不单纯地意味着只是企业给员工更多的养老保障，它更大程度地体现了企业替代国家对公民的养老保障义务和责任，将政府的无限责任还原为有限责任，部分责任转给企业和员工。建立企业年金制度不仅为政府解决了财政支付压力大的燃眉之急，也给政府带来了除去缓解财政压力以外的种种益处，更加坚定了政府建立企业年金制度的态度。

（1）有效缓解政府财政压力。上文中的数据已经说明了我国政府的养老金财政支付压力加大，以及养老金支付导致的财政缺口越来越大的问题。财政的不堪重负，要求我国除基本养老保险资金外，还必须获得新的养老资金来源，以应付人口老龄化带来的财政支付压力，弥补员工退休收入的不足。而企业年金制度以基金积累为主要特色，在企业或行业的组织下有计划地安排消费和储蓄，其缴费主体是企业和员工，政府不负有缴费责任。同样，在年金养老金领取时，积累多少领取多少，政府不必负担年金养老金的支付。这样既可以增加员工退休后的收入，又可以有效地缓解现收现付制的基本养老保险带来的财政压力。

（2）提高人们的退休生活水平。长期以来，政府主要依靠基本养老金来维持公民的养老，由于基本养老金具有覆盖广、水平低的特点，有部分公民退休后的收入与退休前的收入差距十分明显，退休后的生活水平急剧下降，在退休后有成为贫困人口的可能。另外，无论在职期间工作的好与坏、时间长与短，退休后的收入都几乎相差无几，这就导致了公民心中不满情绪的积累，造成社会不稳定因素长期存在。企业年金制度的目标是有效提高退休员工的待遇，改善退休员工的生活水平，同时也能起到稳定我国社会的作用。

（3）有利于推进劳动力市场发展。目前我国的劳动力市场包括正规劳动力市场和非正规劳动力市场。正规劳动力市场相对比较完善，这部分劳动力收入待遇高、工作相对稳定、社会保障完善。但在非正规劳动力市场中，由于收入低、缺乏社会保障、工作条件差等，员工流动现象十分频繁，有的员工甚至一年换几个工作，然而非正规劳动力市场的发展规模已经超越了正规劳动力市场，成为我国劳动力市场的主要部分，这就导致了我国劳动力市场非常不完善。在一个不完善的劳动力市场上，将大量存在“跳槽”“挖墙脚”“不辞而别”等现象，而在一个完善的劳动力市场上，员工工作稳定、态度积极、工作效率高。建立企业年金制度将有助于国家推进劳动力市场的发展，这是因为企业为员工提供企业年金计划，相当于提高了员工的工资待遇，员工为这部分提高的工资待遇也需要付出相应的“代价”，即维持自己的工作稳定性，提高对企业的忠诚度以及增加工作努力程度。企业年金计划中对企业年金的锁定和员工权益的保留，可以大大减少员工“不辞而别”等故意违反劳动合同的现象。

（4）能够促进资本市场的发展。企业年金的一个特点是延期支付，相当于一部分薪金不在当期领取，而是延迟到退休后支付。这对于某个员工而言，损失的当期可运用资金量很小，但是将所有当期员工缴纳的企业年金汇总起来就是一大笔资金，而且在长期内将稳定存在。当今发达国家的企业年金基金是本国资本市场的主要资金来源之一，企业年金基金注入资本市场将会提高资本市场的资本容纳量，提高资本运营的效率，也会刺激更多的金融工具创新，对资本市场的发展有积极的促进作用。我国的资本市场仅仅发展了20年，还十分不完善，急需扩充资本市场容量和完善资本市场各种制度，而逐渐积累起来的庞大的企业年金基金将会成为我国资本市场发展强有力的“助推器”。

第三节　中国企业年金制度的变迁

一、制度变迁理论与路径依赖

（一）制度变迁理论

制度变迁的基本动力在于制度的当事人能够从中获取更多的利益。制度之所以存在，是因为该制度能够给当事人带来利益，但在不同的制度之间，这种利益的大小往往会存在差异，因此，人们出于自身利益不断增加的要求，不断地寻求能够带来更高利益的制度安排。如果一项新的制度能够比原有制度带来更多的利益，就意味着这些利益在原有制度安排下是无法获得的，对于原有制度而言，这种“多余的”利益来源于“外部利益”。因此，如何寻找这个“外部利益”，以及如何通过新的制度安排满足“外部利益”的获取，是制度变迁的主要内容，也是制度变迁的目标，决定了制度变迁的路径选择。分析制度变迁过程需要对以下三点进行分析。

（1）制度是否达到均衡。当制度的“外部利益”为零时，或者人们对制度可以进行改进但要付出比获得的“外部利益”更大的成本时，人们对制度进行变迁的动力就会消失，这时候的制度处在一种均衡的状态，即实现了制度均衡。但是制度均衡通常会被外界的力量打破，例如，人们寻找到了更大的新的“外部利益”，或者减少了制度变迁成本，或者原有的制度环境发生了变化，等等，都将打破制度均衡状态，使得制度进入变迁状态。

（2）制度变迁的收益是否大于成本。人们一般会在衡量收益与成本后才会作出相应决策，如果制度变迁的成本大于即将获得的收益，人们就会失去对制度进行变迁的动力，制度变迁也就不复存在。另外，制度变迁会有多种途径可供选择，人们往往会对这些途径进行综合考量，选择变迁成本较小但是收益相对较大的变迁路径。

（3）制度变迁的时滞效应是否减少了人们对制度变迁带来的期望利益。制度变迁的效果不是制度一制定或改进就能够马上得到显现，而是要经历一段时间之后才会显现。一般来说，人们预期外部利益越大，制度变迁的动力就越充足，制度变迁的时滞就越短；人们预期获得外部利益越小，制度变迁就越慢，而且在漫长的制度变迁过程中，可能会由于其他外部力量的冲击，使原有设计的制度变迁途径发生改变，制度变迁的时滞就被延长。

（二）制度变迁中的“路径依赖”规律

“路径依赖”的特定含义是指人类社会中的技术演进或制度变迁均有类似于物理学中的惯性，即一旦进入某一路径，无论好坏，都可能对这种路径产生依赖。“路径依赖”问题是由保罗·大卫于1985年首先提出的，而后马兰·阿瑟在此基础上进一步发展，形成了技术演进中路径依赖的系统思想。1990年，道格拉斯·诺思将其思想拓展到社会制度变迁领域，用“路径依赖”理论成功地阐释了经济制度的演进。道格拉斯·诺思认为，经济生活的“路径依赖”类似于物理世界，事物一旦进入某一路径，就可能对这种路径产生依赖。经济制度的“路径依赖”，存在报酬递增和自我强化的机制，这种机制使人们一旦选择走上某一路径，就会在以后的发展中不断地自我强化。也就是说，人们在某一历史时期作出的选择决定了他们现在可能的选择，即人们现在的决策要依赖于过去曾经作出的决策，所以过去的选择十分重要。如果经济和政治制度历史的选择是正确的，那么现在的变迁沿着既定的路径，可能进入良性循环的轨道，迅速优化；如果历史的选择是错误的，那么也可能顺着原来的错误路径往下滑，这时就要借助外部效应，引入外生变量或依靠政权的变化，才可能实现对原有方向的扭转。“路径依赖”规律存在于制度变迁过程中，并且对制度变迁产生巨大影响。

诺思研究发现，决定制度变迁路径的力量来自两个方面：不完全市场和报酬递增。“不完全市场”决定制度变迁路径的机制是由于市场本身存在复杂性和信息不完全性，制度变迁在信息不完全的市场下有可能偏离原有的制度设计轨道和最初设计的方向，从而改变制度变迁路径；“报酬递增”决定制度变迁路径的机制是由于人们在决定路径变迁方向时总是以利润最大化为原则，如果在变迁过程中出现了更大的利润来源，人们就会转变原有设计的制度变迁路径，转而寻求更优的能够获得新利润的路径。

“路径依赖”规律对制度变迁具有极强的制约作用，并且是影响经济增长的关键因素。如果路径选择正确，制度变迁就会沿着预定的方向快速推进，并能极大地调动人们的积极性，充分利用现有资源来从事收益最大化的活动，促进市场发展和经济增长，这反过来又成为推动制度进一步变迁的重要力量，双方呈现出互为因果、互相促进的良性循环局面。如果路径选择不正确，制度变迁不能给人们带来普遍的收益递增，而是仅有利于少数特权阶层，那么这种制度变迁不仅得不到支持，而且会加剧不公平竞争，导致市场秩序混乱和经济衰退，这种局面一旦出现，就很难扭转。

二、中国企业年金制度的变迁

企业年金制度在我国发展也已经有近30年，通过对这些年企业年金制度发展变化的梳理，并借鉴我国基本养老保险制度变迁带来的经验和教训，有助于探讨企业年金制度的第二支柱重要作用没有得到充分发挥的原因。

企业年金制度的变迁目标是实现制度的可持续性。企业年金制度是我国养老保障体系改革的重要一环，是关乎国计民生的不可或缺的长远制度，因此企业年金制度的设计和规划要具有可持续性。企业年金制度的可持续性包括两个方面：一是制度顶层设计的可持续性；二是资金积累的可持续性。制度顶层设计的可持续性主要是其顶层设计要能够架构一个可持续的、稳健的养老金体制和制定保障该框架可持续运行的政策体系，该制度不会因为环境出现微小变化而必须进行大的变革；资金积累的可持续性就是养老金能够不受其他因素的影响，实现持续缴纳，发放的时候也能够具有连续性，即资金的缴纳和发放过程不被干扰破坏和出现大的波动。我国的企业年金制度的框架已经基本确立，企业年金基金有了一定的积累。但总体来说，我国的企业年金制度起步晚、发展慢、阻碍因素多，运行中依然存在很多问题。

分析企业年金制度的变迁应当考虑两个方面：一个是制度本身政策规则的发展变化，另一个是制度现实情况的发展变化。因此，在研究企业年金制度的变迁时，本书综合考虑了制度政策完善状况和制度发展状况两个方面，对企业年金制度20多年来的发展进行梳理。

（一）制度萌芽阶段（1991—1999年）

1991年，国务院颁布的《国务院关于企业职工养老保险制度改革的决定》中首次提出了“国家提倡、鼓励企业实行补充养老保险，补充养老保险由企业根据自身经济能力为本企业职工建立”，这成为我国建立企业年金制度的起点。该阶段，“企业年金”的概念还没有被提出，它被定义为补充养老保险，被视为和其他企业用于补充养老的资金一样的概念。

1994年，《中华人民共和国劳动法》提出“国家鼓励用人单位根据本单位的实际情况为劳动者建立补充养老保险”，为建立我国企业补充养老保险提供了法律依据。

1995年，国务院颁布的《关于深化企业职工养老保险制度改革的通知》（国发〔1995〕6号）确定了基本养老保险改革方案，提出“国家在建立基本养老保险、保障离退休人员基本生活的同时，鼓励建立企业补充养老保险和个人储蓄性养老保险。企业按规定缴纳基本养老保险费后，可以在国家政策指导下，根据本单位经济效益情况，为职工建立补充养老保险”。该通知确定了补充养老保险在养老保障体系中的地位，并且开始鼓励企业建立企业年金计划，为职工的养老作出筹划。

1995年12月，劳动部发布了《关于印发〈关于建立企业补充养老保险制度的意见〉的通知》（劳动部发〔1995〕464号），确立了补充养老保险制度的基本政策框架，包括建立的基本条件、决策程序、资金来源、管理办法、待遇给付、经办机构、投资运营等，同时也明确了补充养老保险既允许社保机构又允许商业机构办理。

1997年，国务院发布的《关于建立统一的企业职工基本养老保险制度的决定》中又一次提出“各地区和有关部门要在国家政策指导下积极发展企业补充养老保险”。这是由于前期补充养老保险发展并不顺畅，政府决定鼓励和指引企业积极参与到补充养老保险制度中来。

总体来看，这一阶段企业年金得到了初步的发展，但是整体运行呈现出总量低、发展不均衡的特点。截至2000年年底，企业年金制度覆盖人员为560万人，占国家基本养老保险参保人员的5.3%。参保企业为1.6万余户，年金积累基金总量为192亿元，人均3425元[①]。并且，建立行业年金的大多是国有大型垄断企业，中小企业很少参与进来，电力、石油、石化、民航、电信、

① 我国企业年金制度在2000年之前发展水平非常低，缺乏比较权威的官方统计数据，因此，这里利用的是2000年的数据，数据来源于《2000年劳动和社会保障事业发展统计公报》。

铁道等行业基金额度明显高于其他行业，其中电力行业积累达到58.7亿元，占全国积累基金的31%（何平，2002）[①]。由此看来，经过近10年的发展，企业年金仍是覆盖率极低、基金余额过少，发展十分不平衡。

（二）试点阶段（2000—2003年）

鉴于上一时期补充养老保险制度发展缓慢、积累金额少、基本养老保险支付压力增大的情况，政府开始制定有关发展企业年金的一系列政策。这一时期，虽然出台的政策不多，但是明确了企业年金制度的发展方向以及较为具体的实施办法。

2000年，国务院《关于完善城镇社会保障体系的试点方案》（国发〔2000〕42号）正式以文件形式将“企业补充养老保险”更名为“企业年金”，明确了企业年金制度。该文件提出“有条件的企业为职工建立企业年金，并实行市场化运作和管理。企业年金实行基金完全积累，采用个人账户方式进行管理，费用由企业和职工个人缴纳，企业缴费4%以内的部分，可以从成本列支，同时鼓励开展个人储蓄性养老保险”。这条政策包含了三方面含义：一是企业年金采用个人账户方式记账，避免了过去基本养老保险统筹账户的弊端；二是可以实行市场化运作和管理，这在一定程度上允许了养老资金进入资本市场，明确了企业年金盈利性需求的重要性；三是试行税收优惠政策，寻找一些试点进行尝试，为后期政策完善作准备。选取的试点有辽宁、深圳、上海、淄博等地，这些试点基本上以国有企业为主。该文件是一个纲领性文件，具有阶段性和标志性意义，在总结过去养老体系改革的基础和经验上，确定了企业年金发展的基本模式和战略方向，从此我国的企业年金才开始真正进入养老保障体系。

2001年，《国务院关于同意〈辽宁省完善城镇社会保障体系试点实施方案〉的批复》（国函〔2001〕79号）中提出，建立企业年金的企业需具备三个条件：一是依法参加基本养老保险并按时足额缴费；二是生产经营稳定、经济效益较好；三是企业内部管理制度健全。同时提出“大型企业、行业

① 何平．我国企业年金制度发展现状与评价［N］．中国劳动保障报，2002-09-05.

可以自办企业年金，鼓励企业委托有关机构经办企业年金”；“管理和运营企业年金的机构要经过国家劳动与社会保障部门会同财政部门认定和批准”；“企业年金实行基金完全积累，采用个人账户式管理”；“基金费用由企业和职工个人缴纳，企业缴纳在工资总额4%以内可以从成本中列支”。这一文件对企业年金的缴费作了规定，尝试了税收优惠。其不足之处在于，对缴费的额度没有加以控制，对税收优惠的力度没有进行确定，因此后来出现了一些问题。

由于政府开始指引和鼓励，这一阶段与过去相比，整体发展速度增快，总的来说，企业年金的发展已经进入良性发展轨道。《劳动和社会保障事业发展统计公报》(2000—2003年)显示，企业年金的参与人数在2000—2003年具体表现为参保人数急剧增加、基金余额不断积累，如表2-4所示。

表2-4　第二阶段企业年金参加情况

年份	参保企业数/万家	参保企业个数增长率/%	参保人数/万人	参保人数增长率/%	累计结存/亿元	累积额度增长率/%
2000	1.62		560.0		191	
2001	1.75	8.02	655.8	17.11	259	37.93
2002	1.83	4.57	657.0	0.18	260	33.82
2003	2.00	9.29	700.0	6.54	350	66.92

资料来源：根据《中国社会保障状况和政策》、国家统计局公布的数据以及相关资料整理。

(三)制度规范阶段(2004—2009年)

2004年以来，一改往日的“犹抱琵琶半遮面”的状况，一系列企业年金制度的法律法规密集地推出，进入人们的视野，企业年金制度建设框架开始逐步形成，制度开始规范发展。因此，2004年也被认为是企业年金真正意义上的开端。这段时间有较多的政策措施出台，从基金管理办法，到基金投资，再到基金管理机构资格认定等，政策措施涉及范围非常广。

2004年4月，劳动和社会保障部发布《企业年金试行办法》(劳社部发〔2004〕20号)，定于2004年5月开始实施。同时，劳动和社会保障部、银监会、证监会和保监会共同发布《企业年金基金管理试行办法》(劳社部发

〔2004〕23号)。这两个办法分别从企业年金的资金来源和运营两个方面对企业年金的管理作出了规范，是我国企业年金法规的一次重大突破，拉开了企业年金制度规范管理的序幕，奠定了企业年金制度框架和运行机制的基础。

同年，劳动保障部和证监会联合发布《关于企业年金基金证券投资有关问题的通知》(劳社部发〔2004〕25号)，首次对企业年金基金证券投资的开户、清算模式、备付金账户管理等有关问题进行了具体规定，为企业年金入市奠定了重要的制度基础。

2004年12月，《企业年金基金管理机构资格认定暂行办法》(劳社部发〔2004〕24号)对企业年金基金管理机构，报告企业年金基金管理业务的法人受托机构、账户管理人、托管人和投资管理人等补充养老保险经办机构的资格条件分别作出规定。该办法于2005年3月开始实施。

2005年8月1日，劳动和社会保障部发布了《关于公布第一批企业年金基金管理机构的通告》(劳社部通告5号)，公布了37家具有年金基金管理资格的管理机构，从而形成以开户流程、运作流程、受托人规定等细则为补充的企业年金整体运作框架。

2005年12月，劳动和社会保障部发布了《关于企业年金方案和基金管理合同备案有关问题的通知》(劳社部发〔2005〕35号)，规范了企业年金方案和基金管理方面的制度。

2006年下半年以前，企业年金基金一直没有开展市场化投资运作，直至2006年下半年，企业年金基金终于走上资本市场，国家针对企业年金基金的投资运作制定了一系列规定。2006年11月，劳动和社会保障部出台《关于企业年金基金银行账户管理等有关问题的通知》(劳社部发〔2006〕40号)，为保障企业年金基金财产安全、维护企业年金管理当事人合法权益，对企业年金基金银行账户管理等相关问题作出了规定。该文件对企业年金基金银行账户的开立、变更和撤销等作出规定，明确了企业年金基金银行账户的资金性质是独立于受托人和托管人的固有财产及其管理的其他资产，提出托管人应按照合同约定，及时、足额地将投资管理风险准备金划入投资管理风险准备金账户。这个文件为企业年金基金的市场化运营作出了准备。

2007年1月，人力资源和社会保障部联合公布《关于企业年金基金进入全国银行间债券市场有关事项的通知》（银发〔2007〕122号），从参与银行间债券市场交易的制度安排以及债券托管账户开立的条件、程序和交易管理等方面对企业年金基金提出了明确的要求。此文件发布的背景是我国企业年金基金当时已积累近100亿元，安全、合理地运用这些资金显得十分迫切。这个文件的出台意味着企业年金基金获准进入全国银行间债券市场进行投资和交易，拓宽了投资渠道，促进了基金资产的保值增值，同时也增加了银行间债券市场的投资者类型，促进了市场需求的差异化和多样化，提高了市场交易效率。

2009年3月，《关于规范企业年金基金管理服务有关问题的通知》（人社厅发〔2009〕35号）和2009年11月《关于企业年金基金管理信息报告有关问题的通知》（人社部发〔2009〕154号）两个针对年金基金管理的通知出台。前一个通知分别对各企业年金基金管理机构、建立企业年金制度的企业、咨询公司和投资顾问公司等各类中介服务机构、各部分和行业协会等组织的不规范收费现象制定了约束措施；后一个通知规定企业年金基金管理机构和企业年金理事会应当遵循真实、准确、完整和及时的原则，认真、规范地履行提交定期报告、临时报告、终止报告的义务。

这一时期的企业年金制度取得了有效的发展，同时企业年金基金也迈进了资本市场，成为各金融机构的宠儿。表2-5给出了企业年金在此阶段的发展情况。值得注意的是，2007年的参保人数增长率为负，这是因为当年有一些已经参与年金计划的人员退出了企业年金计划，与此矛盾的是，缴费累积额度却增长了66.92%，这说明虽然有些企业由于缴费问题退出了企业年金市场，但是也有企业建立了起来，并且缴费比例和规模都非常庞大，才导致出现了这一矛盾。

表2-5　第三阶段企业年金参加情况

年份	参保企业数/万家	参保企业个数增长率/%	参保人数/万人	参保人数增长率/%	累计结存/亿元	累积额度增长率/%
2004	2.24	12	702.7	0.39	493	40.86
2005	<2.40		924.0	31.49	680	37.93
2006	>2.40		964.0	4.33	910	33.82
2007	3.20		929.0	–3.63	1519	66.92
2008	3.30	3.12	1038.0	11.73	1911	25.81
2009	3.35	1.52	1179.0	13.58	2533	32.55

资料来源：根据《劳动和社会保障事业发展统计公报》《人力资源和社会保障事业发展统计公报》等有关资料整理。

（四）制度完善和快速发展阶段（2010—2014年）

在前期企业年金制度的不断优化和政府的大力支持下，自2010年起我国企业年金制度发展进入快速通道。由于上一阶段企业年金制度的相关政策已经比较全面，这一时期的政策大都是对以往政策的修订和补充。这一时期企业年金制度发展较快，众多学者认为这一阶段的发展标志着我国企业年金制度逐步向发达国家的发展模式靠拢。

2011年，人力资源和社会保障部将奠定企业年金制度运行机制基础的《企业年金基金管理试行办法》（劳社部发〔2004〕23号）修订为《企业年金基金管理办法》（人社部发〔2011〕11号）。与23号令相比，11号令在管理机构的选择、企业年金的投资、收益费用、计划管理、信息披露、监督管理等方面都进行了调整或明确。至此，企业年金基金的运营规则已经发展得比较完善。

2011年5月，为了促进和规范中小企业建立企业年金计划，《关于企业年金集合计划试点有关问题的通知》（人社部发〔2011〕58号）对集合年金计划的四个方面作出规定，具体包括：计划的设立、变更和终止，计划的管理运行，委托人的加入和退出，以及信息披露。该通知规范了企业年金集合计划的设立、运行和监督，保护了委托人、受益人以及各企业年金基金管理机构的合法权益。

2013年3月，人力资源和社会保障部与证监会、银监会、保监会联合发布

《关于扩大企业年金基金投资范围的通知》（人社部发〔2013〕23号），对2011年发布的《企业年金基金管理办法》中的投资范围进行了修订，增加了商业银行理财产品、信托产品、基础设施债券投资计划、特定资产管理计划、股指期货等金融产品。

2013年7月，《人力资源社会保障部、民政部关于鼓励社会团体、基金会和民办非企业单位建立企业年金有关问题的通知》（人社部发〔2013〕51号）将建立年金计划的“企业”拓展到了“非企业”的有关社会组织，为企业年金覆盖面扩大奠定了组织基础。社会组织包括社会团体、基金会和民办非企业单位等。

2013年12月，财政部、人力资源社会保障部和国家税务总局下发的《财政部、人力资源社会保障部、国家税务总局关于企业年金职业年金个人所得税有关问题的通知》（财税〔2013〕103号）明确了企业年金和职业年金个人所得税的有关问题。这个文件明确了我国的税收优惠政策是EET模式的税收优惠政策，即企业年金缴费环节和投资环节暂不征收个人所得税，将纳税义务递延到员工实际领取环节，这是西方发达国家对企业年金普遍采用的一种税收优惠模式。该政策于2014年1月1日开始实施。

2014年1月，社会保险基金监管局发布《关于扩大投资范围后新增投资产品估值核算的指导意见（试行）》（人社监司便函〔2014〕5号），以规范商业银行理财产品、信托产品、基础设施债权投资计划、特定资产管理计划和企业年金养老金产品中涉及的估值核算原则、方法和会计处理，健全投资运行机制。

2014年3月，《人力资源社会保障部办公厅关于印发扩大企业年金基金投资范围和企业年金养老金产品有关问题政策释义的通知》（人社厅发〔2014〕35号）对2013年23号文件和24号文件中的企业年金基金的投资范围和企业年金养老金产品的相关问题进行了政策解释。

2014年5月，人力资源和社会保障部针对当时企业年金方案备案工作中存在的格式不统一、重点内容审核要求不一致、缴费证明出具不规范等问题，发布《关于进一步做好企业年金方案备案工作的意见》（人社厅〔2014〕60号），以提高企业年金方案备案工作效率和管理水平。该意见中特别指出，对企业年金方案审核的要点之一是“用人单位缴费划入职工个人账户的分配办法，用人单位可适当向关键岗位和优秀人才等倾斜，但差距不宜过大”，这说明此时政府方面已经比较重视企业年金分配不公问题，希望从源头上减少不公平现象。

2014年9月，《人力资源社会保障部关于企业年金基金股权和优先股投资试点的通知》（人社部发〔2014〕6号）确认企业年金基金投资股权试点为中国石化销售有限公司增资入股项目，投资优先股试点为中国铁路发展基金股份有限公司优先股项目，进一步扩大了企业年金基金的投资范围。

这一阶段是企业年金自产生以来发展速度最快的几年，它的发展得益于上一阶段国家对企业年金制度的不断规范以及这一时期政府的大力宣传和鼓励。通过表2-6可以看出，这一阶段的企业年金制度，无论是企业参保覆盖面、个人参保覆盖面，还是企业年金基金的累积，都获得了快速发展，参保企业数量平均增长率为16.95%，参保人数增长率为14.23%，年金基金累计额度平均增长率为24.87%。其中，2011年和2012年参保的企业数量增长均达到了20%以上，参保人数增长率也达到了17%以上，年金基金累积结存增长分别为27.09%和35.04%，发展非常迅速，为后期的企业年金制度的发展奠定了基础。2014年相对于前三年来说，虽然参保企业数增长率下降了，但是依然保持了10.89%的较高增长率。

表2-6　第四阶段企业年金发展情况

年份	参保企业数 / 万家	参保企业个数增长率 /%	参保人数 / 万人	参保人数增长率 /%	累计结存 / 亿元	累积结存增长率 /%
2010	3.71	10.75	1335	13.23	2809	10.90
2011	4.49	21.02	1577	18.13	3570	27.09
2012	5.47	21.83	1847	17.12	4821	35.04
2013	6.61	20.84	2056	11.32	6035	25.18
2014	7.33	10.89	2293	11.53	7689	27.41
平均		16.95		14.23		24.87

资料来源：根据人社部《全国企业年金基金业务数据摘要（2017）》整理计算。

（五）制度发展减速阶段（2015年至今）

相较于上一阶段，这一阶段政策出台的频度下降，有关第三支柱商业养老保险的政策出台较多，可以看出这一阶段企业年金制度已经相对比较完善，国家将改革焦点转移到了个人商业养老保险方面。

虽然《关于规范企业年金基金管理服务有关问题的通知》（人社厅发〔2009〕35号）规范了委托人建立企业年金计划、开展委托业务的行为，但是在实践中仍存在个别企业通过高价售卖招标文件等方式，以及收取高额招标代理服务费、中标服务费，变相要求企业年金管理机构承担企业招标费用的不良现象。针对这个问题，2015年1月，人力资源和社会保障部制定了《进一步规范企业年金基金管理有关问题的通知》（人社监司便函〔2015〕4号），对建立企业年金制度的企业规定行为约束，规范企业年金服务市场。

2015年5月的《企业年金基金管理办法》再次对2011年2月发布的《企业年金基金管理办法》进行修订，修订了企业年金受托人、账户管理人、托管人、投资管理人应当具备的注册资本的最低要求，此次修正降低了企业年金管理人的进入门槛，对其他方面没有作出更多的调整。

2016年6月，人力资源和社会保障部起草了《企业年金规定（正确意见稿）》，向社会公开征求意见。人社部认为，随着国家社会保障体系的不断完善、市场机制的不断发展，企业年金的发展也暴露出一些突出问题和矛盾，主要表现在：规模小、受益面窄，与养老保险第二支柱的要求不相适应；补充养老功能不足，影响待遇水平；相关条款与职业年金办法不一致、不平衡；部分条款不适应市场发展需要，不利于保护职工权益和促进企业长期发展；等等。因此，有必要对其再次进行修订。

2017年12月，人力资源和社会保障部在广泛征求意见并反复商讨一年多后，新的《企业年金办法》（人社部发〔2017〕36号）终于出台，定于2018年2月1日开始实施，在我国运行了十多年的《企业年金试行办法》同时废止。该办法变化非常显著，主要包括八个方面：一是弱化了企业年金的自愿性质，鼓励引导符合条件的企业建立企业年金。二是下调了筹资规模上限。企业缴费不超过年度工资总额的8%（《企业年金试行办法》为8.33%），企业和职工缴费之和不超过年度工资总额的12%（《企业年金试行办法》为16.67%）。三是对企业缴费分配差距作出限制。企业当期缴费分配至职工个人账户的最高额，不得超过平均额的5倍。四是增加了企业年金方案变更、终止，以及中止和恢复缴费的内容。五是明确了职工企业年金个人账户中，企业缴费及其投资收益的归属规则。六是适当放宽了待遇领取条件。完全丧失劳动能力的职工可以领取企业年金。七是完善了待遇领取方式。职工达到领取条件后，可以按月、分次或者一次性领取企业年金，也可以购买商业养老保险产品。八是扩大了适用范围。《企业年金办法》不仅适用于城镇各类企业，参加企业职工基本养老保险的其他用人单位及其职工，都可以建立企业年金[①]。

相较于上一阶段，这一时期的企业年金制度的发展进入全面减速期，各指标的平均增长率基本达到最低（见表2-7）。其中，参保企业个数平均增长率由上一时期的16.95%降至3.13%，参保人数的平均增长率由上一期的14.23%降至0.55%，参保人数几乎没有增加，累积结存的平均增长率也由24.87%降至18.76%。2015年是企业年金制度减速的开始年度，在这一年，参保企业数量由2011年、2012年、2013年的20%以上的增长率，经过2014年的10.89%直接跌至3%，降幅达到17%以上，参保人数增长率也由前三年度的11%以上的增长率跌至1%，累计结存增长率从35.04%的高峰降落下来，但是降幅并不太大。由此可以看出，在这一时期，企业年金制度的企业参与数量和人数参与数量基本没有变化，但是结存增加，可能的原因是原有的参与企业加大了企业年金的缴费力度，从而使得年金基金的积累额可以持续增加。但是这种增长是不健康、不可持续的，因为企业年金制度的覆盖面并没有得到有效扩大，第二支柱的重要作用也就无法发挥出来。

① 企业年金助力多层次养老保险制度体系建设——人社部养老保险司司长聂明隽介绍《企业年金办法》[EB/OL].http://www.mohrss.gov.cn/SYrlzyhshbzb/dongtaixinwen/buneiyaowen/201801/t20180123_287335.html，2018-01-23.

表2-7　第五阶段企业年金发展情况

年份	参保企业数/万家	参保企业个数增长率/%	参保人数/万人	参保人数增长率/%	累计结存/亿元	累积结存增长率/%
2015	7.55	3.00	2316	1.00	9526	23.89
2016	7.63	1.06	2325	0.39	11075	16.26
2017	8.04	5.37	2331	0.26	12880	16.30
平均		3.13		0.55		18.76

三、传统养老保障体系变迁及其经验教训

我国传统养老保险制度在这方面得到的教训非常深刻。新中国成立之初，我国的养老保障体系其实是单一的养老保险制度，由于经济发展迅速，原有的经济体制和顶层制度设计严重制约了养老保险制度的公平和效率，因此，必须针对变化的环境作出迅速调整，但由于制度覆盖人口众多、地理范围幅员辽阔、各部门政策不统一、各地制度发展不平衡等，制度变革承受了巨大的制度变迁成本。

（1）新中国成立初期的社会统筹。这个时期是完全的计划经济体制，面对工业萎缩、农业荒芜、人们生活十分困难的状况，国家没有任何养老金积累，所以采取了企业缴费方式和现收现付制度。该阶段的养老保险制度是没有职工个人缴费积累的，仅由国家进行社会统筹的现收现付制度，即国家当期养老金收入决定当期养老金支出，是国家统一对养老金进行分配。在这种模式下，国家的公平性得到体现，但是因为国家庞大，管理机构要管理很多企业，运作起来比较困难。

（2）企业统筹。由于在“文化大革命”期间生产遭到破坏，社会保险管理机构被撤销，社会保险基金统一征集、管理、支付的机制难以继续执行，社会统筹模式的养老制度遭到了严重破坏，此时，企业统筹取代了社会统筹。这个阶段的职工养老保障以企业为单位进行管理，根据各企业的退休金需要以支定收，职工个人仍然不承担缴费义务，仍然采取的是现收现付制度。该

模式实际上是企业的自我保障，覆盖面窄、基金规模小、共济性差、风险大、企业负担重，难以适应1978年改革开放后对企业竞争和劳动力自由流动的需要，也使得企业负担过重，制约了企业改革进程。

（3）20世纪80年代建立的社会统筹和20世纪90年代的统账结合模式。在企业统筹模式下，我国国有企业普遍出现经营困难，许多企业发不出退休金，企业退休职工生活困难。在此背景下，城镇企业职工基本养老保险制度加快扩面，企业职工养老从“单位保障”迈向了“社会保障”。1991年国务院颁布的《关于企业职工养老保险制度改革的决定》规定，社会养老保险费用由国家、企业和个人三方共同负担，实行社会统筹。通过引入社会保险机制，实现了由企业自我保障向社会共济制度的转变，有利于均衡企业负担、促进企业公平竞争和劳动力自由流动，适应了当时我国市场经济体制转变的要求。统账结合模式改变了养老保障完全由国家、企业包办的模式，实行由国家、企业、个人三方共同承担的模式，统账是指社会统筹和个人账户，其中社会统筹仍然是现收现付制，个人账户则是积累制。统账结合模式下基本养老保险基金则按以支定收、略有节余、留有部分积累的原则统一筹集。

（4）“双轨制”并轨。长期以来，我国机关事业单位实行退休制度，企业实行基本养老保险制度，养老制度“双轨制”运行导致企业与机关事业单位养老待遇形成巨大差距，机关事业单位的养老待遇远高于企业，造成社会不公平，因此对“双轨制”进行并轨是养老保障制度的改革重点之一。但是并轨过程异常困难，这是由于企业和机关事业单位的养老保障制度区别很大，在待遇计发办法、待遇调整机制、待遇对比口径、人员结构等方面均存在显著差异，养老金并轨并不是简单地将机关事业单位的退休制度“并入”企业养老保险制度中去，所以取消“双轨制”还需要作出很多努力。

（5）20世纪80年代开始探索并于20世纪90年代初期开始的农村养老保险制度。随着农村剩余劳动力加入城市中来，农村原有的自给自足的农业模式被打破，家庭养老模式难以为继，我国于1992年开始实施个人账户制的农村养老保险政策，但是这个政策没有获得成功，最重要的原因是个人账户中的基金积累完全来自农民自己的缴费，没有政府补贴，其等同于缺乏流动性和灵活性的个人养老储蓄，所以对农民没有吸引力，参保人员也陆续退保，截至1999年这项农村养老保险制度发展停滞。2003年后，我国又开始探索新农村养老保险制度，并取得了良好的发展，制度覆盖范围不断扩大，参保人数不断增加，基金征缴、管理和发放环节逐步规范。但是新农保存在着缴费水平低、保障功能有限、中青年农民参保积极性不高、基金管理层次低、监管难度大、保值增值风险大等问题，这又对新农保制度提出了新的挑战。

通过上述对我国传统养老保险制度变迁的梳理，可以发现每次制度运行出现困难，都不是通过简单地调整就可以轻易解决的，每次的困难都直击制度的顶层设计。由于我国经济发展十分迅速，而当初建立的适合初期或调整特殊时期情境下的养老制度顶层设计存在长远规划的缺陷，一旦情境发生变化，养老制度就显现出极大的不适应，必须对其进行改革。

曾经我国“统账结合”的基本养老保险模式被视为养老保险制度史上的一个创新，是世界上独一无二的公共养老模式，从理论上来讲，这种模式有着适合我国国情的特点，应该是一个思路比较明晰、目的比较明确的制度模式。但在实际操作过程中，这种模式的优势并没有得到明显体现，反而引发了一系列矛盾和问题，如养老收支不平衡、财政缺口扩大、个人账户空账运行、双轨制等，这些问题的出现都意味着我国的养老制度必须要从顶层设计上着手进行全面改革。

但是由于存在路径依赖，我国的养老保障制度改革并不能一蹴而就。我国养老保障制度已经运行很多年，制度覆盖人口众多，管理机构多而杂，各地区发展又不统一，这些都使得政府在重新依据现实情况对养老保障制度进行顶层设计、修改政策、推行推广和监督执行时，不能够大刀阔斧、一步到位，只能是循序渐进地进行，尽量实现制度的平稳过渡，减少社会震荡，这大大增加了制度变迁成本。至今，顶层设计缺陷和路径依赖问题依然制约着养老保障制度改革，可以预期，未来的改革成本也会非常大。

综上所述，我国养老保障制度建立之初的目标及运行环境与现在的发展目标及运行环境都发生了巨大的变化，由于制度存在路径依赖，我国的制度变迁成本非常高昂。企业年金制度的建立与发展要以此为鉴，在制度建立之初就应该深思熟虑，制定好长期的发展目标与发展途径，对未来的收益和成本作出预测，做好制度的顶层设计从而尽量减少制度变迁成本，弱化“路径依赖”产生的影响。

第三章　企业年金制度可持续发展理论与现状分析

可持续发展是20世纪70年代以后逐渐形成的一种科学的发展观，它是人类经过实践探索和理性反思后在对事物的认识上的重大突破。作为一种新的发展观，可持续发展的观念也渗透到养老保障领域，人们也开始反思，企业年金制度作为一个重要支柱是否能够长期有效地分担人口老龄化的重任？现有的企业年金制度是否是可持续发展的制度？如何使得企业年金制度变迁为可持续发展的制度？这需要从可持续发展理论出发，构建企业年金制度可持续发展的评价指标体系，以及评价和分析现有企业年金制度的发展状况，为探讨我国企业年金制度可持续发展提供理论与现实依据。

第一节　企业年金制度可持续发展理论与评价指标

一、可持续发展的理论形成与概念诠释

可持续发展的思想最初是在人口发展和生态环境资源的不断冲突中萌芽的，近年来，可持续发展观作为一种世界观获得了人们的广泛关注和认同。人类在进入工业化阶段后，极大地提高了人类改造和征服自然的能力，人类社会进入空前高速发展的时期。但是与工业化进程相伴而来的还有人类对赖以生存的自然界的巨大破坏，这使人们开始对征服自然的行为进行深刻的反思。

1962年，蕾切尔·卡逊所著的《寂静的春天》里提道：“人类的许多活动不仅危及了许多生物的生存，而且正在危害人类自己。”[①]此时人们已经认识到，当代人对自然的过分掠夺将会导致后代人生存变得艰难，其提出的可持续发展的理念成为人们开始关心环境问题的标志；1968年，在西方发达资本主义国家中，由意大利资本家牵头组成了“罗马俱乐部”非正式国际协会，该协会由知名的科学家、教育家、经济学家和垄断资本家等几十人组成，协会的宗旨是研究人类当前与将来的处境问题，并拟定有关人类境况的研究计划。1972年，丹尼斯·梅多斯等的研究报告《增长的极限》就是该协会的一个重要研究报告，《增长的极限》中一个重要的研究结论是：“如果世界人口、工业化、污染、粮食生产以及资源消耗按现在的增长趋势继续不变，这个星球上的经济增长就会在今后一百年内某一个时候达到极限。最可能的结果是人口和工业生产能力这两方面发生颇为突然的、无法控制的衰退或下降。”[②]这个结论促使人们开始认真地思考人类社会的经济增长与环境的协调问题。1978年，马尔萨斯针对当时法国革命引起的政治争论提出了自己对人口问题的看法，写下了著作《人口原理》，其中提道：“人口增殖力和土地生产力天然地不相等，而伟大的自然法则却必须不断使它们的作用保持相等，这便是阻碍社会自我完善的不可克服的巨大困难……这一法则制约着整个生物界。”[③]马尔萨斯的研究使得人们开始意识到人口增长是以几何比率增加的，而人们生存所需要的生活资料却仅仅以算数比率增加，那么有限的自然资源必然会约束人口数量的增长。

前面的研究都是对可持续发展认识的萌芽，并没有提出可持续发展的概念，一直到1980年联合国大会首次提出可持续发展概念后，人们才开始对可持续发展的概念进行多维度的扩展和诠释。1980年的联合国大会认为，可持续发展是“必须严谨自然的、社会的、生态的、经济的，以及利用自然资源过程中

---

① ［美］蕾切尔·卡逊．寂静的春天［M］．北京：科学出版社，1979：9.

② ［美］丹尼斯·梅多斯，等．增长的极限［M］．北京：商务印书馆，1984：12.

③ ［英］马尔萨斯．人口原理［M］．北京：商务印书馆，1992：8.

的基本关系，是全球的可持续发展”；1987年，挪威首相布伦特兰夫人在其主持的“世界环境与发展委员会”的会议上提交的长篇专题报告《我们共同的未来》中，首次定义了“可持续发展”一词，即“既满足当代人的需求，又不对后代满足其自身需求的能力构成危害的发展”①。此次提出的可持续发展的概念被全世界广泛接受，从而掀起了可持续发展的浪潮。传统的可持续发展思想集中于对人与自然资源关系的考虑，现代的可持续发展思想则是后来人类陷入经济发展困境后，发现经济发展问题不可能独立于环境资源问题。不合理的经济发展模式会侵袭人类赖以生存的环境，而环境退化反过来又加速削弱了经济发展。1989年，第十五届联合国环境署理事会通过的《关于可持续的发展的声明》中，便针对经济发展问题对可持续发展概念作出了更广泛的解释：“可持续的发展，系指满足当前需要而又不削弱子孙后代满足其需要之能力的发展，而且绝不包含侵犯国家主权的含义。要达到可持续的发展，涉及国内合作和国际的均等，包括按照发展中国家的国家发展计划的轻重缓急及发展目的，向发展中国家提供援助。此外，可持续发展意味着要有一种支援性的国际经济环境，从而导致各国特别是发展中国家的持续经济增长与发展，这对于环境的良好管理也是具有很大重要性的。可持续发展还意味着维护、合理使用并且提高自然资源基础，这种基础支撑着生态抗压力及经济的增长。再者，可持续的发展还意味着在发展计划和政策中纳入对环境的关注与考虑，而不代表在援助或发展资助方面的一种新形式的附加条件。”②

人类对可持续发展的认知从人与自然的关系，逐渐扩展到了经济、社会、生态、环境、资源等方面。1992年，里约热内卢联合国环境与发展大会上形成了全球范围的共识，会上发布的声明中指出：可持续的发展，系指满足当前需要而又不削弱子孙后代满足其需要之能力的发展，而且绝不包含侵犯国家主权的含义。我国在1992年联合国环境与发展大会后，也相应地制定了《中国21世纪议程——中国21世纪人口、环境与发展白皮书》，对经济发

① 世界环境与发展委员会.我们共同的未来［M］.长春：吉林人民出版社，1997：10.

② 王信领.可持续发展概论［M］.济南：山东人民出版社，1999：2.

展、社会发展、生态环境、环境保护和资源利用等方面进行了全方位的探讨，确立了21世纪我国可持续发展战略的指导思想："必须坚持以人为本，以经济发展为核心，以提高人民群众生活质量为根本出发点，坚持不懈地全面推进经济社会与人口、资源和生态环境的协调。"自此，可持续发展的思想成为中国经济发展的重要战略。

二、企业年金制度可持续发展的目标与约束

企业年金制度是我国经济发展到一定阶段的产物，如果其发展是可持续的，则会对我国经济发展产生正向影响，进而改善人口老龄化对我国造成的严重冲击；如果其发展是不可持续的，则会影响我国经济发展进程，还可能造成不可挽回的经济损失并带来新的社会不公平问题，因此有必要从可持续发展的角度来分析企业年金制度。

（一）企业年金制度可持续发展的目标

企业年金制度是我国养老保障体系中的重要支柱，企业年金制度的可持续发展影响着我国养老保障体系的可持续发展。我国养老保障体系的目标是要为全部退休员工提供充足且公平的老年保障。作为重要支柱之一，企业年金制度的根本目标应与总体目标保持一致，即实现长期为全部退休员工提供充足且公平的企业年金保障，这是企业年金制度可持续发展的根本要求。

（1）企业年金制度能够提供的养老金必须是充足的。我国人口老龄化加速导致传统的、单一的基本养老保险无法继续维系下去，企业年金制度应运而生，因此，企业年金制度在我国产生与发展的根本目的就是补充基本养老保险，为我国的老年群体提供更充分的养老保障。企业年金制度能够提供的养老金替代率应当具有较高水平，这样才能有效地熨平退休阶段与在职阶段之间的收入差异，弥补基本养老保险替代率的不足。如果企业年金的替代率过低、补充功能无法得到体现，那么企业年金制度的发展就缺少了需求和动力。因此，企业年金制度所能够提供的养老金一定是充足和充分的，这样才有可能获得可持续的发展。

（2）企业年金制度在实现社会收入分配方面必须是公平的。企业年金制度作为一项社会保障制度，必须符合社会保障的公平性要求，由该制度造成的收入分配差距应当控制在一个合理的范围。企业年金制度造成的收入分配差距源自两个方面：一个是自然原因，另一个是制度原因。自然原因，就是每个人的先天禀赋不同和后天努力程度不同导致的差异。就如同人有高有低，有胖有瘦，人的能力也有高有低，努力程度也有大有小，进而会导致分配差距。这些人的先天禀赋和后天努力差异造成的收入分配差距，我们通常认为是合理的，也是不能够消除掉的，这个差距可以视为对个人的激励、对人才的投资；而制度原因则是制度的顶层设计、制度的具体安排等造成的不公平或无效率，它不是个人自身原因导致的收入分配不合理。制度不公平包括制度起点的不公平、过程的不公平，以及最终分配的不公平。这些由于制度造成的不公平应当尽量减少，使所有员工在制度的不同阶段都能够获得公平的对待。如果企业年金制度造成的收入分配差距主要是自然原因导致的，那么我们认为企业年金制度就是合理的。

（3）企业年金制度必须是长期可持续的。养老保险制度是在某种历史条件下肩负着某种历史使命而存在的，当这个历史使命存在时，该养老制度就有存在的必要。我国目前乃至很长一段时间都会面临极其艰巨的人口老龄化问题。目前我国的基本养老保险的财政危机愈加严峻，而加速的、超高龄的人口老龄化使得这一问题更加尖锐，企业年金制度在这一阶段承载的历史使命就是提供充足养老金，因此企业年金制度的设计和实施不应只是短时间的、应付性的政策调整，而是要从制度的顶层设计出发，提供可持续的、长期有效的，并且具有灵活应对性的制度设计。

（二）可持续发展的企业年金制度的约束

企业年金制度从来就不是可以离开社会、经济、金融等领域能够独立运行的制度，它既需要与其他的社会制度协调发展，又需要在其他社会制度的保障与约束下运行。

（1）企业年金制度要受到经济发展水平的约束。我国的经济发展水平决定了我国有必要建立企业年金制度，同时也使企业年金制度现阶段无法成为全民覆盖的制度。我国的企业年金制度是“企业自主”决策的，不是“强制的”企业年金制度，这与我国的经济发展阶段是相符的。我国目前仍是发展中国家，整个社会物质生活水平与发达国家还有一段差距，发展经济是当前社会发展的第一件大事。企业是社会经济的细胞，经济的发展离不开企业的发展，因此，不能因为企业年金制度的实施而过度增加企业成本和削弱企业的市场竞争力。当前我国企业的各种缴费负担已经十分繁重，很多学者呼吁要将企业从繁重的缴费中解放出来，强制性的企业年金制度并不适合我国当前的经济发展水平，企业年金制度的设计要受到经济水平的制约。

（2）企业年金制度要受到资本市场的制约。企业年金制度的发展要靠年金基金的持续积累，而年金基金的积累离不开高效的市场运营。我国的企业年金正处于积累阶段，为基金寻求有效投资途径、建设投资管理运营制度，无论是对于企业年金计划本身还是对于计划参加者的利益都十分重要。企业年金作为长期性资金而非投资性资金是资本市场成熟的一个标志，而成熟的资本市场又是企业年金得以发展的一个条件和基础。企业年金基金投资的程度与获利状况在很大程度上取决于资本市场的发展状况。同时，企业年金从计划建立、缴费、投资，一直到分配等环节都存在风险，但是从企业年金基金运营角度来看，其风险主要集中于投资运营环节，造成基金损失的也是投资运营环节，因此，资本市场的完善情况也决定了企业年金制度面临的投资风险。

（3）企业年金制度要受到养老保障体系结构设计的约束。企业年金制度是养老保障体系中的一个组成部分，它在养老保障体系中的定位决定了其发展水平和要实现的目标。在我国现行的社会制度及经济发展水平条件下，应当考虑基本养老保险、企业年金与商业养老保险的政策定位。根据现阶段的社会发展状况，我国养老保障体系应坚持采取以基本养老保险为主、企业年金为辅的发展模式。基本养老保险作为国家的公共养老金制度，通过收入分配政策将高收入群体的收入转移到低收入群体，这是保障公民最底线的公平。企业年金制度的定位应当是基本养老保险的有力补充，其目标是在人们老有所养的基础上提高生活水平，并且缓解基本养老保险的财政压力。但是企业年金的差距不宜过大，因为企业年金的分配还体现了企业的分配，容易造成分配效应的叠加。

（4）企业年金制度要受到相关法律法规的约束和保障。企业年金在运营过程中除投资环节外，还包括其他许多环节，例如，企业年金计划的建立、基金的委托、账户的管理、税收、分配等一系列环节，这些环节都会影响企业年金基金的运营安全。作为企业年金制度的利益相关者的政府，需要介入对企业年金进行监管，并提供配套的法律法规，以约束和规范企业年金制度的运行，为企业年金制度提供法律保障。

三、构建企业年金制度可持续发展评价指标体系

（一）养老保险体系的评价指标体系

目前，有关企业年金制度的评价指标体系的研究比较少，但是关于社会保障或养老保险体系的评价指标体系相对比较成熟，有比较完善的评价指标体系。对企业年金制度进行评价，我们可以参考国际上或者国内评价养老金制度的指标体系，然后依据企业年金制度的特点，构建合理的企业年金评价体系。

世界银行组织从四个方面定义了养老金制度改革目标，分别是充足性、可负担性、可持续性和稳健性。①其中，充足性是指养老金能够为全体人民提供可以熨平终生消费的收入，达到退休前收入的相对水平；可负担性是指个人和社会不存在取代其他经济需求、社会需求或者无法维持的财政负担能力；可持续性是指能够拥有维持可预见的具有合理水平的雄厚财力；稳健性是指有能力面对可能发生的经济、人口和政治波动带来的巨大冲击。

① Holzman R.，Hinz R. Old — Age Income Support in the 21st Century：An International Perspective on Pension Systems and Reform［M］. Washington D. C.：World Bank，2005：15-16.

由美世公司和澳大利亚金融研究中心（ACFS）共同设计的墨尔本美世全球养老金指数是目前国际上获得广泛认可的衡量养老金的指标体系，该指数包括充足性、可持续性和全面性三大核心指标，按其重要性给出的权重分别为40%、35%和25%。这三大指标又包括若干子指标，图3-1所示是墨尔本美世全球养老金指数的一般框架。[①]

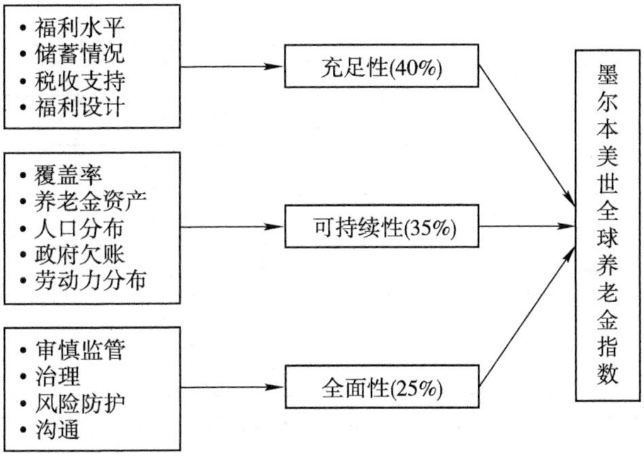

图3-1　墨尔本美世全球养老金指数

由中国社科院世界社保中心编制的中国养老金发展指数（China Pension Development Index，CPDI）是最契合我国养老金体系的评价指标体系和指数体系。养老金发展指数由两大部分构成：第一部分为中国养老金发展指标体系（China Pension Development Indicators），该部分主要反映养老金制度的现况，其纵向比较反映发展；第二部分为指数体系，这部分根据养老金发展指标标准化后加权调整而来。指数体系赋值依据参照基准不同反映一定的问题，其纵向比较反映趋势。中国养老金发展指标从养老金职能角度出发，选取了养老金层次指标以及养老金评价指标；结合中国养老金制度的实际运行过程选择了缴费与待遇相关的指标，并将上述基于流程与职能产生的指标作为二级指标，分别设立在不同主题的一级指标体系下，由此形成了养老金发展指标体系，详见表3-1。

① 刘伟兵.从墨尔本美世全球养老金指数看我国养老保险制度[J].社会保障研究，2011(2)：6-10.

表3-1 中国养老金发展指标体系及加权分值

一级指标	二级指标	分值
充足性	领取城镇基本养老金人口占法定退休年龄人口比率	10
	基本养老保险人均缴费金额占城镇就业人员平均工资比率	10
	基本养老保险人均养老金水平占城镇居民人均可支配收入比率	10
	基本养老保险基金支出占 GDP 比率	10
可持续	城镇就业人员基本养老保险参保比率	10
	基本养老保险人均养老金水平占城镇单位在岗职工平均工资比率	10
	基本养老保险制度赡养率	10
	基本养老保险基金可支付月数	10
多层次	企业年金职工参与率	5
	企业年金基金积累额占 GDP 比率	5
	人身保险密度	5
	人身保险深度	5

资料来源：中国社科院世界社保研究中心养老金发展指数团队研究编制（CISS CPDI，CISS Index Series）。

由中国社科院世界社保研究中心发布的《中国养老金发展指数2018》中给出了此指标体系的思路：

（1）充足性：旨在反映养老金制度的本源——参保者的晚年经济保障情况，由充足性指标体系衍生而来的充足性指数全部为适度指数。其主要反映两方面的内容：一是养老金制度覆盖情况，主要考察城镇基本养老金领取人口数在法定退休年龄人口中的比重。如果原始指标数值过低，表明养老保险制度发挥的作用有限；但如果原始指标值过高（尤其是部分地区数值已超过100%），则表明该地区存在相当数量的提前退休及非正常退休现象。二是考察养老金水平。从养老金制度的本源目标及养老金制度与经济发展水平相适应原则出发，养老金的目的在于保障老年人晚年经济水平，同时，这一收入水平不应超过经济社会发展的承受能力。在当前养老金制度安排下，这一部分选取了三个子指标，包括养老金缴费占工资的比重、养老金收入占人均可支配收入的比重，以及养老金支出在经济发展中的比重。

（2）可持续：养老金制度可持续意味着制度在财务上实现费率和待遇的长期相对稳定，且无须过多制度外财政转移支付。可持续由4个子指标构成：①城镇就业人员基本养老保险参保比率。该指标用于衡量城镇就业人员参加基本养老保险的比率，反映的是缴费的覆盖情况。在中国当前制度环境下，该部分实际上还反映了人口流动的作用。②基本养老保险人均缴费金额占城镇就业人员平均工资比率，该指标用于衡量参保职工的缴费水平。③基本养老保险制度赡养率。制度赡养率衡量的是制度内领取养老金的人数与缴纳养老保险费的人口结构，其发展趋势对未来的养老金收支有着决定性的影响。④基本养老保险基金可支付月数。这一指标衡量的是养老金制度应对冲击的能力，其与国际上惯用的基金率指标异曲同工，不过在国内习惯使用可支付月数这一表述方式。但是，该指标应该是适度指标——基金率指标的范围就很小，该指标过高，意味着制度运行效率低。

（3）多层次：中国20 年前建立的新型养老保险制度，在借鉴世界各国的理论与实践经验的基础上，期望构建一种多支柱（多层次）的养老保险体系——由国家、雇主、个人乃至社会多方承担养老保险责任，旨在动员整个社会的力量解决老年保障问题。不过实践中多层次养老保险制度体系发育较慢，直到2004 年实施的企业年金制度才打破了长期以来只有单一支柱的局面。在第三支柱个人自愿性商业保险与零支柱基于居民身份的普惠年金制度方面，各地至今仍处于尝试与探索的阶段。在《中国养老金发展指数 2018》中，多层次指标由以下4个子指标构成：①企业年金职工参与率。该指标用于反映参加企业年金的职工人数比率；②企业年金基金积累额占 GDP 比率，该指标反映的是积累额情况；③人身保险密度，反映了保险的普及程度和保险业的发展水平；④人身保险深度，反映了一个国家或地区保险业在其国民经济中所处的地位。

除这些权威的评价指标体系外，还有部分学者在评价社会保障或养老保险体系时也提出了自己的评价指标。李珍、王海东（2011）对英国养老金私有化改革进行评价，评价的角度包括养老金成本、激励效应、个人风险、养老保障水平风险、公平性、制度效率、投资收益、养老金差距、改革连续性及稳定性等，这些指标可以综合地评价私营养老金的有效性。[①]于宁（2017）构建了基本养老保险基金支出绩效评价指标体系，指标体系由基础性指标和评价性指标两大部分组成，其中基础性指标包括投入类、过程类、产出类和效果类四大类指标；评价类指标包括经济学、效率性、有效性三大类指标。[②]综合两大部分形成了综合性指标体系，包括20个一级指标和10个二级指标。此外，该文献依据国际劳工组织的通用标准、OECD国家的国际标准和相关理论标准设计了基本养老保险基金支出评价绩效标准，以充分反映基本养老保险基金支出的绩效水平。

由褚福灵（2013）编制设计的中国社会保障发展指数指标体系，为评价中国社会保障发展现状和判断社会保障发展趋势提供了可以量化的研究工具，对社会保障事业精确化管理提供了重要的评价依据。[③]其后，褚福灵（2016）又在其原有研究基础上对养老保障评估体系作出调整和完善，使其更适合于评价不断优化的中国养老保障体系。[④]该研究将养老保障的评价指标概括为三个方面：养老保障覆盖面、养老保障待遇率、养老保障可持续性，其中前两个指标用于评价养老保障制度的现状，后一个指标用于评价养老保障制度的发展潜力。表3-2给出了该研究设计的养老保障指标体系。其中，养老保障覆盖面指标包括参保率、享有率、覆盖率三个研究视角，具体包括7个度量指标；养老保障待遇率指标包括替代率和弹性两个研究视角，具体包括4个度量指标；养老保障可持续性指标包括负担系数和结余系数两个研究视角，具体包括4个度量指标。

表3-2　养老保障评价指标

养老保障覆盖面指标	1. 城镇职工基本养老保险参保率
	2. 城乡养老保险参保率
	3. 城镇职工基本养老保险待遇享有率
	4. 城乡基本养老保险待遇享有率

① 李珍，王海东．英国养老金私有化改革的历程与评价［J］. 保险研究，2011（2）：121-127.
② 于宁．中国基本养老保险基金支出绩效评价：2003—2015［J］. 社会科学，2017（2）：80-92.
③ 褚福灵．中国社会保障发展指数报告 2012［M］. 北京：经济科学出版社，2013：234-235.
④ 褚福灵．城乡养老保障评估研究［M］. 北京：经济科学出版社，2016：146-147.

续表

养老保障覆盖面指标	5. 城镇职工基本养老保险覆盖率
	6. 城乡养老保险覆盖率
	7. 城乡养老保障覆盖率
养老保障待遇率指标	1. 城镇职工基本养老保险替代率
	2. 城镇职工基本养老保险缴费率对替代率的弹性
	3. 城乡养老保险替代率
	4. 城乡基本养老保险替代率对替代率的弹性
养老保障可持续性指标	1. 城镇职工基本养老保险负担系数
	2. 城镇职工基本养老保险基金结余系数
	3. 城乡养老保险负担系数
	4. 城乡基本养老保险基金结余系数

（二）企业年金制度评价指标体系的设计思路

国外的评价指标体系对数据的完善程度要求较高，中国社科院世界社保研究中心发布的中国养老金发展指数衡量范围比较广泛，涉及企业年金制度的评价内容较少。因此，本研究在设计企业年金制度评价指标体系时，主要参考褚福灵的研究成果，并借鉴以上文献，结合企业年金制度的特点来构建指标评价体系。构建企业年金制度指标评价体系的原则是指标体系能够反映企业年金制度的发展性与可比性。设计基本思路如下：

（1）保留企业年金制度和基本养老保险制度的共性指标，删除基本养老保险具备，但企业年金制度不具备或者目前无法度量的指标

企业年金和基本养老保险同属于养老保险，具有一定的共性，所以对企业年金制度的评价也可以从三个方面来评价，包括企业年金制度覆盖面、企业年金制度待遇率，以及企业年金制度的可持续性，其中前两个指标用于考察企业年金制度的发展现状，后一个指标用于考察企业年金制度发展的可持续性。

对于覆盖面指标来说，企业年金制度与基本养老保险制度一样，都具有参保率和覆盖率，所以保留这两个指标，但享有率衡量的是“职工基本养老保险待遇领取人数占退休年龄人数的比率”，由于企业年金制度起步较晚，符合领取资格的退休人数还不能反映企业年金领取人数的常态，只有当企业年

金制度平稳地实施较长一段时间后，享有企业年金的退休人员比例较为固定时，企业年金享有率指标才有与其他养老金进行横向比较的价值。另外，考虑到这个指标也缺少官方比较权威的统计数据，所以从上面的指标体系中删除了“享有率”指标。

“城镇职工基本养老保险负担系数”指标衡量的是基本养老保险的领取人数和缴费人数之间的比例，这与基本养老保险具有社会收入再分配功能有关，它是现收现付的制度，通过这个指标能够考察在职员工的基本养老保险负担能力。而企业年金则属于积累式的养老制度，自己缴纳的年金退休时完全归属于自己，因此不存在“负担系数”的概念。因此，可持续性指标中将不考虑这个指标。

（2）为反映企业年金制度的发展现状与速度，增加度量现状与速度的绝对指标和相对指标

在企业年金制度发展的初始阶段，制度是否获得平稳的发展，需要从发展水平和增长速度两个指标来度量。企业年金制度的发展水平指标包括参与人数、参与企业数、年金基金积累规模、领取人数、领取基金额度、平均投资收益率等。企业年金制度的增长速度指标包括企业年金制度的参与人数增长速度、参与企业数量增长速度、年金基金积累增长速度、年金领取人数增长速度、领取年金基金增长速度、投资收益增长速度等。

（3）为反映企业年金制度在养老保障体系中的作用，增加度量企业年金制度地位和作用的相对指标

由于企业年金制度与基本养老保险相比，在我国发展时间较短，制度发展还很不成熟，单独评价企业年金制度的发展水平很难使我们对发展程度、作用和地位有深入的了解。通过描述其与基本养老保险的相对数量关系，更有助于了解现阶段企业年金制度在养老保险体系中的地位和作用，因此本研究设计了若干与基本养老保险发展状况相对比的指标。其中，“企业年金参与人数占城镇职工基本养老保险人数比重”指标被用于反映企业年金制度的覆盖面与基本养老保险的覆盖面的相对关系，进而了解企业年金制度的覆盖程

度；指标“企业年金替代率占城镇基本养老保险替代率的比重”反映企业年金制度发挥作用的程度。

（4）增加衡量公平性程度的指标

一个制度是否是可持续发展的制度，非常重要的一个度量标准是看这个制度是否是公平的，公平性对于养老制度来说尤为重要。虽然企业年金既不是对老年贫困人口的救济金，又不是类似于基本养老保险那样的公共养老基本保障，但它是提高老年人生活水平的主要部分。如果要实现全国老年人口的老年生活水平共同提高，而不是部分利益群体享有特殊待遇，保障企业年金制度的公平性是关键。为研究企业年金制度公平性，本研究增加了度量公平性的基尼系数指标，估算企业年金制度的两个重要方面的公平性，即行业之间和地区之间的公平性程度。

此外，还有3个指标不同于上述文献，下面分别作出说明：

“企业年金缴费率”指标，根据企业年金的人均缴费水平与上年度在岗职工平均工资的比例确定，用于反映企业年金的缴费能力和压力。

“企业年金替代率”指标，是员工退休的企业年金领取额与其在职时的工资的比率，用以反映企业年金能够在多大程度上“替代”员工退休前的收入。企业年金替代率的高低能够说明企业年金制度在多支柱养老保险体系中的地位和作用。企业年金替代率定义为“当年企业年金基金人均领取金额/上年度在岗职工平均工资”，但是由于官方给出的分期支取的年金领取数据并未说明个人领取具体期限，无法计算当年个人可以领取的年金总额，也就无法计算出“当年人均年金领取金额”。本书对此进行了推算：我国退休人员领取企业年金的方式有两种：一种是一次性支取，将企业年金一次性领取完；另一种是分期支取，每个人可以按照个人计划领取，灵活性较大，分期领取年限可以不同。据此，本书假定一次性支取的年金金额被平均分配到20年间使用，那么就可以以一次性支取的年金金额和人数来计算企业年金的人均领取金额，定义企业年金基金人均领取金额的取值为“当年一次性领取金额÷20÷当年一次性领取人数”。

“企业年金替代率对缴费率的弹性”指标。弹性通常用于衡量一个变量的变化所引起另一相关变量的相对变化，本书定义企业年金替代率对缴费率的弹性特指企业年金替代率的变动率与企业年金缴费率的变动率的比率，反映的是企业年金缴费率变动1%所带来的企业年金替代率的变动的百分比。公式如下：

$$\frac{\Delta\text{企业年金替代率}\ /\ \text{企业年金替代率}}{\Delta\text{企业年金缴费率}\ /\ \text{企业年金缴费率}}\times 100\% \qquad (3\text{–}1)$$

按照上面的设计思路，设计企业年金制度的评价指标体系如表3–3所示。

表3–3　企业年金制度的评价指标体系

企业年金制度覆盖面指标	1. 企业年金参与人数	企业年金缴费人数
	2. 企业年金参与企业数	企业年金参与企业数量
	3. 企业年金的人数参与率	企业年金参与缴费人数 / 城镇就业人数
	4. 企业年金的企业参与率	企业年金参与企业数量 / 企业法人单位数
	5. 企业年金的覆盖率	（企业年金参与缴费人数 + 企业年金待遇领取人数）/ 城镇就业人数
	6. 企业年金的领取率	企业年金待遇领取人数 /（企业年金参与缴费人数 + 企业年金待遇领取人数）
	7. 企业年金参与人数占城镇职工基本养老保险人数比重	企业年金参与缴费人数 / 城镇基本养老保险缴费人数
企业年金制度待遇率指标	1. 企业年金基金积累结余	当年企业年金基金积累余额
	2. 企业年金人均缴费	（本期末年金积累余额 – 上期末积累余额 + 本期领取金额）/（参加年金制度人数 – 领取年金人数）
	3. 企业年金缴费率	企业年金人均缴费水平 / 上年度城镇在岗职工平均工资
	4. 企业年金替代率	企业年金基金退休职工人均领取金额 / 上年度在岗职工平均工资
	5. 企业年金替代率占城镇基本养老保险替代率的比重	企业年金替代率 / 城镇基本养老保险替代率
	6. 企业年金替代率对缴费率的弹性	企业年金替代率的变动率 / 企业年金缴费率的变动率
企业年金制度可持续性指标	1. 企业年金参与人数增长率	企业年金参与增长人数 / 上一年度参与人数
	2. 企业年金参与企业增长率	企业年金参与增长企业数 / 上一年度参与企业数
	3. 企业年金基金积累增长率	企业年金基金积累增长 / 上一年度企业年金积累基金
	4. 企业年金基金结余系数	企业年金基金累计结余 / 企业年金基金支出
	5. 企业年金投资平均收益率	当年加权平均收益率

续表

企业年金制度可持续性指标	6. 一次性领取人数占比	一次性领取人数 / 当年领取人数
	7. 一次性领取基金占比	一次性领取金额 / 当年领取金额
	8. 分期领取人数占比	分期领取人数 / 当年领取人数
	9. 分期领取基金占比	分期领取金额 / 当年领取余额
	10. 行业企业年金基尼系数	$G=\sum_{i=1}^{n}W_iM_i+2\sum_{i=1}^{n-1}W_i(1-Y_i)-1$（变量为相应行业变量）
	11. 地区企业年金基尼系数	$G=\sum_{i=1}^{n}W_iM_i+2\sum_{i=1}^{n-1}W_i(1-Y_i)-1$（变量为相应地区变量）

第二节　中国企业年金制度发展现状评价

企业年金制度是我国多支柱养老保障体系的重要支柱之一，在我国已经发展了近30年，但是，纵观这30年的发展，企业年金制度可以说是让人喜忧参半，喜的是我国的企业年金制度覆盖面未来的发展空间巨大，在人口老龄化趋势加剧的背景下，巨大的企业年金养老功能还没有完全发挥，说明我国未来退休人口的养老还有巨大的可供挖掘的养老金来源；但是，让人忧虑的恰恰也是这一点，经过近30年的发展，企业年金制度还是没有能够广泛覆盖，相对于基本养老保险制度的养老作用，其地位和作用微乎其微，养老作用远未发挥出来。所以，如何发现企业年金制度在发展中存在的问题，挖掘企业年金制度的优势，使其迅速得以扩展，发挥其应具备的养老功能，是迫在眉睫的重要问题。由于本书研究的问题是企业年金制度的可持续性，本节将依据上一节建立的企业年金制度评价指标体系，对当前我国的企业年金制度的发展现状与可持续性进行分析和评价。

一、企业年金制度的覆盖面现状评价

由企业年金制度的覆盖面现状可知企业年金制度发展的基本状况。依据表3–3中对企业年金制度的评价指标的计算方法，企业年金制度的覆盖面指标

的计算结果如表3–4所示。

表3–4　企业年金制度覆盖面的现状

指标	2007年	2008年	2009年	2010年	2011年	2012年	2013年	2014年	2015年	2016年	2017年
1. 企业年金参与人数（万人）	929	1038	1179	1335	1577	1847	2056	2293	2316	2325	2331
2. 企业年金参与企业数（万家）	3.2	3.3	3.35	3.71	4.49	5.47	6.60	7.33	7.55	7.63	8.04
3. 企业年金的人数参与率（%）	3.00	3.23	3.54	3.85	4.39	4.98	5.38	5.83	5.73	5.61	5.49
4. 企业年金的企业参与率（%）				0.57	0.61	0.66	0.80	0.69	0.60	0.52	0.44
5. 企业年金的覆盖率（%）						5.11	5.53	5.95	5.95	5.87	5.79
6. 企业年金的领取率（%）						2.66	2.74	2.03	3.73	4.34	5.19
7. 企业年金参保人数占城镇职工基本养老保险人数比重（%）	4.61	4.74	5.01	5.19	5.55	6.07	6.38	6.72	6.55	6.13	5.79

资料来源：依据历年《劳动和社会保障事业发展统计公报》《企业年金基金业务数据摘要》《中国统计年鉴》等资料计算整理。

由表3–4分析可得到如下结论：

（1）企业年金参与人数和参与企业数量在2007—2017年一直呈上升态势。其中，企业年金参与人数由2007年的929万人增长到2017年的2331万人，净增长1402万人；企业参与数量由3.2万家增长到8.04万家，净增长4.84万家。这说明在过去的11年间，企业年金制度在我国得到了一定的发展，但是从发展的幅度来看，较大的增幅集中在2012年之前，2012年之后这两个数值增长都比较慢，反映出企业年金制度缺乏增长动力。

（2）企业年金的人数参与率和企业参与率均呈现出先增后降的趋势。企业年金的人数参与率由2007年的3.00%增长到2014年的5.83%后开始下降，到2017年下降到5.49%；企业年金的企业参与率由2010年的0.57%上升到2013年的0.80%，然后一直下降到2017年的0.44%，降幅达到近一半。这两个数据说明企业年金制度的增长速度有所放缓。

（3）企业年金的覆盖率一直没有得到有效提升。2012—2017年一直比较低，均在5%～6%，说明企业年金制度的覆盖面还十分有限，如此低的覆盖率还不能成为养老保险制度的重要支柱。覆盖率一直没有超过6%，则进一步说明企业年金制度存在发展缓慢的问题。

（4）企业年金的领取率较低。企业年金领取率由2012年的2.66%上升至2017年的5.19%，说明目前企业年金的领取人数和比例较低，这和我国企业年金制度起步晚、成立时间短有关。当企业年金制度成为一项长期平稳的制度后，企业年金的领取率应当是老年退休员工在全部参与制度的员工中的比重。随着人口老龄化问题加速，企业年金的领取率预期会呈现出上升趋势。

（5）企业年金参保人数占城镇职工基本养老保险人数比重一直很低。2007—2017年，这一比重基本维持在5%左右。虽然在2014年前企业年金参保的比重稍有提高，但是在2015年后出现了不升反降的趋势，说明企业年金在养老保险体系中的地位一直比较低，其养老作用没有得到充分发挥。

（6）与国际上企业年金制度员工参与率50%的平均水平相比，我国的企业年金制度还相去甚远。2017年我国城镇就业人员总数为40318.30万人，企业年金参与人数为2331.39万人，企业年金员工参与率仅为5.78%，可见企业年金制度员工参与率远远低于50%的水平，发展不理想。

二、企业年金制度的待遇率现状评价

企业年金制度的待遇率指标能够反映企业年金制度养老作用的发挥情况。根据表3–3中对企业年金制度的评价指标的计算方法，企业年金制度的待遇率指标的计算结果如表3–5所示。

表3–5 企业年金制度待遇率现状

指标	2007年	2008年	2009年	2010年	2011年	2012年	2013年	2014年	2015年	2016年	2017年
1. 企业年金基金累积结余 / 亿元	1519	1911	2533	2809	3570	4821	6035	7689	9526	11075	12880
剔除通胀率后的实际累积结余（以2007 年为基年）/ 亿元	1519	1805	2409	2586	3118	4104	5007	6254	7641	8710	9970
2. 企业年金人均缴费						7790	7057	7995	9419	8314	9758
剔除通胀率后的人均缴费（2007为基年）/ 元						6631	5855	6503	7556	6539	7553
3. 企业年金缴费率 /%						0.17	0.14	0.14	0.15	0.12	0.13
4. 企业年金替代率 /%						4.65	4.83	4.40	4.39	3.98	4.70
5. 企业年金替代率占城镇基本养老保险替代率的比重 /%						8.66	9.16	8.34	8.11	7.34	8.66
6.企业年金替代率对缴费率的弹性 /%							−0.22	−2.56	−0.02	0.49	2.67

注：为了得到企业年金基金实际积累和人均缴费情况，以 2007 年为基年计算实际金额。

资料来源：依据历年《劳动和社会保障事业发展统计公报》《企业年金基金业务数据摘要》《中国统计年鉴》等资料计算整理。

由表3–5分析可得到如下结论：

（1）企业年金基金累积结余上升速度非常快，由2007年的1519亿元上升至2017年的12880亿元，增长了7.48倍，其增长速度远超企业年金参与人数和参数企业数量。其原因有二：一是通货膨胀的影响，使得年金基金结余数量扩大，如果剔除通货膨胀的影响，那么基金结余规模会适当缩小。通过测算，如果以2007年为基年，那么2017年剔除通胀率后的企业年金结余为9970亿元，增长了5.56倍，增长幅度与未剔除通胀率时相比显著缩小，但是与企业年金制度的参与人数和参与企业数量相比，增长幅度依然很大；二是虽然参与人数变化不大，但是企业年金总额经过多年积累后数量在不断扩大，并且领取人数相对于缴费人数比例仍然很小，因此总的来看企业年金基金结余增长速度很快。

（2）企业年金人均缴费有一定增长，但增加有限。企业年金人均缴费从2012年的7790元上升到2017年的9758元，实际缴费从6631元增加到7553元，增幅为14%，这个数据反映出企业和个人共同缴纳的企业年金额度有所增加，个人的福利越来越好，已经建立年金计划的企业有能力为员工缴纳更多的年金基金，而员工个人也有能力增加缴费额度。企业年金人均实际缴费额度增加，说明企业年金在已经建立年金计划的企业中获得了企业和员工的认可，企业和员工都有增加缴费额度的趋向。

（3）企业年金缴费率在2012年后逐渐呈下降趋势。虽然企业年金人均缴费的绝对额度有一定的增长，但是相比职工工资，其比例是逐渐下降的。也就是说，虽然企业年金缴费额度有所增加，但是相比员工的工资增长幅度，企业年金的位置越来越不重要，其缴费比例越来越低。这说明虽然企业和员工愿意继续缴纳企业年金并且增加企业年金缴费额度，但是企业和员工更倾向于工资形式的收入。

（4）企业年金替代率较低，企业年金的养老作用不明显。企业年金替代率指标反映了企业年金能够为退休员工提供多少比例工资的替代。从表3－5中可以看出，替代率仅仅在4%左右，基本起不到补充养老金的作用。同时，与基本养老保险替代率相比，企业年金替代率仅为基本养老保险替代率的8%左右，说明企业年金的作用远不如基本养老保险的作用，我国的养老保险制度还是基本养老保险一支独大的制度体系，依然没有形成完善的多支柱养老保险体系。

（5）企业年金替代率对缴费率的弹性没有明显的规律性，说明我国企业年金制度发展不规律。为了考察企业年金替代率对缴费率的依赖性和变动规律，计算了该指标。2013—2015年，该弹性为负，但在2016年与2017年，该弹性又由负转为正，所以企业年金替代率弹性没有任何的规律可循。但是该结论从理论上分析显然是不合理的，依照养老金缴费与替代率的理论关系，两者应当成正比，即随着企业年金缴费率的提高，替代率也应该有所提高，因为企业年金对退休前收入水平的替代取决于缴费水平的高低，缴费水平越高，替代水平必然越高。

实践与理论相矛盾的结论虽然可能是企业年金制度发展较晚、数据较少导致的，但是也反映出了我国现行企业年金制度的发展确实存在不规律性。

三、企业年金制度的可持续发展现状评价

企业年金的增长速度、投资收益率以及公平性程度等指标，均能够体现出我国企业年金制度发展是否是可持续的，因此本书评价可持续性的指标体系也是围绕这三个问题来进行设计的。可持续的企业年金制度是增速平稳的制度，在制度发展进程中，不能出现大的波动甚至是回落、停滞；可持续的企业年金制度能够获得比较可观的、超越个体投资收益率的制度，不应出现投资收益低于通货膨胀率和低于银行长期国债收益率的问题，否则员工宁可把年金基金提取出来也不愿意继续参与企业年金制度；可持续的企业年金制度也应当是总体发展公平的制度，不公平的企业年金制度注定只能是个别群体的“锦上添花”，而不是为广大群众提供的普惠制度。

（一）企业年金制度的增长速度分析

1. 企业年金制度的参与数量与基金积累达到最高点后明显减速

企业年金制度的参与人数增长率和参与企业增长率都呈现出高速发展后开始回落的现象，扩面明显减速，如图3-2所示。

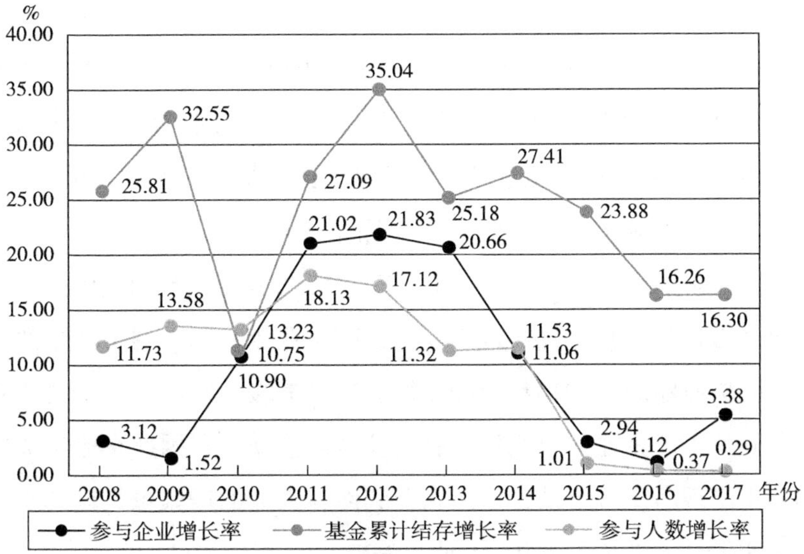

图3-2　企业年金制度的参与企业数量、参与人数及基金累计结存增长率变动

资料来源：根据《全国企业年金基金业务数据摘要（2017）》计算。

首先，参与企业增长率在2008年非常低，2009年甚至跌到1.52%，2010年开始快速增长，增速达到了10.75%。2011—2013年增速一直保持在20%以上，但是又于2014年回落至11.06%，到了2015年和2016年，增速更是跌到近10年的最低点，分别为2.94%与1.12%，到了2017年才有所好转，但是回调并不明显。

其次，参与人数增长率基本和参与企业增长率一致，都是在经过高速增长后开始回落。2008—2010年参与人数的增长率分别为11.73%、13.58%和13.23%，2011年与2012年增速最快，分别达到18.13%和17.12%，但是到了2013年后开始回落，但依然在10%以上。2015—2017年参与人数几乎没有增长，增长率仅为1.01%、0.37%及0.29%。由此可见，近三年我国的企业年金制度的覆盖人数几乎没有变化。

最后，企业年金基金累计结存增长速度要明显高于以上两个增长率，除在2010年有大的下滑趋势外，其他变动趋势与上面两个增长率大致相同，但是增幅要高出一大截。企业年金基金的增长速度在2008年为

25.81%，2009年达到32.55%，2010年增速回落非常明显，仅为10.90%，增速与上年相比回落21.65%，幅度非常大。2011—2015年增速一直维持在20%以上，2016年和2017年又开始回落，增长率分别为16.26%和16.30%。由此可以看出，企业年金基金积累结存的增长也是非常不稳定的。

通过上面的数据分析我们可以得到以下两点结论：

第一，企业年金制度遭遇了制度“瓶颈”，发展空间严重受限。参与企业增长率和参与人数增长率都接近于零，说明企业年金制度的发展受到了严重影响，制度扩面停滞。2015年受经济发展速度减缓的影响，部分去产能、效益差的企业减少了企业年金缴费，有的甚至停止缴费，因此企业年金规模增速在2015年出现断崖式下跌，参加企业和参与人数的增幅也是近10年来的最低值，并且在2016—2017年也没有明显好转。

第二，企业年金制度加大了社会的不公平。2008—2017年企业年金基金增长率一直保持在两位数以上，大部分年度在20%以上，说明近10年企业年金基金积累速度非常快，但同时参与企业数和参与人数增速远不如基金增长速度。企业年金基金增加的来源有3个，分别是参与人数增加、缴费水平的提高、年金投资收益。企业年金基金近几年大幅增加，其增长原因基本与参与人数无关，因为近几年参与人数基本没有变化；有部分增长来自企业年金的投资收益，但是2014—2017年企业年金的投资收益率分别为9.30%、9.88%、3.03%、5.00%，平均收益率为6.76%，与此同时，企业年金基金缴费额度平均增幅为11.128%（根据表3–5计算几何平均数所得），远超过企业年金平均投资收益率，说明2014—2017年企业年金积累增量主要来自现有的已经建立年金计划的企业，这些企业不断地加大了对员工的企业年金分配，所以企业年金积累额度一直快速增长。这样分配的结果必然导致已经建立年金计划的企业与没有建立年金计划的企业的员工间收入差距进一步扩大，这一差距最终体现为他们退休后生活水平的差异。

2. 企业年金领取方式逐渐优化

企业年金基金的结余系数和企业年金基金的领取方式两个指标也可以反映出企业年金制度的可持续性。表3-6与表3-7分别列出了2012—2017年的企业年金基金结余系数和领取方式。

表3-6 企业年金基金结余（2012—2017年） 单位：亿元

指标	2012 年	2013 年	2014 年	2015 年	2016 年	2017 年
企业年金基金累计结存	4821.00	6035.00	7689.00	9525.51	11075.62	12880.67
企业年金基金支出	148.05	196.05	141.27	260.57	295.95	345.40
企业年金基金结余系数	32.56	30.78	54.43	36.56	37.42	37.29
企业年金当年新增缴费		1410.05	1795.27	2097.08	1846.06	2150.45

注：当年新增缴费＝本年度企业年金基金累计结存－上一年度累积结存＋本年度企业年金基金支取。
资料来源：根据《全国企业年金基金业务数据摘要（2012—2017）》整理计算。

表3-7 一次性领取和分期领取企业年金情况（2012—2017年）

年份	当年总领取			一次性领取			分期领取		
	人数/万人	金额/亿元	人均领取金额/万元	人数/万人	占当年总领取人数比例/%	人均领取金额/万元	人数/万人	占当年总领取人数比例/%	人均领取金额/万元
2012	50.55	148.49	2.94	32.84	64.97	3.89	17.71	35.03	1.18
2013	57.83	196.05	3.39	37.41	64.69	4.52	20.42	35.31	1.32
2014	47.60	141.27	2.97	20.22	42.48	4.53	27.38	57.52	1.81
2015	89.70	260.57	2.90	22.47	25.05	4.95	67.23	74.95	2.22
2016	105.48	295.95	2.81	20.93	19.84	4.94	84.55	80.16	2.28
2017	127.51	345.40	2.71	17.15	13.45	6.35	110.36	86.55	2.14
平均增长率（%）	20.33	18.39	−1.62	−12.18	−27.02	10.30	44.18	19.83	12.64

资料来源：根据《全国企业年金基金业务数据摘要（2012—2017）》整理计算。

企业年金基金的结余系数等于企业年金基金累计结余与企业年金基金支

出的比例。由于企业年金实施年限较短、缴费人数比领取人数多，企业年金基金结余系数都远远大于1，但是我国面临人口老龄化的问题，当领取人数与缴费人数之差不断缩小时，结余系数也会越来越小。由于现阶段企业年金领取人数较少，从企业年金结余系数尚不能看出企业年金积累与支取的规律性，但是当我们按企业年金支取方式将领取规模和领取人数进行对比分析时，就能够发现以下规律。

（1）企业年金领取人数增加、领取金额增加，人均领取金额呈现下降趋势

随着我国企业年金制度实施时间越来越长，符合规定的退休员工越来越多，领取的年金金额也在逐年上升。2012年我国领取企业年金的人数为50.55万人，领取金额为148.49亿元，到2017年年底，领取人数达到127.51万人，领取金额为345.40亿元。2012—2017年领取企业年金的人数增加了76.96万人，领取金额增加了196.91亿元，领取人数平均增长率为20.33%，领取金额平均增长率为18.39%。由此可见，企业年金在近几年的领取增长速度较快。2013—2017年企业年金人均领取金额的平均增长率为-1.62%，呈现微幅下降趋势，如果再加上通货膨胀的影响，这个降幅会更大，而这与总领取人数增长率和总领取金额增长率的增长情况不一致，数据如表3-7所示。

导致人均领取金额不升反降的原因主要在于我国企业年金领取模式的设计。我国的企业年金既可以一次性领取，又可以分期领取。一次性领取模式是员工退休后一次性将其在职时所积累的年金全部提取，然后在退休期逐步消费掉，因此金额比较大；而分期领取则是将在职时积累的年金分期提取，有的分期甚至可以达到20年，平均到每年领取金额就会较少。当一次性领取人数逐渐减少，分期领取人数逐渐增加时，人均领取金额会呈现减少趋势。

（2）虽然分期领取人数比例逐年增加，但确定的分期领取年限却依然较短

2012年企业年金一次性领取人数为32.84万人，占到当年总领取人数的64.97%，分期领取人数为17.71万人，占当年总领取人数的比例为35.03%，说

明在2012年一次性领取的领取人数比例远远高于分期领取的领取人数。与此同时，2012年企业年金一次性领取员工的人均领取金额为3.89万元，分期领取的员工人均领取金额为1.18万元，一次性人均领取金额约为分期领取的人均领取金额的3.3倍。这说明即便退休员工确定了分期领取模式，分期的年度也基本在5年之内，并没有期望中的10年、20年甚至更长时间，这样不利于退休员工退休收入的平稳性。目前出现这种情况对于退休员工来说还不太明显，这是因为目前我国企业年金的替代率还不足5%，而一旦企业年金替代率提高后，分期领取期限较短的弊端将会凸显，即退休员工在刚刚退休时的收入较高，而当领取完企业年金后，退休收入将呈现断崖式下降，这样非常不利于退休员工的平稳养老。

（3）企业年金领取政策对员工确定领取模式影响巨大

企业年金制度相关政策的制定和实施会影响员工确定企业年金领取模式。图3–3描述了2012—2017年一次性领取人数占比与分期领取人数占比的变化情况。2012年，一次性领取人数占当年总领取人数的64.97%，2013年基本与此持平，自2014年起，该比例快速下降，到2017年度仅为13.45%；相反，分期领取人数占当年总领取人数的比例从35.03%迅速上升到86.55%，增幅达到147.07%。从图3–3中可以看出，2013年一次性领取人数占比和分期领取人数占比并没有明显变化，但是2014年与2015年分期领取人数占比急剧上升，2016年增速虽然开始放缓，但也有明显增加。这是因为2013年12月我国财政部、人力资源和社会保障部及国家税务总局联合发布的《关于企业年金、职业年金个人所得税有关问题的通知》中对企业年金税收重新进行了规定，规定企业年金的个税征收集中在退休领取阶段，征收税率按照收入适用的税率进行计征。为了避免按照高税率进行征税，一次性领取的员工比例下降速度非常快，分期领取的员工比例则持续增长。截至2017年，分期领取人数占比已经达到86.55%，说明税收优惠政策对员工的领取模式选择起到了较大的调节作用。

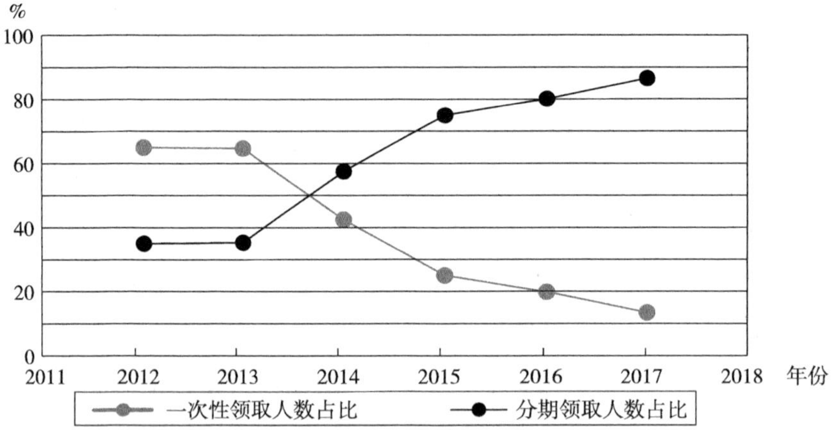

图3-3　一次性领取人数与分期领取人数占比变动情况（2012—2017年）

（二）企业年金基金的投资收益状况分析

企业年金实现平稳的保值增值是企业年金制度得以持续存在的基本条件，满足不了这个基本条件，企业年金制度就失去了群众支持的基础和参与的动力，因此近年来我国一直在不断地调整和完善企业年金基金的投资政策，每一次政策的调整都拓宽了基金的投资渠道，提供了新的政策保障。

将企业年金的投资收益率与通货膨胀率和银行三年期存款利率分别进行比较，可以看出2007—2017年的企业年金投资收益率的基本情况（见表3-8）。

表3-8　企业年金投资收益率与居民消费价格指数、银行三年期定期存款利率的比较（%）

年份	企业年金投资收益率（1）	居民消费价格指数（2）	（1）-（2）	银行三年期定期存款利率（3）	（1）-（3）
2007	41.00	4.80	36.20	4.57	36.43
2008	−1.83	5.90	−7.73	5.03	−6.86
2009	7.78	−0.70	8.48	3.33	4.45
2010	3.41	3.30	0.11	3.49	−0.08
2011	−0.78	5.40	−6.18	4.78	−5.56
2012	5.68	2.60	3.08	4.60	1.08
2013	3.67	2.60	1.07	4.25	−0.58
2014	9.30	2.00	7.30	4.21	5.09
2015	9.88	1.40	8.48	3.31	6.57

续表

年份	企业年金投资收益率（1）	居民消费价格指数（2）	（1）-（2）	银行三年期定期存款利率（3）	（1）-（3）
2016	3.03	2.00	1.03	2.75	0.28
2017	5.00	1.60	3.40	2.75	2.25
2007—2017年平均	7.34	2.79	4.55	3.91	3.43
2008—2017年平均	4.45	2.59	1.86	3.85	0.60

注：①居民消费价格指数为以上一年为基年的居民消费价格指数；②银行三年期定期存款利率为当年度每月三年期定期存款利率的算术平均数；③企业年金投资收益率与居民消费价格指数CPI的历年平均值均为2007—2017年该数据的几何平均数；④银行三年期定期存款利率的历年平均值为2007—2017年每月三年期定期存款利率的算术平均。

资料来源：根据《全国企业年金基金业务数据摘要（2017）》《中国统计年鉴（2018）》与中国人民银行数据整理计算。

（1）企业年金投资收益率超越了通货膨胀率，实现了基金保值目标

2007年我国的通货膨胀率较高，达到了4.8%，但是企业年金的投资收益率达到了41%，远超通货膨胀率。2008年国际金融危机使得我国证券市场非常不景气，企业年金基金投资收益率为负，但是即便出现收益率仅为-1.83%的情况，也远远好于许多发达国家（部分发达国家的企业年金基金缩水超过50%）。2009年金融危机使经济下行明显，居民消费价格指数（CPI）由正转负，意味着经济出现通货紧缩，但是同期我国的企业年金投资收益率达到了7.78%。

2012—2017年我国的通货膨胀率一直很低，同期企业年金的投资收益率都超过了通货膨胀率。2007—2017年企业年金基金的平均投资收益率达到7.34%，同期通货膨胀率为2.79%，前者高出后者4.55个百分点，说明企业年金基金通过投资实现了保值的目的。

（2）企业年金投资收益率超越了银行三年期定期存款利率，实现了基金增值目标

2007年企业年金的投资收益率极高，因此相比银行三年期定期存款利率超出了36.43个百分点。近几年我国的经济发展减缓，银行利率也较低，在3%

左右。总之，2007—2017年企业年金平均投资收益率比银行平均三年期定期存款利率高出3.43个百分点，说明企业年金基金的投资高于银行的固定存款利率。

（3）企业年金投资收益率对比通胀率和三年期定期存款利率优势不大

2007年企业年金投资收益率远高于其他年份，为了剔除这种异常值的影响，将该年份删除，仅考虑2008—2017年的投资收益率。计算得出，这十年的企业年金基金平均投资收益率为4.45%，同时也计算得出10年间的平均通货膨胀率和银行三年期定期平均存款利率，分别为2.59%和3.85%，说明企业年金的投资收益率比通货膨胀率仅高出1.86个百分点，比银行的三年定期存款利率只高出0.60个百分点。从这两个数据来看，虽然2008—2017年企业年金的投资收益跑赢了通货膨胀率和银行三年期定期存款利率，但超出的并不多，实际上企业年金的投资收益率低于很多基金和理财产品的收益率，因此企业年金的投资收益率并不理想，远没有达到人们对它的期望，这是员工参与积极性不高的重要原因之一。员工对企业年金不仅要求保值，更希望能够获得比自己投资更高的收益，所以，提高企业年金投资收益率是企业年金制度可持续发展的重要措施。

许多学者的研究表明，当经济发展较快时，通货膨胀率会相应升高，证券市场的投资收益率会下降。如果将2007年的异常值考虑进来，通货膨胀率与投资收益率的线性相关系数为0.073，说明两者的相关性很低，但是如果将2007年的数据剔除，则两者的线性相关系数为-0.83，表现出明显的负相关。这再一次说明当我们研究较长时期内的企业年金投资收益率时，有必要进行更为严谨的思考，将某些异常年份排除在外，否则会影响对企业年金基金投资收益率的客观判断。此外，根据其他学者的研究，经济发展较快的时候，证券市场的投资收益率会相应下降，这就需要我们在作出企业年金投资决策的时候，要考虑经济的发展状况，避免在受经济发展影响显著的领域投资。

（4）企业年金基金的投资收益波动较大

图3-4给出了我国企业年金基金投资收益率。除去2008年与2011年企业

年金投资收益率为负外，其余年度都获得了高于3%的投资收益，相对较为平稳。2008年的波动是由于全球遭遇金融危机，全球金融市场都在此次金融危机中受创，很多国家的养老金严重缩水，有的国家甚至缩水一半以上，在这场全球金融危机中，中国的企业年金基金投资不可避免地被卷入危机中。虽然基金缩水并不严重，但是投资收益率大幅跳水，从41%直降到-1.83%。2009年又迅速回升，从负的收益率上升至7.78%，波动也非常大。整体来看，2008—2017年共有两年收益率在9.30%以上，有3年在5%~9%，有3年在3%~5%，还有两年收益率为负，由此可以看出，我国企业年金投资收益率波动幅度较大。

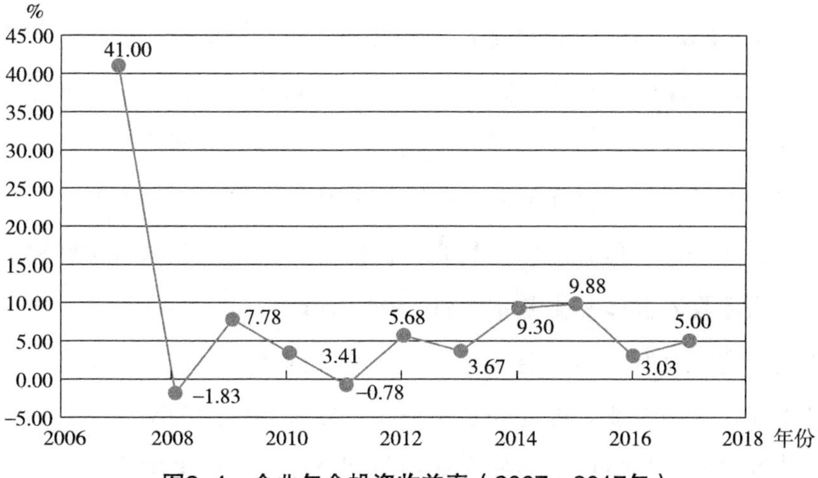

图3-4　企业年金投资收益率（2007—2017年）

注：企业年金投资收益率为当年的加权平均收益率，包括了固定收益类和含权益类两种组合类型，权重是两类组合的符合条件样本的规模。固定收益类组合是以期初合同或备忘录为准，明确约定不能投资权益类的组合；含权益类组合是没有明确约定或期间发生类别变动的组合。

资料来源：根据《全国企业年金基金业务数据摘要（2017）》计算。

（5）企业年金投资收益率不平稳

还可以进一步对投资收益率的平稳性进行测算。2007—2017年企业年金投资收益率的标准差为11.60%，如果剔除2007年的数据，其他年份的投资收益率标准差为3.89%。这个波动本身绝对值并不大，但是其平均值仅有4.51%，变异程度达到0.86。假定以后较长时间内企业年金的投资情况仍然维持这10

年间的变动规律，即企业年金投资收益率的平均值为4.51%，标准差为3.89%，则将有约12.32%的年度遭遇负的投资回报，低于3%收益率的年份概率为34.89%，而高于6%的年份概率仅为35.09%（见表3-9）。由此可知，目前企业年金基金的平均投资收益率依然不够理想。

表3-9　企业年金投资收益率概率测算

概率	企业年金投资收益率				
	<0	0~3%	3%~6%	6%~10%	10% 以上
p	12.32%	22.57%	30.02	27.18%	7.91%

资料来源：根据2008—2017年企业年金投资收益率测算。

（三）企业年金制度的不平等程度分析

企业年金制度的可持续发展需要提供公平的养老保障。公平、正义、共享是社会保障制度的核心价值理念。企业年金制度作为社会保障制度的一个组成部分，最终目标是使人类消除贫困，提高人们的生活质量，实现社会公平。基本养老保险等社会保障制度为了实现社会公平，一般都具有社会再分配的功能，通过社会再分配机制将收入进行转移，由高收入群体转移到低收入群体，为低收入群体提供基本的社会生活保障，从而实现社会公平。但是企业年金制度则有所不同，企业年金只在企业内部具有再分配功能，在企业外部则不存在分配功能。因此为了保障企业年金制度的公平性，首先需要从全社会角度出发，尽量使更多的企业参与到企业年金制度中来，消除企业属性、行业、地域等之间收入的巨大差异。本部分将从行业和地区两个视角来研究企业年金制度公平性问题。

在收入分配领域，对收入分布状况有必要严格区分“分配公平”和“平等分配”两个概念，目前我国学术界有关这个概念还是存在很多混用的情况。本书认可在国际上被广泛接受的Varian（1974）关于公平与不平等的定义，即公平是“没有嫉妒的收入分布状况”。在这个定义中，每个人的收入与其贡献成正比，贡献越多，分配得到的收入也就越多，因此并不存在“嫉妒”的收入分布；而“平等”则是不考虑个人的贡献，只是从数量上实现收入的“均等化”。从这个定义可以看出公平的分配是追求效率的，与个人的先天禀赋条件和后天努力程度息息相关，而平等则忽略了个人之间存在的差异。显然平等的收入分配会促使人们逆向选择，结果就是大家都不追求效率。因此公平的收入分配既可以是平等的，也可以是不平等的。如果一项制度的不平等程度较大，那么这个制度就会拉大社会收入差距，给社会带来不稳定因素。

1. 企业年金制度行业不平等程度的度量

由于缺少关于企业年金制度行业发展状况的权威数据，本书尝试根据上市公司数据来测算行业间的企业年金制度的不公平性。本书收集了国泰安数据库（CSMAR）中的2017年上市公司的相关数据，对企业年金指标定义不清的数据进行了清理，保留了严格“企业年金”的数据，共得到3485条记录①。其中，建立年金计划的企业共有713家，有2772家尚未建立年金计划。考察企业年金制度的行业公平程度应该从两个方面出发：一是从已经建立年金计划的企业出发，考察已经实施企业年金制度的群体内部的行业公平性程度；二是从全部企业出发，考察企业年金制度的行业公平性，全部企业包括已经建立和没有建立年金计划的企业。下面分别从这两个方面来分析。

（1）A股上市公司中已经建立年金计划企业间的行业不平等程度

此时研究的对象为A股上市公司中已经建立企业年金计划的企业，研究问题是这些企业间是否存在行业不平等。在713家已经建立年金计划的企业中，有27家缺少年金缴费数量的财务数据，有25家缺少职工人数的财务数据，因此需要将这些企业剔除，剔除后共剩余661家企业。对各行业的企业数量、职工人数和企业年金缴费情况进行整理，得到表3-10，观察各行业间的企业年金缴费关系。从中可以看出，各个行业的上市公司中已经建立年金计划的企业的数量相差悬殊，卫生和社会工作行业仅有1家企业建立了企业年金计划，制造业则有259家。

① 有关数据清理的说明详见第五章。

表3-10　已经建立企业年金计划的A股上市公司分行业企业年金缴费情况（2017年）

代码	行业名称	已建年金计划的企业数量 / 个	参与年金计划的员工人数 / 人	年金总缴费额 / 元	已建企业年金计划的企业人均缴费 / 元
A	农、林、牧、渔业	9	38045	5299475.9	139.29
B	采矿业	22	299050	967560603.8	3235.45
C	制造业	259	1928073	3708431048	1923.39
D	电力、热力、燃气及水生产和供应业	69	362668	1942979013	5357.46
E	建筑业	17	208599	690980294.5	3312.48
F	批发和零售业	50	297297	299418538.4	1007.14
G	交通运输、仓储和邮政业	57	425054	1628327193	3830.87
H	住宿和餐饮业	3	33036	35149327.24	1063.97
I	信息传输、软件和信息技术服务业	30	147731	295407661.6	1999.63
J	金融业	47	395092	4433943109	11222.56
K	房地产业	44	186793	275189484.3	1473.23
L	租赁和商务服务业	12	55459	52411471.81	945.05
M	科学研究和技术服务业	6	17534	30809687.12	1757.14
N	水利、环境和公共设施管理业	8	39497	33141948.95	839.10
O	居民服务、修理和其他服务业	0	0	0	0
P	教育	2	20275	532919.34	26.28
Q	卫生和社会工作	1	3214	2280.28	0.71
R	文化、体育和娱乐业	19	92194	346670523.4	3760.23
S	综合	6	15824	9952681.23	628.96
合计		661	4565435	14756207261	3232.16

注：A 股上市公司中“居民服务、修理和其他服务业”只有 1 家企业，并且该企业并未建立企业年金计划。

资料来源：根据 CSMAR 数据库中相关数据计算。

为了进一步了解各行业之间的缴费差异，我们借助经济学中用于度量居民收入分配不公平性程度的指标——基尼系数，来测算行业间的不公平程度。基尼系数可以反映行业间企业年金制度的公平程度的实现情况，这是衡量企业年金制度是否可持续的重要指标。基尼系数是由20世纪初意大利经济学家基尼根据洛伦兹曲线得到的。洛伦兹曲线的做法是：将一定范围的全部人口按收入由低到高的顺序排序，一般按人数相等的原则分为若干组；分别计算每一组人口总收入占全部人口总收入的百分比；按收入由低到高的顺序，计算累积收入百分比；再以累积人口百分比为横轴，以累积收入百分比为纵轴做出一条曲线，就得到了收入分配的洛伦兹曲线。

本研究中企业年金的行业参与人数是一个不等距分组，所以对上述洛伦茨曲线的做法进行调整，直接以行业分组，计算缴费人数比例。将表3-10中的数据按照人均年金缴费的数额从小到大排序[①]，并计算累积的行业人数占比和累积的行业企业年金缴费额占比，得到表3-11。

表3-11　A股上市公司分行业企业年金参与人数与缴费金额（2017年）

行业名称	人均缴费金额/元	参与年金计划员工人数/人	参与年金计划员工人数占比 W/%	累积行业缴费人数占比 X/%	行业缴费金额/元	行业缴费金额占比 M/%	累积行业缴费金额占比 Y/%
卫生和社会工作	0.71	3214	0.07	0.07	2280.28	0.00	0.00
教育	26.28	20275	0.44	0.51	532919.34	0.00	0.00
农、林、牧、渔业	139.29	38045	0.83	1.35	5299475.9	0.04	0.04
综合	628.96	15824	0.35	1.69	9952681.23	0.07	0.11
水利、环境和公共设施管理业	839.1	39497	0.87	2.56	33141948.95	0.22	0.33
租赁和商务服务业	945.05	55459	1.21	3.77	52411471.81	0.36	0.69
批发和零售业	1007.14	297297	6.51	10.29	299418538.4	2.03	2.72
住宿和餐饮业	1063.97	33036	0.72	11.01	35149327.24	0.24	2.95
房地产业	1473.23	186793	4.09	15.10	275189484.3	1.86	4.82
科学研究和技术服务业	1757.14	17534	0.38	15.49	30809687.12	0.21	5.03
制造业	1923.39	1928073	42.23	57.72	3708431048	25.13	30.16

① 由于企业年金行业缴费人数不是等距分组，不能直接以行业缴费总额进行排序，需要按照人均缴费水平从低到高排序。

续表

行业名称	人均缴费金额 / 元	参与年金计划员工人数 / 人	参与年金计划员工人数占比 W/%	累积行业缴费人数占比 X/%	行业缴费金额 / 元	行业缴费金额占比 M/%	累积行业缴费金额占比 Y/%
信息传输、软件和信息技术服务业	1999.63	147731	3.24	60.95	295407661.6	2.00	32.16
采矿业	3235.45	299050	6.55	67.50	967560603.8	6.56	38.72
建筑业	3312.48	208599	4.57	72.07	690980294.5	4.68	43.40
文化、体育和娱乐业	3760.23	92194	2.02	74.09	346670523.4	2.35	45.75
交通运输、仓储和邮政业	3830.87	425054	9.31	83.40	1628327193	11.03	56.78
电力、热力、燃气及水生产和供应业	5357.46	362668	7.94	91.35	1942979013	13.17	69.95
金融业	11222.6	395092	8.65	100.00	4433943109	30.05	100.00

以累积行业缴费人数占比为横轴，累积行业缴费金额占比为纵轴，画出洛伦兹曲线（见图3–5）。洛伦兹曲线与绝对公平线之间的面积占绝对公平线下三角面积的比例即基尼系数G。曲线往下弯曲程度越大，与绝对公平线之间的面积就越大，基尼系数就越大，意味着行业之间越不公平；反之，基尼系数就越小，企业年金分配就越趋向于平等。国际惯例将基尼系数划分为以下几个等级：当G小于0.2时，表示绝对平等；当G介于0.2~0.3时，意味着比较平等；当G在0.3~0.4时，意味着收入相对合理；当G在0.4~0.5时，意味着收入分配不平等，收入差距较大；当G大于0.5时，意味着收入差距悬殊，收入分配严重不平等。

基尼系数的计算公式为：

$$G=\sum_{i=1}^{n}W_iM_i+2\sum_{i=1}^{n-1}W_i(1-Y_i)-1 \tag{3–2}$$

其中，W为按行业分组后每个行业参与企业年金的员工数占所有行业总员工数的比重；M为每个行业的企业年金缴费额占所有行业缴费总额的比重，Y_i为M从第1组到第i组的累计数。

利用式（3–2）得到G=0.38。根据上述国际上对基尼系数的划分，意味着对于已经建立年金计划的企业，行业间的企业年金缴费是相对合理的，但是靠近0.4的边界，即有收入差距扩大的倾向。

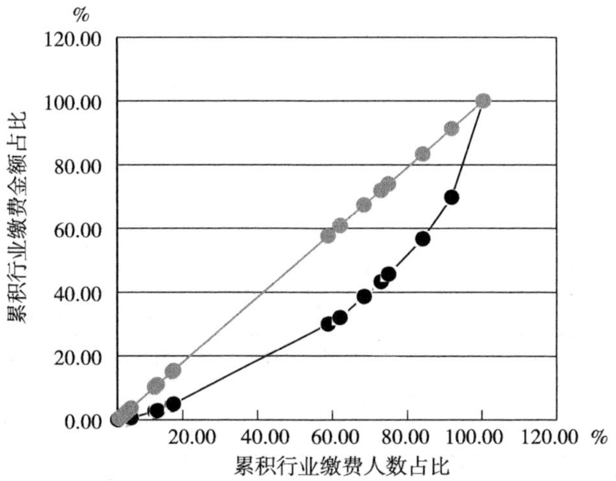

图3–5　A股上市公司中已经建立年金计划企业的行业公平程度的洛伦兹曲线

（2）全部A股上市公司间的企业年金制度行业不平等程度

此处研究的对象为A股上市公司中所有企业，无论企业是否已经建立企业年金计划，都是研究的对象，研究问题是这些企业间是否存在行业不平等。由于研究对象发生了变化，虽然计算的有关指标名称不变，但实际上数据已经发生变化。表3–12给出了相关指标。

表3–12　A股上市公司分行业企业年金缴费情况（2017年）

代码	行业名称	全部企业数量/个	建立年金计划企业数量/个	已建企业年金计划企业的比重/%	全部员工人数/人	行业年金总缴费额/元	行业人均缴费/元
A	农、林、牧、渔业	43	9	20.93	246760	5299475.9	21.48
B	采矿业	65	22	33.85	681408	967560603.8	1419.94
C	制造业	2179	259	11.89	8853345	3708431048.0	418.87
D	电力、热力、燃气及水生产和供应业	107	69	64.49	434393	1942979013.0	4472.86
E	建筑业	90	17	18.89	400531	690980294.5	1725.16

续表

代码	行业名称	全部企业数量/个	建立年金计划企业数量/个	已建企业年金计划企业的比重/%	全部员工人数/人	行业年金总缴费额/元	行业人均缴费/元
F	批发和零售业	158	50	31.65	1067660	299418538.40	280.44
G	交通运输、仓储和邮政业	88	57	64.77	554841	1628327193.00	2934.76
H	住宿和餐饮业	9	3	33.33	84086	35149327.24	418.02
I	信息传输、软件和信息技术服务业	243	30	12.35	620805	295407661.60	475.85
J	金融业	67	47	70.15	737288	4433943109.00	6013.85
K	房地产业	117	44	37.61	478226	275189484.30	575.44
L	租赁和商务服务业	49	12	24.49	153935	52411471.81	340.48
M	科学研究和技术服务业	41	6	14.63	71400	30809687.12	431.51
N	水利、环境和公共设施管理业	43	8	18.60	162566	33141948.95	203.87
O	居民服务、修理和其他服务业	1	0	0.00	947	0.00	0.00
P	教育	3	2	66.67	25531	532919.34	20.87
Q	卫生和社会工作	9	1	11.11	89695	2280.28	0.03
R	文化、体育和娱乐业	58	19	32.76	174393	346670523.40	1987.87
S	综合	20	6	30.00	44893	9952681.23	221.70
合计		3390	661	19.50	14882703	14756207261.00	991.50

注：①“全部员工人数”指的是A股上市公司中所有该行业的员工总数，包括已经建立和尚未建立年金计划的企业；②“行业人均缴费”指的是行业内部所有员工的人均企业年金的缴费，包括已经建立和尚未建立年金计划的企业。

资料来源：根据CSMAR数据库中相关数据计算。

在A股上市公司中，我们看到不同行业建立年金计划的企业数量比重差异很大。其中，金融业建立年金计划的企业比重达到了70.15%，交通运输、仓储和邮政业的比重为64.77%，电力、热力、燃气及水生产和供应业的比重为64.49%（教育业样本量过少不具有统计意义，所以不予考虑）。可以看出，这些行业以国有行业为主，也说明了目前我国企业年金制度依然是国有企业为主体的制度，覆盖面倾斜度大。值得注意的是，在A股上市公司中，制造业比重最大，但是建立年金计划的企业比重仅为11.89%，远不如批发和零售业、住宿和餐饮业、租赁和商务服务业等，说明我国制造业的企业年金制度发展境况不太乐观。

同上文处理思路一致，也借助于洛伦兹曲线和基尼系数来度量所有企业间的行业不平等程度。首先，将数据按行业人均缴费从低到高排序，再分别计算出累积的人口百分比和累积的缴费百分比；其次，以此为依据做出洛伦兹曲线；最后，求出基尼系数，用于判断全部企业间的行业公平性。需要注意的是，此处的“行业人均缴费”的估算已经发生了变化，这里指的不再是建立企业年金计划的所有企业内部的行业人均缴费，而是无论企业是否有年金计划，都被纳入总体中。表3-13计算整理了洛伦兹曲线和基尼系数计算时所需要的数据。

表3-13　全部A股上市公司分行业企业年金参与人数与缴费金额（2017年）

行业	行业人均缴费金额 / 元	全部员工人数 / 人	员工人数占比 *W*/%	累积行业人数占比 *X*/%	行业缴费金额 / 元	行业缴费金额占比 *M*/%	累积行业缴费金额占比 *Y*/%
居民服务、修理和其他服务业	0.00	947	0.01	0.01	0	0.00	0.00
卫生和社会工作	0.03	89695	0.60	0.61	2280.28	0.00	0.00
教育	20.873	25531	0.17	0.78	532919.34	0.00	0.00
农、林、牧、渔业	21.48	246760	1.66	2.44	5299475.9	0.04	0.04
水利、环境和公共设施管理业	203.87	162566	1.09	3.53	33141948.95	0.22	0.26
综合	221.70	44893	0.30	3.83	9952681.23	0.07	0.33
批发和零售业	280.44	1067660	7.17	11.01	299418538.4	2.03	2.36
租赁和商务服务业	340.48	153935	1.03	12.04	52411471.81	0.36	2.72
住宿和餐饮业	418.02	84086	0.56	12.61	35149327.24	0.24	2.95
制造业	418.87	8853345	59.49	72.09	3708431048	25.13	28.09
科学研究和技术服务业	431.51	71400	0.48	72.57	30809687.12	0.21	28.29

续表

行业	行业人均缴费金额 / 元	全部员工人数 / 人	员工人数占比 *W*/%	累积行业人数占比 *X*/%	行业缴费金额 / 元	行业缴费金额占比 *M*/%	累积行业缴费金额占比 *Y*/%
信息传输、软件和信息技术服务业	475.85	620805	4.17	76.74	295407661.6	2.00	30.30
房地产业	575.44	478226	3.21	79.96	275189484.3	1.86	32.16
采矿业	1419.94	681408	4.58	84.54	967560603.8	6.56	38.72
建筑业	1725.16	400531	2.69	87.23	690980294.5	4.68	43.40
文化、体育和娱乐业	1987.87	174393	1.17	88.40	346670523.4	2.35	45.75
交通运输、仓储和邮政业	2934.76	554841	3.73	92.13	1628327193	11.03	56.78
电力、热力、燃气及水生产和供应业	4472.86	434393	2.92	95.05	1942979013	13.17	69.95
金融业	6013.86	737288	4.95	100.00	4433943109	30.05	100.00

资料来源：根据表 3–12 数据计算。

由表3–13发现，行业的排序已经发生了变动。“居民服务、修理和其他服务业”已经成为最低收入行业，这是由于A股上市公司中只有1家该行业企业，并且这家企业还没有建立企业年金计划。其他行业的人均收入排名变化不大。作出洛伦兹曲线如图3–6所示。

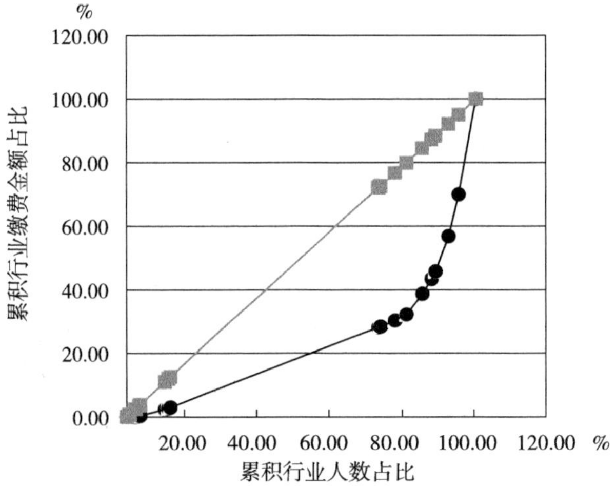

图3–6　全部A股上市公司的行业公平程度的洛伦兹曲线

比较以上两个洛伦兹曲线，可以发现第二条洛伦兹曲线向下弯曲程度更大，说明如果考虑全部企业，那么企业年金制度在行业间不平等程度要大于只考虑已经建立企业年金计划的企业间的行业不平等程度。此时的基尼系数G=0.54，根据上述国际上对基尼系数的划分，当G大于0.5时，意味着收入差距悬殊，说明如果考虑全部的企业，行业间的不平等程度已非常严重，超出了0.5的警戒线，企业年金制度的"富人俱乐部"形象已经成为事实，这也是制约企业年金制度可持续发展的桎梏之一。

2. 企业年金制度地区不平等程度分析

中国人力资源和社会保障部自2012年起每年都颁布《全国企业年金基金业务数据摘要》，里面包括了对各地区企业年金制度发展状况的统计数据，利用该官方数据研究企业年金制度在各地区发展的不平等程度，数据更具权威性，也增加了研究结论的可靠性，考察地区间企业年金制度不平等程度与考察行业不平等程度一样，也从两个视角进行研究：一是研究已经建立年金计划的企业，考察已经实施企业年金制度的群体内部的地区不平等程度；二是研究全部企业，考察企业年金制度的地区不平等性，全部企业包括已经建立和没有建立年金计划的企业。下面分别从这两个方面研究：

（1）已经建立年金计划的企业间的地区不平等程度

截至2017年年底，企业年金在我国各地区间的建立情况如表3-14所示。

表3-14　2017年分地区企业年金情况（已经建立年金计划的企业）

备案地	参与企业账户数 / 个	参与制度员工账户数 / 人	企业年金资产金额 / 万元	地区人均缴费金额 / 元
北京市	3306	670277	4650829.64	69386.68
天津市	1372	210520	907252.82	43095.80
河北省	814	392298	1324295.32	33757.38
山西省	867	554705	2638652.56	47568.57
内蒙古自治区	507	228655	1005962.52	43994.77
辽宁省	2252	322941	1423960.08	44093.51
吉林省	462	134974	707439.44	52413.02
黑龙江省	1011	184466	781902.83	42387.37

续表

备案地	参与企业账户数/个	参与制度员工账户数/人	企业年金资产金额/万元	地区人均缴费金额/元
上海市	8931	1322514	6534051.04	49406.29
江苏省	2516	497461	3541183.06	71185.14
浙江省	3122	433044	2777007.75	64127.61
安徽省	1118	493646	2616980.19	53013.30
福建省	13225	294165	2187315.45	74356.75
江西省	895	205765	950052.05	46171.70
山东省	3179	476288	2969169.00	62339.78
河南省	1247	658023	1803738.25	27411.48
湖北省	844	314534	1996350.85	63470.11
湖南省	591	239034	1186227.04	49625.87
广东省	4299	561060	3241564.83	57775.73
广西壮族自治区	2810	177614	710192.88	39985.19
海南省	195	35114	72233.63	20571.18
四川省	1097	391614	1716768.73	43838.29
重庆市	504	105549	593114.22	56193.26
贵州省	359	183805	900909.36	49014.41
云南省	1209	332383	1722744.71	51830.11
西藏自治区	29	9214	37052.97	40213.77
陕西省	902	409933	2051478.74	50044.24
甘肃省	451	205216	944567.67	46027.97
青海省	137	62967	274696.87	43625.53
宁夏回族自治区	300	49607	278636.61	56168.81
新疆维吾尔自治区	712	113039	671862.32	59436.33
人力资源和社会保障部	21166	12085470	72187791.56	51816.93
合计（1）	80429	23313947	128796726.84	59731.06
合计（2）	59263	10270425	53218193.43	51816.93

注：①本表统计按照分级管理和属地原则，人力资源和社会保障部一栏统计在人社部备案的单一计划及加入集合计划的中央企业，各省（区、市）统计在该地备案的单一计划及参加集合计划的当地企业。单一计划以计划登记号（备案地）划分，集合计划以企业注册地划分；②由于本表中有直接在人力资源和社会保障部登记的企业年金，无法区分建立地区，因此在后面的分析中将其舍去，表中合计（2）即为舍去人力资源和社会保障部的企业年金账户后的合计数据。

资料来源：根据中国人力资源和社会保障部《全国企业年金基金业务数据摘要（2017）》整理计算。

从表3-14中可以看出，就建立企业年金计划的企业数量来说，省际差异非常大。福建、上海、北京、广东、山东、浙江等沿海地区和经济发达地区遥遥领先，规模都在3000家企业以上，而欠发达地区如西藏、青海、海南等地建立企业年金计划的企业十分有限，还不足200家。其中，福建已经有13225家企业建立了企业年金计划，上海也已经有8931家企业。广东和北京相比福建和上海则少了很多，分别为4299家和3306家。经济落后地区的企业参与数量仅为发达地区的1%左右，如西藏、青海和海南仅为29家、137家和195家企业。

除省际建立年金计划的企业数量差异悬殊外，省际内部也同样存在巨大的差距。从表3-14来看，福建省建立年金计划的企业数量居首位，共有13225家，但实际上，仅福建省的厦门市，建立年金计划的企业数量就达到了11882家，占到全省总建立量的89.84%，福建省内其他地区累计起来才有1343家，仅占全省总建立量的10.16%。[①]由此可见，即便是在省级内部，也存在严重的区域差异，越是发达的地区，建立年金计划的企业数量就越多。

同上面处理行业差异的思路一致，首先将数据按地区人均缴费从低到高排序，再分别计算出累积的人口百分比和累积的缴费百分比，再以此为依据做出洛伦兹曲线，最后求出基尼系数，用于判断全部企业间的地区平等性。此处的研究对象为已经建立年金计划的企业，结果如表3-15所示。

表3-15　全部A股上市公司分行业企业年金参与人数与缴费金额（2017年）

省份	地区人均缴费金额 / 元	员工人数占比 *W*/%	地区缴费占比 *X*/%	累积地区缴费人数占比 *M*/%	累积地区缴费金额占比 *Y*/%
海南省	20571.18	0.34	0.14	0.34	0.14
河南省	27411.48	6.41	3.39	6.75	3.53
河北省	33757.38	3.82	2.49	10.57	6.01
广西壮族自治区	39985.19	1.73	1.33	12.30	7.35

① 中证金牛研究 . 企业年金积累基金 1.29 亿元，账管人托管人工行均列第一［EB/OL］.http：//fund.jrj.com.cn/2018/04/12172624381831.shtml.

续表

省份	地区人均缴费金额 / 元	员工人数占比 W/%	地区缴费占比 X/%	累积地区缴费人数占比 M/%	累积地区缴费金额占比 Y/%
西藏自治区	40213.77	0.09	0.07	12.39	7.42
黑龙江省	42387.37	1.80	1.47	14.18	8.89
天津市	43095.80	2.05	1.70	16.23	10.59
青海省	43625.53	0.61	0.52	16.85	11.11
四川省	43838.29	3.81	3.23	20.66	14.33
内蒙古自治区	43994.77	2.23	1.89	22.89	16.22
辽宁省	44093.51	3.14	2.68	26.03	18.90
甘肃省	46027.97	2.00	1.77	28.03	20.67
江西省	46171.70	2.00	1.79	30.03	22.46
山西省	47568.57	5.40	4.96	35.43	27.42
贵州省	49014.41	1.79	1.69	37.22	29.11
上海市	49406.29	12.88	12.28	50.10	41.39
湖南省	49625.87	2.33	2.23	52.43	43.62
陕西省	50044.24	3.99	3.85	56.42	47.47
云南省	51830.11	3.24	3.24	59.65	50.71
吉林省	52413.02	1.31	1.33	60.97	52.04
安徽省	53013.30	4.81	4.92	65.78	56.96
宁夏回族自治区	56168.81	0.48	0.52	66.26	57.48
重庆市	56193.26	1.03	1.11	67.29	58.59
广东省	57775.73	5.46	6.09	72.75	64.69
新疆维吾尔自治区	59436.33	1.10	1.26	73.85	65.95
山东省	62339.78	4.64	5.58	78.49	71.53
湖北省	63470.11	3.06	3.75	81.55	75.28
浙江省	64127.61	4.22	5.22	85.77	80.50
北京市	69386.68	6.53	8.74	92.29	89.24
江苏省	71185.14	4.84	6.65	97.14	95.89
福建省	74356.75	2.86	4.11	100.00	100.00

资料来源：根据中国人力资源和社会保障部《全国企业年金基金业务数据摘要（2017）》整理计算。

以累积地区缴费人数（职工账户数）占比为横轴，累积地区缴费金额占比为纵轴，画出洛伦兹曲线。由该洛伦兹曲线可以看出，对于已经建立年金计划的企业，地区间的企业年金制度的不平等程度非常低，基本和绝对公平线重合。计算得到基尼系数G=0.127，国际上G小于0.2的情况被认为是收入分配绝对公平，所以仅考虑已经建立企业年金计划的企业，它们之间的地区差异并不明显，企业年金制度在各地区间平等程度很高（见图3–7）。

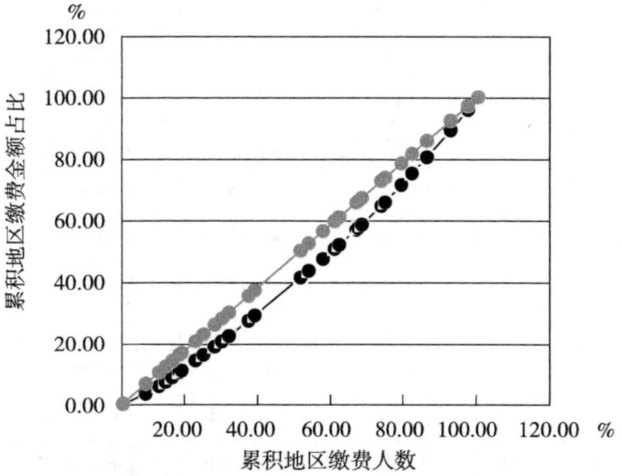

图3–7　已经建立年金计划的企业的地区公平程度的洛伦兹曲线

（2）所有企业间的地区不平等程度

由上文的分析可知，企业年金制度在已经建立年金计划的企业间的地区差异非常小，那么，所有的企业间也是如此吗？答案应该有所不同，这是因为每个地区参与企业数和参与人数有显著不同，而这有可能导致企业年金制度的地区不公平性。下面将研究对象扩展到城镇所有企业和员工，再次考虑企业年金制度的地区不平等程度。截至2018年年末，2017年的“各地区城镇就业人数”的官方数据尚未发布，所以表3–16中“各地区城镇就业人数”为2016年年底数据，虽然带来误差，但是也能够反映各地区间收入差距的基本情况。

表3–16　2017年分地区企业年金情况

备案地	参与企业账户数/个	参与制度员工账户数/人	地区城镇就业人数/人	企业年金资产金额/万元	地区人均缴费金额/元
北京市	3306	670277	7915197	4650829.64	69386.68
天津市	1372	210520	2860447	907252.82	43095.80
河北省	814	392298	6396210	1324295.32	33757.38
山西省	867	554705	4305525	2638652.56	47568.57
内蒙古自治区	507	228655	2932421	1005962.52	43994.77
辽宁省	2252	322941	5603886	1423960.08	44093.51
吉林省	462	134974	3221463	707439.44	52413.02
黑龙江省	1011	184466	4248714	781902.83	42387.37
上海市	8931	1322514	6277762	6534051.04	49406.29
江苏省	2516	497461	14973040	3541183.06	71185.14
浙江省	3122	433044	10609457	2777007.75	64127.61
安徽省	1118	493646	5170531	2616980.19	53013.30
福建省	13225	294165	6688257	2187315.45	74356.75
江西省	895	205765	4714720	950052.05	46171.70
山东省	3179	476288	12154560	2969169.00	62339.78
河南省	1247	658023	11449919	1803738.25	27411.48
湖北省	844	314534	7193163	1996350.85	63470.11
湖南省	591	239034	5684068	1186227.04	49625.87
广东省	4299	561060	19575687	3241564.83	57775.73
广西壮族自治区	2810	177614	4013895	710192.88	39985.19
海南省	195	35114	1011824	72233.63	20571.18
四川省	1097	391614	4128823	1716768.73	43838.29
重庆市	504	105549	7875319	593114.22	56193.26
贵州省	359	183805	3104774	900909.36	49014.41
云南省	1209	332383	4189842	1722744.71	51830.11
西藏自治区	29	9214	315063	37052.97	40213.77
陕西省	902	409933	5113878	2051478.74	50044.24
甘肃省	451	205216	2609583	944567.67	46027.97
青海省	137	62967	630926	274696.87	43625.53

续表

备案地	参与企业账户数 / 个	参与制度员工账户数 / 人	地区城镇就业人数 / 人	企业年金资产金额 / 万元	地区人均缴费金额 / 元
宁夏回族自治区	300	49607	706946	278636.61	56168.81
新疆维吾尔自治区	712	113039	3204834	671862.32	59436.33
人力资源和社会保障部	21166	12085470		72187791.56	51816.93
合计（1）	80429	23313947	178880734	128796726.84	59731.06
合计（2）	59263	10270425		53218193.43	51816.93

绘制洛伦兹曲线与基尼系数所需的数据如表3–17所示。

表3–17　全部A股上市公司分行业企业年金参与人数与缴费金额（2017年）

省份	地区人均缴费金额 / 元	员工人数占比 *W*/%	地区缴费占比 *X*/%	累积地区人数占比 *M*/%	累积地区缴费金额占比 *Y*/%
海南省	0.07139	0.57	0.14	0.57	0.14
重庆市	0.075313	4.40	1.11	4.97	1.25
西藏自治区	0.117605	0.18	0.07	5.14	1.32
河南省	0.157533	6.40	3.39	11.55	4.71
广东省	0.165591	10.94	6.09	22.49	10.80
广西壮族自治区	0.176934	2.24	1.33	24.73	12.13
黑龙江省	0.184033	2.38	1.47	27.11	13.60
江西省	0.201508	2.64	1.79	29.74	15.39
河北省	0.207044	3.58	2.49	33.32	17.88
湖南省	0.208693	3.18	2.23	36.50	20.11
新疆维吾尔自治区	0.20964	1.79	1.26	38.29	21.37
吉林省	0.219602	1.80	1.33	40.09	22.70
江苏省	0.236504	8.37	6.65	48.46	29.35
山东省	0.244284	6.79	5.58	55.25	34.93
辽宁省	0.254102	3.13	2.68	58.39	37.61
浙江省	0.261748	5.93	5.22	64.32	42.83
湖北省	0.277534	4.02	3.75	68.34	46.58
贵州省	0.290169	1.74	1.69	70.07	48.27
天津市	0.317172	1.60	1.70	71.67	49.97

续表

省份	地区人均缴费金额 / 元	员工人数占比 *W*/%	地区缴费占比 *X*/%	累积地区人数占比 *M*/%	累积地区缴费金额占比 *Y*/%
福建省	0.327038	3.74	4.11	75.41	54.08
内蒙古自治区	0.343048	1.64	1.89	77.05	55.97
甘肃省	0.361961	1.46	1.77	78.51	57.75
宁夏回族自治区	0.394141	0.40	0.52	78.91	58.27
陕西省	0.401159	2.86	3.85	81.77	62.13
云南省	0.411172	2.34	3.24	84.11	65.37
四川省	0.415801	2.31	3.23	86.42	68.59
青海省	0.435387	0.35	0.52	86.77	69.11
安徽省	0.506134	2.89	4.92	89.66	74.02
北京市	0.587582	4.42	8.74	94.08	82.76
山西省	0.612853	2.41	4.96	96.49	87.72
上海市	1.040825	3.51	12.28	100.00	100.00

洛伦兹曲线如图3-8所示，由此计算得到基尼系数G=0.2986，接近于0.3，属于收入分配比较公平的区域。所以考虑城镇所有企业，企业年金制度在各地区间平等程度比较合理。

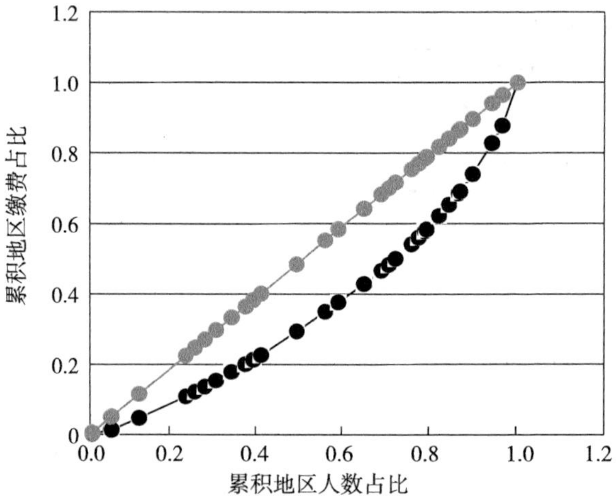

图3-8　所有城镇企业的地区公平程度的洛伦兹曲线

第三节 现行企业年金制度的微观激励效应测度

通过上一节的分析可知，我国企业年金制度虽然在过去一段时间里得到了显著的发展，但是与企业年金制度要实现的目标还有很长一段距离，并且近几年发展的速度越来越慢。究其原因，与政府的相关政策宣传与支持力度不足有关，更重要的是，无法激发企业与个人的参与动力。本节从激励理论出发，探讨现行企业年金制度对企业与个人的激励效应，进而探析企业年金制度覆盖面难以扩大的原因。

一、企业激励理论

企业激励理论指出企业通过特定的方法和管理体系，将员工对企业及工作的承诺最大化，企业激励作用的实现需要企业设计合理的奖酬形式，提供一定的工作环境，以及满足其他隐性的员工需求，来激发和引导员工行为，从而有效地实现企业组织和员工个人双方的目标。影响企业激励效果的因素包括薪酬合同、职业发展、人力资本、社会心理、组织承诺，[①]其中薪酬合同是最为传统的和核心的激励效果影响因素，恰当地使用薪酬合同关系，可以增强薪酬合同的激励效果，提高员工努力水平、企业收益率和社会福利水平。[②]

企业年金作为一种薪酬合同形式的激励影响因素，理论上具有有效的激励效果，有关文献对此有一定的研究。孙开等（2009）认为，企业年金在微观层面的激励作用反映在两个方面：一方面是对员工的激励，另一方面是对企业的激励，这两个方面的作用是不可分的，是相互促进的。[③]梁栩凌（2011）

① 袁仕福.新经济时代需要新企业激励理论——国外研究最新进度［J］.中南财经政法大学学报，2012（5）：75-82.

② Kuang X., Moser V. D. Reciprocity and the Effectiveness of Optimal Agency Contracts［J］. The Accounting Review, 2009（84）：1671-1694.

③ 孙开，金华.企业年金激励机制探讨［J］.东北财经大学学报，2009（5）：25-29.

对北京市部分企业年金激励效应的研究表明，企业年金对员工忠诚度有显著的激励作用，并且对员工的流动性具有明显的抑制作用，同时激发工作积极性的作用并不太大，但是可以降低员工的不满情绪和不满意程度。[①]熊卫（2013）从企业年金对劳动关系管理影响的角度出发对企业年金的激励效应进行了研究，发现企业年金对劳动关系整合具有促进效应，但是还远未充分发挥应有的效应。[②]

依据以上企业激励理论与相关文献研究，可以将企业年金的激励作用归纳为四个层面：企业吸引力、企业和谐度、企业生产效率和企业管理满意程度。四个层面的内容分别为：①企业吸引力：企业通过企业年金实现的吸引力表现在两个方面：一是本企业员工的稳定性和流动性；二是对外企业员工的吸引力。②企业和谐度：企业和谐就是企业与员工的根本利益相一致，员工拥有良好的、和谐的工作氛围，并且劳资双方矛盾减少。③企业生产效率：人员激励是提高企业生产效率的基本途径，企业年金对员工的激励包括提高员工积极性和减轻员工压力两个方面。④企业管理满意程度：员工对企业管理的满意程度包括员工对企业年金福利计划的满意程度，以及对领导的管理方式与方法的满意程度。

二、企业年金制度的激励效应分析

（一）研究假设与问卷设计

1. 研究假设

依据以上企业激励理论与相关文献研究，结合本书研究目的，将企业年金的激励作用归纳为四个层面：企业吸引力、企业和谐度、企业生产效率和企业管理满意度。本书的研究方法是将企业年金激励作用的预期与已实现程度进行差异比较，因此设定如下研究假设：

H1：企业年金在企业吸引力方面的激励作用的已实现程度与企业预期

---

① 梁栩凌．北京市部分企业年金激励效用研究［J］．价值工程，2011（22）：117-119.

② 熊卫．我国企业年金劳动关系管理效应的实证研究［J］．统计与决策，2013（21）：182-184.

相符。

H2：企业年金在企业和谐度方面的激励作用的已实现程度与企业预期相符。

H3：企业年金在企业生产效率方面的激励作用的已实现程度与企业预期相符。

H4：企业年金在企业管理满意度方面的激励作用的已实现程度与企业预期相符。

2. 问卷设计

根据4个研究假设及相关文献研究，问卷在基本层面设计了具体的变量。本研究考察的是企业年金计划实施前后的年金激励作用变化，因此变量在每个层面以成对方式出现，一个测量激励作用的预期，另一个测量激励作用的已实现程度。激励作用的预期可以用企业对激励作用的重要性认知来度量，因此命名为“重要性知觉”，激励作用的已实现程度可以用企业对激励作用的实践性认知来度量，因此命名为“实践性知觉”。变量的具体设计如表3–18所示。

表3–18　测度企业年金激励作用有效性的变量设计

层面	变量	题　项
企业吸引力	*q1_1a/q1_1b*	企业年金对吸引人才的激励作用的重要性知觉与实践性知觉
	q1_2a/q1_2b	企业年金对减少员工离职率的激励作用的重要性知觉与实践性知觉
企业和谐度	*q2_1a/q2_1b*	企业年金对企业和谐氛围的激励作用的重要性知觉与实践性知觉
	q2_2a/q2_2b	企业年金对劳资双方矛盾的激励作用的重要性知觉与实践性知觉
企业生产效率	*q3_1a/q3_1b*	企业年金对员工生活压力的激励作用的重要性知觉与实践性知觉
	q3_2a/q3_2b	企业年金对员工工作积极性的激励作用的重要性知觉与实践性知觉
企业管理满意度	*q4_1a/q4_1b*	企业年金对员工领导满意度的激励作用的重要性知觉与实践性知觉
	q4_2a/q4_2b	企业年金对员工福利满意度的激励作用的重要性知觉与实践性知觉

调查问卷采用七级李克特量表法设计，问卷包括两个量表，分别衡量企业年金激励作用在各层面的重要性知觉和各层面的实践性知觉。“重要性知觉”变量的选项分别为数字1至7，按照企业对年金激励作用的重要性认知进行排序，“1”代表重要性非常小，“7”代表重要性非常大；“实践性知觉”变量的选项也分别为数字1至7，按照企业对年金激励作用的已实现程度认知进行排序，“1”代表实践性非常低，“7”代表实践性非常高。

本研究针对调查样本为我国已经实施一段时间年金计划的企业（时间期限设定为1年），调查对象为企业中熟悉年金计划的中高层管理人员。由于我国已经建立企业年金计划的企业数量较少，并且调查范围应尽量广泛，需要覆盖北京、上海、广州等建立年金计划企业较多的城市，所以调查方法采用了方便调查法，尽可能地对多个地区、多个行业的企业进行调查，最终收集到的有效问卷为107份。

（二）企业年金制度对企业的激励效应的实证分析

由于本节的研究目的是分析企业在建立年金计划之前对该制度的效果预期与建立之后该制度的实际效果之间的差异，即一个企业的预期与实践的差异，在统计学中通常采用成对样本 t 检验方法检验一个样本在两个量表分数平均数上的差异，所以本研究对问卷采用成对样本t检验方法进行分析，检验结果如表3-19所示。表中第一列给出了比较的配对变量，第二列为各个层面题项得分均值（已经剔除题项数量对总分的影响），第三列为相应的标准差，第四列为配对变量的均值差值，第五列为成对样本 t 检验的 t 值。

表3-19　企业对年金激励作用的重要性知觉与实践性知觉间差异比较的成对样本检验

变量		均值	标准差	均值差值	t 值
配对变量 1 *q*1	企业吸引力 _ 重要性 *a* 企业吸引力 _ 实践性 *b*	3.558 3.671	1.650 1.457	–0.113	–0.644n.s.
配对变量 2 *q*2	企业和谐度 _ 重要性 *a* 企业和谐度 _ 实践性 *b*	3.656 3.534	1.552 1.578	0.121	0.876n.s.
配对变量 3 *q*3	企业生产效率 _ 重要性 *a* 企业生产效率 _ 实践性 *b*	4.079 3.684	1.665 1.578	0.395	2.274*

续表

变量		均值	标准差	均值差值	t 值
配对变量 4	企业管理满意度 _ 重要性 *a*	4.091	1.542	0.429	2.814**
*q*4	企业管理满意度 _ 实践性 *b*	3.662	1.483		

注：n.s. 表示 p>0.05，* 表示 p<0.05，** 表示 p<0.01。

成对样本 t 检验分析发现：

（1）企业年金在“企业吸引力”与“企业和谐度”方面的激励作用的实践与预期相符

首先，从两个层面的均值来看，企业对这两方面并没有太高的期望，重要性知觉只有中等，实践性知觉也为中等；其次，从均值差值来看，“企业吸引力”的实践性知觉要高于重要性知觉，而“企业和谐度”的实践性知觉低于重要性知觉。这说明，企业年金实现了企业吸引力方面的激励作用，但是在实现企业和谐度方面的激励作用要低于预期；最后，从 t 检验结果看，这两个层面的重要性知觉与实践性知觉的差异并不显著，未达到0.05的显著性水平。这说明虽然从均值来看两者存在差异，但是差异并不显著，意味着企业年金在“企业吸引力”与“企业和谐度”方面激励作用的已实现程度达到预期。

（2）企业年金在“企业生产效率”与“企业管理满意度”方面激励作用的实践程度与预期有显著差异

首先，从两个层面的均值来看，企业对这两个方面均有较高的期望，重要性知觉均在4分以上，但是已实现程度为中等；其次，从均值差值来看，这两个层面的实践性知觉均低于重要性知觉，表示企业年金在企业生产效率与企业管理满意度方面的激励作用还没有达到预期；最后，从 t 检验结果看，这两个层面的重要性知觉与实践性知觉的差异非常显著，并且重要性知觉显著大于实践性知觉，这表明在“企业生产效率”与“企业管理满意度”层面，年金计划实施后的激励作用明显没有达到预期。

三、实证结果与原因探讨

对上述t检验分析结果进行总结，并对该结果的产生原因探讨如下：

（1）企业年金在企业吸引力方面的激励作用有效性一般，实施效果虽达到了预期但两者差异并不显著

在理论层面，我国的企业年金制度应该具有较为显著的吸引力和稳定人才的激励作用，这是因为：其一，我国实施的企业年金制度是自愿性年金制度，能够提供年金的企业依然只是少数能力较强的企业，因此企业年金应该对优秀人才具有较强的吸引力；其二，由于目前我国的企业年金制度仍不完善，年金基金的携带性较差，员工离职后可能面临失去企业年金的风险，因此离职率也应较低。综合这两种原因，我国的企业年金制度应该具有较显著的吸引力，但是研究结果却显示企业年金对企业吸引力的激励作用的有效性为一般，仅实现了与企业的预期相符。

调查研究发现，已经实施企业年金计划的企业，本身对企业年金吸引力的预期并不高，也就是说，这些企业并没有将企业年金计划作为稳定人才队伍和吸引高级人才的主要手段。对此问题的形成原因进行深一步分析，发现这些已经实施年金计划的样本企业大都是金融、交通、能源等大型国有企业和上市企业，这些企业自身的基本特征是员工收入高、福利好，这些企业即使不提供年金计划，对人才也有很强的吸引力。因此，我国的企业年金吸引力激励作用的实现并不完全依赖企业年金制度自身特征与发展状况，而是与参与企业的特征息息相关。

（2）企业年金在提高企业和谐度方面的激励作用有效性一般，实施效果虽达到预期但两者差异并不显著

企业年金制度是一种长期的薪酬制度，如果企业的收益较高，则企业缴费额度就有可能增加，员工在退休后就能够拿到更多的积累基金；反之，如果企业的收益较差，则企业会降低年金缴费水平，甚至会取消已经建立的年金计划。从这方面来看，企业年金制度使得企业利益和员工利益融为一体，

传统的企业和员工的经济地位发生了改变，从原来员工依附于企业的关系转变为企业员工双方利益共享的关系。理论上企业参与该制度，将能够有效缓解劳资双方冲突，增加企业和谐氛围。但是研究结果显示，企业年金在促进企业和谐程度方面的激励作用的有效性一般，虽然也基本达到预期，但并不显著。

分析样本企业数据发现，企业对企业年金和谐激励作用的预期较为一般，即企业自身对实施年金计划后企业在和谐程度方面的改变没有抱很大的决心和信心。同样，实施效果也一般，两者差异不显著。考察此问题的形成原因，主要是企业年金分配不公导致劳资双方矛盾并没有明显降低，以及企业氛围没有有效改善。管理者与普通员工的收入差距在企业利润初次分配时已经体现了收入差距，而企业年金属于企业利润的再分配范畴，理应缩小分配差异，实现企业公平和谐。但曾有上海市总工会做过调查，发现实施年金计划的企业，在年金分配方面差距达到3~5倍。虽然后来国家意识到年金分配不公问题的严重性并出台新政策规定，要求企业年金制度应兼顾效率与公平，但是我们的调查数据显示，目前企业年金的分配差距依然较大，员工对其公平性仍然表示不满。

（3）企业年金在促进生产效率方面的激励作用有效性一般，实施效果显著未达到企业预期

企业年金是企业薪酬体系中的一种福利制度，与补贴、教育培训、带薪休假等其他福利一样，应该能够显著降低员工未来的养老压力，提高员工的工作积极性和对企业的忠诚度，从而提高企业的生产效率，实现企业与员工的双向激励。但本书的实证分析表明，企业年金在促进企业生产效率方面的有效性一般，但企业对其预期普遍较高，因此，实施效果与企业的预期之间存在显著差异。

调查发现，员工普遍认为当前的企业年金缴费水平过低，年金积累效果不明显，并且与企业年金相比，员工更倾向于获得更多的现金收入，企业年金对员工的激励并不十分显著，因此，企业年金对生产效率的激励效果没有

达到企业预期。首先，企业年金的缴费水平较低，积累过程较慢，员工感受不到企业年金的重要性。我国企业年金制度规定的企业缴费部分水平很低，相较于工资部分，员工对其积累金额大小感受不大。其次，企业年金制度具有“延迟支付的货币化收入”的特征，无法满足我国大部分员工对当前货币性收入的需求。员工处在医疗、教育、供养等压力下，通常更急需大量现期货币形式的收入，而不是延期支付的收入，因此，企业年金的激励作用显然不如现期的货币收入的激励作用大。这两个原因导致了企业年金在提高生产效率方面的激励作用的实施效果没有达到企业预期。

（4）企业年金在提升员工对企业管理满意度方面的激励作用有效性一般，实施效果明显未达到企业预期

样本调查数据显示，对企业年金提升员工对企业管理满意度方面的预期比较高的企业，希望能够通过为员工提供年金计划而获得员工的支持，增加员工对企业管理的满意度和对企业福利的满意度。事实上，企业领导层在推进企业年金计划时的确付出很多努力，其准备工作时间长，建成后又需要长期跟进，因此对于“额外的福利”性质的企业年金，企业方有较高的预期。但是样本数据证实，企业年金在提升员工对企业管理满意度方面的激励作用明显未达到企业预期。

这是因为在参与年金计划初期，员工认为企业年金是企业提供的一项“额外的”福利，因此对企业领导层的满意度和对企业福利的满意度较高，并且由于企业年金运行时间短，一些管理不到位的问题还没有显现出来，整体的企业管理满意度较高。但是企业年金福利具有很强的刚性，一旦实施就必须维持下去，并且保证只涨不跌，因此员工对企业年金带来的满意度增加就很难一直维持在一个较高的水平，他们很快就不再认为企业年金是“额外”的福利，而是他们应得的福利。另外，企业年金在运行过程中也问题频现，例如，企业宣传和管理不到位、员工对年金的了解比较模糊、对年金的公平性存在质疑，同时也担心投资和管理风险，使得员工对企业管理的满意度有所下降，最终导致企业年金在企业管理满意度方面的激励作用实施效果达不到预期。

第四节　研究结论

通过以上实证分析发现，虽然企业年金制度在我国发展了近30年，并且取得了一些成绩，但是在发展过程中，其可持续性仍受到多方面的挑战。

1. 企业年金制度顶层设计存在缺陷

我国一直致力于对传统制度的改革，然而，有些制度改革了很多年，仍然僵化严重。例如，1995年我国刚刚确立基本养老保险制度的时候，规定缴费只要满15年就可以领取养老金，虽然制定该政策时有当时特定的时代背景和特定的保障对象，但是也反映了制度的顶层设计缺少调研基础，缺乏长期发展眼光。制度一旦制定，就具有很强的路径依赖，尤其是涉及福利待遇的制度，其刚性要求待遇只能升不能降，因此这类制度的改革遭遇到前所未有的阻力。科学的顶层设计需要立足于全局，着眼于长远，如果顶层设计缺乏长期规划，既影响社会公正，又损害制度的可持续性。因此，企业年金制度的顶层设计应有长远眼光，既能够反映现时需要，又具有调整机制，在需要变革的时候能够顺利地实施自我修复，避免制度僵化，实现制度可持续的目标。我国的企业年金制度与基本养老保险制度一样处于高度分割的碎片化状态。通过对企业年金制度的公平性分析发现，我国企业年金制度存在严重的不平等现象，因此需要从顶层设计着手重新进行规划和设计，以防进一步拉大群体之间的福利差异。

2. 企业年金制度扩面迟缓

依据企业年金制度的发展变化规律，可以将我国的企业年金制度划分为两个周期：一个是2000—2009年，另一个是2010—2017年。在这两个周期内显现出统一规律：每个周期内企业年金的覆盖面和增长速度都经历了高速增长到迅速回落，在整个周期内企业年金制度发展极不平稳。深究其原因，发现每一次企业年金爆炸式地发展都与相关激励政策的出台有关，当新激励政策推出时，会在短期内发挥巨大作用，大幅提升企业和员工的参与积极性。

但是在新政策实施一段时间后，企业和员工的参与数量在周期内迅速回落，这说明推出的激励政策不具备长期有效性，政策的激励效果一般。例如，企业年金的税收优惠政策的制定和推出，的确在新实施的几年内促进了企业年金制度的发展，但是由于支持力度有限，其激励作用并没有长期持续性。此外，企业年金制度的每一次覆盖面的迅速扩张，其对象都以国有企业为主，这说明政策惠及的对象主要是国有企业。也存在地方政府部门为了完成任务而不断说服或以其他手段使得国有企业不得不加入制度中来，当这种压力一旦减轻，国有企业的加入动机自然也降低，企业年金制度的扩面又会进入一个停滞期。

3. 企业年金制度激励效应不足

从本章的实证分析可以看出，无论是企业还是员工，参与企业年金的动力都不足。对于企业来说，参与企业年金制度的最根本动机就是通过建立年金计划获得对人才的吸引力，稳定人才队伍，从而提升企业的竞争力，如果在这方面无法达到显著的效果，那么企业年金只能是企业的负担和成本。而调研结果发现企业年金对人才的确有吸引力，但是与企业的预期效果相差较大，这个结果与企业年金制度覆盖主体狭窄有关。对于大中型国有企业来说，企业的国有性质或垄断地位使其能够从政府的倾斜性政策中获得高于市场平均利润的收益，即便是没有建立企业年金计划的国有企业，其员工也不会因为微薄的企业年金收入而放弃国有企业稳定的工作，因此无论是否实施企业年金制度，国有企业或垄断企业都对人才具有较强的吸引力，人才队伍会长期相对稳定。对于员工来说，在参与年金计划初期，员工认为企业年金是企业提供的一项“额外的”福利，因此对企业领导层的满意度和对企业福利的满意度较高，运行一段时间后，随着员工对企业年金制度越来越熟悉，对领导层管理中存在的问题逐渐产生不满，因此长期来说，企业年金对员工的激励作用并不十分显著。

第四章　企业年金制度可持续发展的价值理念

制度的建制理念决定了制度的发展方向。有关企业年金制度价值理念的理论研究相对较少，但是有关社会保障制度价值理念的理论研究相对较多而且比较成熟，因此，可以借鉴有关社会保障价值理念的研究来探讨企业年金制度。有关社会保障制度的研究源自近代西方的福利国家，我国的企业年金制度也是在借鉴西方国家实践经验的基础上建立起来的养老金制度，本章将在对价值理念的内涵进行制度经济学分析的基础上，对西方福利国家社会保障制度的价值理念进行梳理和总结，结合对我国企业年金制度实施情况的社会调查，对其确立和演变进行评价，分别从理论和实践两个维度进行研究，为企业年金制度的可持续发展提供价值理念方面的指引。

第一节　社会保障制度价值理念的理论分析

价值理念是一个社会或一群人用以衡量事物或行为的标准，受到文化环境与历史传统等因素的影响。社会保障制度的价值理念是决定制度目标、制度模式、制度结构和发展路径的根据，是社会保障实践活动和制度建设的基石。[①]放眼世界上不同的国家，均有自己的社会保障制度体系，它们各有特点，也各自不同，产生差异的主要原因来自其政治、经济、文化、社会等背景和

① 付舒．我国社会保障价值理念嬗变的学理分析［J］．社会经纬，2014（2）：152-156.

环境。但无论是哪种制度，都是以各自的价值理念作为指引，价值理念是各国进行制度设计的根本依据。在制度变迁过程中，如果人们意识形态的目标与制度的价值理念目标相背离，就可能导致制度变迁失败。为了实现公平、高效、合理、可持续，社会保障制度通常会进行制度变革，如果变革失败，人们认为导致制度变迁失败的原因包括各利益主体间的利益冲突、技术和知识的约束，或者是其他制度的制约等，但实际上，除去这些客观因素影响之外，人们的意识形态所决定的价值理念也是导致制度变迁失败的重要原因。

一、价值理念与非正式制度中的意识形态

（一）非正式制度与正式制度

诺思将“制度”定义为：“制度是由非正式约束、正式规则及其实施机制组成的规范体系。非正式约束、正式规则和实施机制是制度的三个基本要素。”按照诺思的定义，制度可以被划分为非正式制度和正式制度，而实施机制则是这两种制度的实施规则。

1. 非正式制度

非正式制度是指从未被人有意识地设计过的规则，包括价值信念、道德观念、风俗习惯、意识形态等，它是人们施加在自己身上的种种约束，这种约束是对人的行为的不成文的限制，是与法律等正式制度相对的概念。非正式制度与地域、时间、传统有关，不同的地域，在历史上不同的时刻，已有的不同经历都会使非正式制度存在差异，这也就是世界上各个国家都有自己的特殊的非正式制度的原因。非正式制度是一种文化传统，它一旦形成，就具有持久的生命力，在较长的时间内一直存在，直到新的非正式制度产生并取代它。

诺思认为，正式规则尽管很重要，但即便是在那些最发达的经济体中，它也只是决定行为选择的、约束集合的很小一部分，非正式约束普遍存在，约束着人们的选择行为。[①]在日常生活中，正式制度很少直接对人们的选择形

① ［美］道格拉斯·C. 诺思. 制度、制度变迁与经济绩效［M］. 上海：格致出版社，上海三联书店，上海人民出版社，2014：43.

成约束，反而是非正式制度对人们的日常行为选择起到了决定性作用。在人们与他人的日常互动中，无论是家庭内部，还是在外边的社会交往中，支配人们选择行为的绝大部分规则是由行事准则、行为规范及长久以来形成的惯例决定的，这些惯例就是非正式制度。

非正式制度在现代经济中广泛存在，它可以协调和约束人们重复性的社会活动交往行为。诺思将非正式制度划分为三类：①正式制度的延伸、阐释和修正。非正式规范是在交换的背景下演化出来的，这些不成文的、非正式的约束虽然不是正式规则，但它们也成为社会公认的制度约束。②由社会制裁约束的行为规范（即社会认可的行为规范）。在某些情况下，社会规范会比正式规则对人们的行为有更强大的约束力。③内部实施的行动标准。即集体内部的一些自我实施的行为准则，这些准则对集体内部人员产生约束力，使其行为符合集体利益。

2. 正式制度

正式制度是指约束人们行为的有意识的契约安排，包括界定每个人在分工中的责任，确定每个人的工作内容和被禁止的行为，违背上述规则的惩罚规则，以及如何度量投入与产出的规则。正式制度由上述一系列规则构成一种契约结构，它的表现形式是“成文的、正式的”规则，它包含的范围也非常广泛，大到国家宪法，小到个人之间的契约，等等。

“强制性”，反映在人们遵守规则的约束力上，只要是“正式制度”，那么无论社会成员是否认同这个规则，都必须要遵守这个制度安排，如果违背了就要受到相应的惩罚。而非正式制度则恰恰相反，它不存在强力的约束，只是克服群体内部“搭便车”的问题，促使个体不能仅仅简单地、目光短浅地依据核算的自己的收益和成本来选择自己的行为。在非正式制度下，个体遵守还是不遵守这个制度规则，可以由个体自己进行选择，即便是违背了，也只是受到外界的道德评判和自己的良心谴责，而不会受到强制性的惩罚。

正式制度起源于非正式制度。在人类社会发展之初，不存在正式制度，都是通过口头代代相传而保留下来的惯例，这些惯例是人们在长期的交往中无意识形成的约定俗成、共同恪守的协调问题的行为规则。非正式制度无处不在，它们在没有正式制度起作用的地方约束着人们的行为。当社会交换变得频繁时，为了更有力地约束交换行为，部分非正式制度逐渐演变成了正式制度，因此，非正式制度是正式制度形成的基础，离开了非正式制度，正式制度将与非正式制度相偏离，从而使正式制度无法正常地发挥作用。

正式制度可以实现国家或区域间的移植，而非正式制度却很难进行移植。正式制度是成文的规定，它的移植需要把相关的制度安排移植过去，涉及移植过程所花费的时间、各种配套措施和移植力度。需要指出的是，正式制度移植以后，未必都能成功，还取决于所移植国家的技术变迁情况，以及其与非正式制度的相容程度。正式制度的移植相对正式制度的创新来说更为简单，因此，这也是众多发展中国家学习和借鉴发达国家经验的行之有效的途径。我国在改革开放后，先后移植了一些发达国家的先进制度，企业年金制度也是从发达国家移植而来的，降低了建制成本和经验成本。非正式制度的移植则相对困难很多，这是因为非正式制度变迁需要改变当地传统的非正式规则，而新规则能否被接受完全取决于其为群体带来的收益和所花费的成本。当收益没能在社会成员中平均分配，或者是所花费的成本大于所获得的收益，就会打破当前的制度平衡状态，引起群体反对和阻止，所以，非正式制度的移植一定是大多数人认可并能从中获益的制度。当群体中只有少数人希望改变传统的非正规制度时，他们可能因为害怕要遭受社会道德的审判而放弃转变，只有在群体中有足够多的人支持这种改变，愿意为新的非正式制度放弃原有的制度，非正式制度才能够真正实现移植，这需要从利益分配和政府引导两个方面同时着手，才有可能实现。

（二）意识形态及其作用

如前文所述，非正式制度包括风俗习惯、伦理规范、道德观念、意识形态等无形的约束规则，但意识形态是非正式制度的核心，居于非正式制度的主导性地位，因为它不仅可以蕴含其他非正式制度的内容，而且可以在形式上构成某种正式制度的理论基础或最高准则。

意识蕴含着价值观念、伦理规范、道德观念和风俗习惯等，在非正式制度中处于核心地位。诺思从制度经济学的角度分析了意识形态的三个特征：一是意识形态是个人与其环境达成协议的一种节约费用的工具，它以“世界观”的形式出现，从而使决策过程简化；二是意识形态是与个人对其所领会的、关于世界公平的道德和伦理判定结合在一起的；三是当个人的经验与他的意识形态不一致时，他就会发展一套新的、能更好“适应”其经验的合理解释，从而改变意识形态上的看法。[①]这三个特征说明了意识形态其实是一种行为决策方式，它是通过“世界观”或“价值观”等观念来对实际行为起决策作用的，同时，意识形态有助于节约交易费用，克服“搭便车”问题。也必须意识到，每个人的意识形态只有“与其环境达成协议”的时候，才能节约交易费用，否则就需要改变人们的意识形态，但是这需要一个长期过程，即经验和意识形态不一致的积累过程。当意识形态无法“与其环境达成协议的时候”，即其变化无法跟上实践活动变化步伐时，就有可能对实践变动产生消极的束缚，进而影响制度的改进。

制度运行是一项实践活动，意识形态对制度运行的作用是显著的，但是很难被具体度量。新制度经济学认为，制度运行的成本是交易费用，交易是制度的基本内容，而意识形态能够约束或激励人们的行为，从而使得制度运行的交易费用减少。也就是说，成功的意识形态能够减少制度运行的成本，即能够减少交易费用，而失败的意识形态会增加交易费用。原因有两点：一是群体中个人对某项制度的态度不确定和不一致，使制度安排（如利益分配的安排）无法得到全体认可，意见相左的双方之间的矛盾造成制度成本上升。每个人出于自身的经验和利益对某项群体内部的制度安排都可能有自己的看法，有的人认为该制度安排是公正公平的，也有的人会认为它存在较大的不公平，反对这项制度安排，从而弱化了制度安排的效率。二是在群体内部每

① 林毅夫．关于制度变迁的经济学理论：诱致性变迁与强制性变迁［M］//［英］罗纳德·H. 科思，等．财产权利与制度变迁——产权学派与新制度学派译文集．上海：格致出版社，上海三联书店，上海人民出版社，2014：266.

个个体的利益和群体的整体利益并非总是相同的，由于存在信息不对称，个人倾向于机会主义而“搭便车”，道德风险就会由此产生，也会弱化制度安排的效率。实际上，除非一个群体中人数很少，或者除非存在强制或其他某些特殊手段以使个人按照他们的共同利益行事，有理性的、寻求自我利益的个人不会采取行动以实现他们共同的或集团的利益。[①]从以上两点可以看出，当制度安排与意识形态发生冲突，这项制度安排就无法顺利实施或者会存在效率低下的问题，为了降低以上两点的影响，实践中可以采用法律或规章制度来加以强制与监督，然而，当强制和监督的成本大于收益时，制度安排的主体则缺乏强制和监督的动力。因此，在制度变迁过程中，对人们的道德观、价值观等意识形态作出适应性调整，克服“搭便车”、工作懈怠、欺骗等道德风险，对制度的可持续运行是有益的。

综上所述，可以总结出意识形态的作用包括以下几个方面：

第一，意识形态是减少交易费用重要的制度安排。意识形态属于制度的非正式约束，而非正式约束对于群体内部和群体外部的制度安排都是非常重要的。如果群体内全部成员拥有共同的意识形态，对事物的正确与否拥有了统一的看法，对制度安排的公平公正的价值判断也将统一起来，从而降低群体内部的交易费用。同样，对于群体外部也是适用的，如果群体外部成员也具有共同的意识形态，将能够减少群体间的交易费用。

第二，意识形态可以约束个人的机会主义倾向和行为。当集团利益和个人利益不一致时，站在个人角度，总是优先倾向个人利益，而统一的、有利于集团利益的意识形态将使得个人能够意识到集团利益大于个人利益，违背集团利益是不道德的行为，从而通过提高个人的道德和认识，降低道德风险，同时也会降低集团的监督成本。

第三，在制度变迁过程中，意识形态的改变在个体间具有不一致性。个人的意识形态在某段时期内是相对稳定的，例如，当收入分配、社会保障、社会福利等制度发生变迁时，个人需要一段时间来适应制度的变迁，并且在适应

① ［美］曼瑟尔·奥尔森．集体行动的逻辑［M］．陈郁，等，译．上海：格致出版社，2014：2.

过程中，不同的个体呈现出不同的变迁速度。一般来说，青年人接受新事物更快，所以较容易改变旧的意识形态；而对于老年人来说，旧的意识形态已经根深蒂固，需要花费更多的时间来调整自我意识，以适应新的制度安排。

第四，意识形态必须与所处的环境一致，才能发挥节约费用的作用。诺思在1993年获诺贝尔经济学奖演讲时曾指出，离开了非正式规则的土壤，“将成功的西方市场经济制度的正式政治经济规则搬到第三世界和东欧，就不再是取得良好的经济实绩的充分条件”。因此，某个制度的移植务必要与当地的现实环境相适应，这是减少制度变迁成本的必要条件。

（三）价值理念与意识形态

1. 价值的内涵

价值（Value）源自拉丁词Valere，意为值得的、有力量的，原始意义是一件事物的价值，主要在经济学领域中使用，经过康德及其以后的许多德国哲学家的扩展性赋义和使用，价值成为表征和解释人自身及其生活的性质和重要性的概念，超越了经济学领域而指向人类全部生活活动的范畴[①]。时至今日，“价值”一词已经被广泛地应用在人们的日常生活中。虽然人们很早就开始对价值和价值问题进行思考，但是一直未形成系统的价值理论，不同学者基于其研究视角和学术立场，对“价值”内涵的界定具有较大的差异性。Alder（1956）曾将价值的概念作了较为充分的归纳，将其分为四种形式，这对后人的理解有提纲挈领之助：第一种，价值为永恒的真理，存在于客观世界中，是不用通过验证就能自明的永恒理念；第二种，价值是内含于事物之中，为该事物满足人类需求的潜能；第三种，价值是个人或群体所有，有生理或心理需求的偏向；第四种，价值就是行动。[②]

显然，Alder给出的价值具有多个内涵，基于不同研究视角的研究者对价值内涵的认识有所不同。经济学家考察的是商品的属性，认为价值分为使用

---

① 张曙光．论价值与价值观——关于当前中国文明与秩序重建的思考［J］．学术前沿，2014（23）：8.

② Alder，F. The Value Concept in Sociology Theory［J］. American Journal of Sociology,1956,62(3): 272–279.

价值和交换价值，度量的对象是经济中的商品，使用价值是商品满足人们需求的属性，交换价值是人们为了得到商品的使用价值而付出的对等的使用价值。对价值问题的系统研究，就是源自经济学中商品的使用价值和价值的二重性分析，以后这个概念逐渐延伸到哲学、伦理学、法学、社会学、艺术等学科和领域；[①]哲学家对“价值”的探讨是人们对真善美的理解和道德标准。马克思在《评阿·瓦格纳的“政治经济学教科书”》中指出：“‘价值’这个普遍的概念是从人们对待满足他们需要的外界物的关系中产生的。”[②]社会学家关注的是“价值”在社会行为中的解释，认为价值就是一种信念，是个人或群体所持有的一种态度，这种态度是约束人类行为的标准。“价值能够通过社会化的机制为社会成员所接受，使之不仅是每个群体成员所同意的外在陈述，而且也是每个成员的个别承认。”[③]

2. 价值理念与意识形态

虽然基于不同的研究视角，“价值”的内涵有所不同，但“价值”的内涵有其共性，均指的是人们研究的“客体”的属性。马克思曾对此指出，“人在为满足他的需要的资料的外界物一一进行评价，赋予它们以价值或使它们具有‘价值’的属性”。[④]马克思从主体与客体的关系角度来思考“价值”的内涵，认为价值是外界物[⑤]的属性，而人是对外界物的价值作出判断的主体，如果没有作为主体的“人”的判断，那么外界物的价值也就无从谈起，所以价值反映了主体需求与客体属性的关系，是主体从需求角度来判断客体所拥有的、对于满足主体需求的属性。

人们在对外界物进行价值判断的时候，就产生了主观认知，这就是价值理念。简单地说，价值理念就是人们关于外界物的价值的判断。外界物有两

① 方爱东．社会主义核心价值观的发展历程及其当代构建［D］．合肥：安徽大学，2010：15.

② ［德］马克思，恩格斯．马克思恩格斯全集：第19卷［M］．北京：人民出版社，1960：406.

③ 李迎生．社会工作［M］．北京：中国人民大学出版社，2010：65.

④ ［德］马克思，恩格斯．马克思恩格斯全集：第19卷［M］．北京：人民出版社，1960：409.

⑤ “外界物”是指人以外的事物，包括实践活动和具体客观存在的物体，本课题的研究对象为制度，因此将“外界物”视为社会实践活动。

类，即人类的实践活动和客观存在的物体。本书的研究对象为社会制度，因此将“外界物”视为社会实践活动。人们的实践活动都有其目的性和方向性，在不断地实践过程中，人们会对自身展开的社会实践活动或周围的事物进行价值大小、方向或对错的判断。

制度的价值理念就是人们在意识形态上对该制度进行的价值判断。在制度经济学中，林毅夫指出，“意识形态可以被定义为关于世界的一套信念，它们倾向于从道德上判定劳动分工、收入分配和社会现行制度结构。”[①]诺思也曾专门将非正式制度中的意识形态理论作为他的三个基本理论的构成部分之一（其他两个理论分别是产权理论和国家理论），他认为意识形态就是个人与其环境达成协议的一种节约交易费用的工具，即意识形态是减少其他制度安排的服务费用的、最重要的制度安排，它将一个人对他所领会的、关于世界公平的道德和伦理联系在一起，当一个人的经验与意识形态不一致时，他会改变他的意识形态。从诺思和林毅夫对意识形态的定义和理解可以看出，意识形态实质上是人们对制度的看法和判断，所以，本书认为制度的价值理念就是人们在意识形态上对该制度进行的价值判断。

综上所述，企业年金制度的价值理念就是指人们在开展企业年金制度的相关社会实践活动中，对这些活动的价值的判断。理解企业年金制度价值理念需要明确两个基本点：其一，企业年金制度首先是一项社会保障制度；其二，它是社会保障体系中一个独立的组成部分，有自己的目标、定位和特征。基于以上两点认知，对企业年金制度价值理念的理解应分为两个层次：第一个层次，分析社会保障制度的价值理念。企业年金制度是社会保障体系的一员，价值理念不能跳脱出“社会保障制度体系”的范畴，应该与社会保障制度的价值理念在整体上保持一致。第二个层次，分析企业年金制度的价值理念。企业年金制度是社会保障制度的一个组成部分，具有自己的“历史责

① 林毅夫．关于制度变迁的经济学理论：诱致性变迁与强制性变迁［M］//［美］罗纳德·H. 科思，等．财产权利与制度变迁——产权学派与新制度学派译文集．上海：格致出版社，上海三联书店，上海人民出版社，2014：266.

任”，拥有能够实现自身历史使命的价值理念。它虽然以社会保障体系的价值理念为基础，但是也依赖于自身目标、定位及特征，具有与其他社会保障制度相区别的价值理念。通过分析社会保障制度价值理念的起源和内涵，可以进一步分析社会保障制度价值理念的一般性，这实际上为揭示企业年金制度价值理念及其变迁的内在逻辑提供了理论基点。

二、社会保障制度价值理念的理论基础

（一）社会保障制度价值理念的内涵

社会保障制度作为满足人类需要的一种机制，已经被人们广泛接受。无论是在政治、经济和社会高度发达的国家，还是在新兴欠发达的国家，都建立了适用于本国的社会保障制度。这些国家的社会保障制度，有着非常多的共同点，如制度的构成、运行、管理等方面，也应看到，不同国家的社会保障制度也存在很多差异，会受到来自本土政治、经济、文化等多方面的影响。有些影响因素决定了社会保障制度发展的根本方向，有些因素则只是对发展速度、发展范围产生了一定的影响。价值理念是关系到社会保障制度发展方向的核心问题，也是促进社会保障制度可持续发展的关键。[①]

社会保障制度价值理念是人们对社会保障制度实践的系统认识，是社会保障制度所应遵循的价值取向，指导着社会保障制度的具体实践，既包括设立社会保障制度的目标、架构、原则，又包括制度的安排和模式的选择，对社会保障制度的发展具有决定性的影响和作用。郑功成（2004）指出，社会保障制度的成败从表面上看似乎取决于现实制度安排和政策实践，本质上却受到一定理论流派和价值取向的制约。[②]价值理念是决定社会保障制度发展方向的决定性因素。

社会保障制度作为一个国家的公共政策，其价值理念还具有阶段性、本

① 卢成会．中国社会保障制度价值理念选择研究——基于马克思人的发展理论［D］．长春：吉林大学，2017.

② 郑功成．社会保障学：理念、制度、实践与思辨［M］．北京：商务印书馆，2004：48–49.

土性和多维性等特征。

1. 阶段性

自国家诞生之日起，社会保障制度的价值理念就一直存在，在不同的历史阶段，其价值理念也不相同。奴隶社会和封建社会中的社会保障制度主要局限于灾荒救济和优待抚恤，其根本目标是稳定统治阶级的统治地位。到了资本主义社会后，当代社会保障制度才开始出现，保障范围空前扩大，保障水平显著提高，其根本目标也是缓和阶级矛盾、维护统治阶级利益。现代社会保障制度也经历了社会救济时期、社会保险时期、社会福利时期与社会保障制度改革时期，在每一个阶段都不同程度地强调“慈善仁爱”“公平正义”或“责任与权利结合”，但是无论怎样变化，随着社会保障制度的发展和完善，“公平正义”已经成为现代社会保障制度的最终价值追求。

2. 本土性

世界各国的社会保障制度在制度安排上千差万别，保障覆盖面也有大有小，保障水平也有高有低，这些都与本土的制度环境有关。现代社会保障制度由于起源地不同而产生了两大流派：一是英国模式（也称盎格鲁—撒克逊模式）；二是德国模式（也称欧陆模式）。这两大流派的发展途径截然不同，就形成了两种不同的社会保障价值理念。英国模式强调“国家责任”，基本特点是自上而下地“给予”，是以“需求”为核心的“补救型”模式；德国模式则强调“个人权利”，从维护个人权利出发，通过雇主、雇员和政府三方谈判协商的方式来确认，是以“权利”为核心的“契约型”模式。[①]这两大流派的产生恰恰说明了社会保障制度价值理念具有本土性。

3. 多维性

当代社会保障制度范围非常广泛，它涵盖了社会保险、社会救济、社会福利和优抚保障四个大类，而在每个大类下又可以进行具体的细分，例如，社会保险包括养老保险、医疗保险、生育保险、残疾保险、失业保险等。还可以对养老保险等二级指标进行细分，养老保险包括第一支柱的公共养老保

① 唐钧．社会保障价值理念溯源［J］．中国社会保障，2012（2）：28-29.

险、第二支柱的职业年金（或企业年金）、第三支柱的商业养老保险。在特定的范畴下，每个组成部分都有其存在的价值，如果其存在与其他制度相冲突，那么它就没有存在的必要，因此在养老制度体系下每一个组成部分要实现的目标必然存在差异，其价值理念也会各有侧重。

（二）社会保障制度价值理念的核心：公平与效率

社会保障的价值理念呈现出多元的取向，不同的思想流派对于同一个制度价值理念也有不同的看法，社会保障的价值理念就是在一系列价值规范之间进行抉择。一般来说，传统意义上的社会保障价值理念是在以下价值范畴之间进行抉择：公平与效率；政府与市场；自由与平等；等等。①在这三个范畴之间，本书认为“公平与效率”是价值范畴抉择的核心，“政府与市场”与“自由与平等”这两个价值范畴最终决策的内容和结论依然是“公平与效率”。这是因为，对于“政府与市场”价值范畴，研究的内容就是社会保障责任是交由政府决定还是交由市场决定，如果由政府决定，那么“公平”优先；如果由市场来决定，那么“效率”将优先，因此落脚点依然是“公平与效率”。对于“自由与平等”的讨论是同样结论，最终的落脚点仍是对“公平与效率”的抉择。

1. 公平的内涵与度量

公平与效率是社会制度设计的两大基本目标，是人类社会发展的双重价值取向，缺失任何一方，都将不利于社会的发展。然而制度的建立又必须面临这个抉择，就是在公平与效率孰轻孰重之间进行抉择，做出这个抉择是艰难的。当代经济学家阿瑟·奥肯在《平等与效率——重大抉择》一书中指出：“资本主义民主具有双重标准，一方面宣扬和追求一种平等主义的社会政治制度；另一方面又刺激经济发展过程中的两极分化，这种平等与不平等的混合，时常给人矛盾甚至是虚伪的感觉。但我相信，在更多的情况下，这一社会制度反映的是各种艰难的妥协，而不是根本的矛盾。”“我们无法在保留市场经

① 徐瑞仙. 当代中国社会保障价值理念构建研究［D］. 兰州：兰州大学，2016：14.

济这块蛋糕的同时又平等地分享它。”[①]在市场经济条件下，如果一个制度在效率方面获得成功，创造了高效率的经济，那么对效率的追求不可避免地产生各种不平等，因此，公平与效率是社会面临的最大的社会经济抉择。

公平是指有关社会制度、权利、机会和结果等方面的平等或合理。西方社会具有代表性的三种公平理论，即罗尔斯公平正义理论、诺齐克持有正义理论及德沃金资源平等理论，分别从不同的角度对“公平”进行了解析。罗尔斯认为，公平正义是社会制度的首要原则，而正义本质上是依赖于社会的不同阶层中存在着的经济机会和社会条件；诺齐克持有正义理论关注的是资源持有的过程，即如果最终持有是公平的，那么持有的初始和持有的过程也应该是公平的；德沃金资源平等理论关心的是人们获得的社会资源应当是平等的，人们应当在分配商品、机会、义务等资源时受到平等的对待，得到平等的权利。三种理论都有其科学性，因此，要对公平有更完整的认识，可以综合三种理论的观点，即公平实质上是一个由起点公平、过程公平与结果公平三个环节构成的过程。

人们经常使用“平等”来代替“公平”的概念，但无论是哪种提法，公平的衡量难度一直非常大。奥肯曾指出：“经济平等这个概念，很难予以确定或衡量，即使它存在的话，也不可能被公认为是完全的平等，但要公认是不平等却很容易。”[②]有学者认为，应以收入差距大小作为制度公平的判断标准，如果收入差距较小，则认为是公平的制度；有学者认为应以劳动能力的贡献大小作为判断标准，认为遵循按劳分配的制度就是实现了公平的制度；还有学者认为，能够为人们在市场中提供平等的竞争机会，就是公平的制度；等等。[③]在对公平的争辩中，越来越多的学者赞同综合起点公平、过程公平和结果公平三个角度来度量。我国著名学者曾湘泉（2002）指出：“公平是指有关社会制度、权利、机会和结果等方面的平等或合理。公平可以分

---

① ［美］阿瑟·奥肯．平等与效率——重大抉择［M］．北京：华夏出版社，2010：2.

② ［美］阿瑟·奥肯．平等与效率——重大抉择［M］．北京：华夏出版社，2010：77.

③ 刘德吉．基本公共服务均等化：基础、制度安排及政策选择——基于制度经济学视角［M］．上海：上海交通大学出版社，2013：22.

三个角度来理解：一是结果的公平；二是起点的公平；三是被人们忽视的过程的平等。”①

首先，结果的公平，就是收入分配的差距，如果差距不大就是公平。如果结果完全公平，势必会打击个人的积极性，导致整个社会止步不前。例如，西方福利国家曾经追求的“高福利、高待遇”的社会保障体系，最终因为财政收支不平衡而逐渐走下圣坛。国际上认可的衡量收入分配差距的工具是基尼系数，但是对于一个特定的制度，用总体的基尼系数来衡量却不可取，因为基尼系数是对一个国家的综合衡量，是所有社会制度、经济制度等综合作用的结果，是所有可能作用于收入分配的制度和政策的综合，如果要衡量某个制度的公平性，就需要从该制度造成的收入差距来度量。以养老金为例，有部分学者直接度量不同群体的养老金的差异，利用退休后获得的养老金收入来分析；也有学者从退休后的收入与缴费时期的比值差异来度量收入分配差距；也有学者从养老金对退休前收入的替代率来研究；还有学者做了一些改进，例如，吴永求等（2014）利用养老金待遇的标准差系数来度量收入分配结果的公平性。②这些关于制度公平性的研究为我们提供了广泛的研究思路。在第三章的研究中，借鉴洛伦兹曲线和基尼系数的计算方法度量了企业年金制度下的年金收入的公平程度。

其次，起点的公平，就是机会和条件的公平，是指所有个体在参与经济活动的初始时刻，对各项社会公共资源和提供的各项机会拥有均等的权利，所有竞争者都处于同一起跑线上，平等地享有社会的资源和机会。然而在现实中，在起点上保证绝对公平的政策或制度是不存在的，能够保证起点的相对公平就已经非常不易。我国的经济体制改革是渐进式的改革，造成很多领域都存在起点的严重不公平。例如，行业垄断、国有企业垄断、城乡分割、地区发展机会不平衡等，这些不公平的制度安排使得分配的起点严重不公平，每个个体在经

① 曾湘泉．价值理念、收入分配差距与社会保障制度构建［J］．中国人民大学学报，2002（3）：60-66.

② 吴永求，冉光和．养老保险制度公平与效率的测度及权衡理论［J］．数理统计与管理，2014，33（5）：761-769.

济活动中获得的机会就不均等。如果不对起点不公平加以遏制，任由其一直延伸到过程和结果，必然会呈现放大效应，使得结果更加不公平。我国目前贫富差距扩大的现实就是人们没有对起点公平、过程公平和结果公平给予足够的重视。衡量起点公平与否，主要取决于制度的顶层设计是否科学，制度安排是否合理，人们是否能够平等地参与到制度中。起点可以通过制度参与率、制度覆盖率、环比增长率、几何平均增长率等指标来度量。

最后，过程的公平，是指所有个体在一视同仁的经济规则和社会规则下，参与社会经济活动获取的权利是相同的。如果无法保证起点的公平，那么过程的公平也就缺乏基础，很容易扩大不公平的范围。由于因果循环累积原理，解决起点的不平等较之解决结果的不公平更为复杂而且困难，[①]但是也不能因此对起点的不平等不作任何缓解调整，任由其发展到结果，这样的不作为会导致人们质疑制度并对制度失去信心。一个纠正起点不公平的途径就是尽量减少过程的不公平，对起点的不公平进行修正。例如，在社会养老保障领域，由于上几代人积累资源的差异，收入分配的起点不公平，这是无法避免的。家境好的人从小就可以获得丰富的人力资本投资，长大后能够得到体面的工作，较高的稳定的收入，以及基本养老金和私人养老金；而家境不好的人由于缺乏人力资本，只能从事收入较低的不稳定的非正规工作，养老金的缴纳和获取都是低水平的。如果对这个过程进行调整，通过投资于收入较低的群体的人力资本，使其获得更高的收入和养老金，将会使起点不公平的发展路径发生改变，进而促进了结果的公平。过程的公平通常可以通过对弱势群体的扶持力度以及获得的绩效来度量。

2. 效率的内涵与度量

“效率”一词是在亚当·斯密的资本主义“看不见的手”的理论上首次提出的，他认为在市场竞争下，利益引导资源从生产效率低下的用途中撤出，流向生产效率较高的用途，这就是效率。效率可以分为资源配置效率和非配

① 曾湘泉 . 价值理念、收入分配差距与社会保障制度构建［J］. 中国人民大学学报，2002（3）：60–66.

置效率，资源配置效率指的是资源流动带来的效率，非配置效率是指成员努力或管理水平提高而带来的效率。

“效率”一词在经济学中经常被使用，其中最著名的效率的概念就是由意大利经济学家菲尔弗雷多·帕累托于19世纪末20世纪初提出的“帕累托效率”，“帕累托效率”也称为“帕累托最优”，是指社会资源配置能够达到这样一种状态，即在不使其他任何人境况变坏的情况下，而使任何一人的境况变好，那么这种资源分配的状况就是最佳的，也是具有效率的。不可能再使某些人的处境变好，也可以理解为，要想让某个人的境况变得更好，就只能让其他人的境况变得比现在差。因此“帕累托最优”就是资源配置的最佳状态，任何改变都不能够使境况变得更好，这时就获得了效率。如果存在可以通过重新进行资源配置，使一个人的境况变好，而其他人的境况没有变坏，那么这种状况就是缺乏效率的，没有达到“帕累托最优”。此时就存在“帕累托改进”的空间，即从一个不属于“帕累托最优”的状态移到属于“帕累托最优”的状况，从一种低效率的资源配置状态移到高效率的资源配置状态。

政府通过制定公共政策促使市场提高效率。“帕累托最优”的本质就是资源配置高效率的实现，然而要达到“帕累托最优”的状态，需要满足“完全竞争的自由市场”的严苛条件：市场上有无数的交易者、产品同质无差异、厂商的资源完全流动、完全信息等。可以看出，“完全竞争的自由市场”是理想化的市场结构，在真实世界中并不存在。并且，在资源配置领域、收入分配领域以及稳定经济领域等都存在市场失灵的状况，由市场自行实现“帕累托最优”更是难以企及的目标。政府可以介入市场发挥其经济职能，通过制定公共政策应对市场失灵，不断地进行“帕累托优化”，推动市场向“帕累托最优”目标迈进。

然而，大多数政府制定的公共政策的实施，都会使社会中一部分人的获利增加，而另一部分人利益受损，这是因为公共政策制定的基本原则就是为某些人提供福利，而将成本强加给其他人，并且某些人获得的福利大于其他人付出的成本。从这个角度看，公共政策本身就具备了一定的效率。但是如果从个人努力与获得的角度来看，政策对付出成本的个人来说就是不具备效率的。

有关效率的度量，直接从其定义出发不能实现定量的度量，有部分学者也作了这方面的探讨。汪华（2015）的研究将养老保险制度的再分配效应用以反映养老保险制度的效率，所以构建了不同收入人群之间的再分配效应模型，并将此看作养老保险制度的效率。[①]吴永求等（2014）认为，养老金的“效率”的结果表现为“在养老金制度安排中，为提高居民参保积极性，应尽可能地将缴费与待遇相挂钩，以激励更多人群参保，降低制度运行成本”，养老金替代率是反映参保人缴费投入与待遇产出相关性的指标，因此以替代率的标准差测度养老金制度的效率水平，当所有参保人的替代率都相同时，即养老金替代率的标准差为0时，意味着所有参保人之间是“绝对效率”的，此时，养老金制度就完全没有发挥收入再分配促进公平的目标。[②]在吴永求的研究中，研究思路非常清晰，但是采用的不是现实数据，而是对数据的模拟，所以偏差较大。

对于企业年金制度来说，“效率”的表现结果就是，将企业年金与个人对企业的贡献挂钩，提高企业和员工的积极性，并且健康运行，使企业年金制度能够可持续地发展。所以通过企业的可持续发展的分析也能够得到企业年金制度是否具有效率的结论。

3. 公平与效率的关系

公平与效率一直都是中西方学者们热切关注的问题，基于不同的研究视角，人们对公平与效率的认识侧重点不同，因此，对两者的关系也形成了不同的看法。李丹阳（2007）对这些看法进行了梳理和归纳，认为学术史上关于公平与效率的关系大致存在三种见解，分别是替换关系、同一关系以及互补关系。[③]

① 汪华．制度效率与社会公平：体系分立的社会保险运作效应研究［M］．上海：华东理工大学出版社，2015：53–69.

② 吴永求，冉光和．养老保险制度公平与效率的测度即权衡理论［J］．数理统计与管理，2014，33（5）：761–769.

③ 李丹阳．公平与效率的互补关系探析［J］．学术研究，2007（1）：51–55.

（1）替换关系。该关系论持有者认为，公平与效率是两种截然不同的价值标准、政策原则，两者之间存在非此即彼的替换关系，如果强调了效率，就必然会损失一些公平；如果注重公平，则必然损害一定的效率。持有此观点的学者根据各自对效率与公平的不同侧重，分别提出了效率优先论、公平优先论和公平与效率兼顾论三种应对策略。

（2）同一关系。同一关系论者认为，公平与效率属于同一关系，两者之间本质上是内在统一的，不存在天然的、本质的区别与对立，它们是可以相互转化的。效率的实现必须依赖个体劳动积极性的保持与提高，而公平则是保护劳动积极性的根本因素，公平的建立必须以效率为基础，而且效率是公平得以保障和发展的历史动力，是衡量公平本身的历史尺度。

（3）互补关系。持有此观点的人承认公平与效率之间存在区别与对立，但认为这并不是两者关系中的主流，两者之间共生、共存、共荣的互补关系才是具有最基础性意义的因素。公平价值及其主导下的制度安排有其长处，能够处理好社会、政治领域的各类争端性议题和关系；效率价值及其主宰的制度设计，既有利于发挥市场经济的优化配置作用，又有利于提高个体的积极性和全社会的经济绩效。当两者发挥互补作用、相辅相成时，能够较好地解决社会均衡、可持续发展问题。不过，公平与效率之间的互补并不一定是天然形成的，也不是自发地发生作用的，它往往需要第三方的力量（特别是政府公共政策的恰当协调）去促成。

以上“关系论”的区别源于这些学者考虑公平与效率的视角不同。替换关系论认为公平与效率是一对矛盾，存在此消彼长的关系；同一关系论将公平与效率视为一体，可以相互转化；互补关系论则认为公平与效率是互补的，存在区别与对立，但两者又是共生共存的。

我国的学者基本是沿着第一种关系展开研究，即认为公平与效率之间是替换关系，它包括了效率优先论、公平优先论和公平与效率兼顾论三种情况。除此之外，我国还有学者提出公平保证论。效率优先论者强调市场机制的作用，认为市场机制应当在市场经济中起主导作用，政府的行政干预会扰乱市场秩序。效率优先论者一般受经济自由主义的影响很大，他们将市场效率放在优先考虑地位，认为只要起点和过程中能够使资源平均分配就是实现了公平，如果强调结果公平则会损失效率；公平优先论者则认为，市场机制也有不完善的地方，存在着“市场失灵”，并且人们在起点和过程中也不可能获得完全均等的资源，这时候政府必须介入进行干预，以防完全任由市场机制作用从而造成两极分化；公平与效率兼顾论者认为，公平与效率同等重要，既不能用效率取代公平，也不能用公平取代效率。如果两者发生冲突，则应具体情况具体分析，依据实际情况作出合理决策；公平保证论认为，公平是效率的保证，公平与效率是一致的，社会越公平，效率就越高，公平与效率是完全一致的，是正相关的，不公平主要通过削弱效率的动力而降低了效率。

4. 公平、效率与经济增长之间的关系

任何有关社会制度的理论发展变化都离不开制度的生存环境，当社会制度得以依赖的环境发生变化，那么这个社会制度的理论也会随之变化，制度改革就会发生。因此，探讨社会保障制度的价值理念也不能将制度生存的环境排除在外，而是应当和环境变化动态地结合起来。

现代社会保障制度的变革往往是由于制度的分配机制与分配效应和当前经济增长变化之间产生矛盾所引起的。随着经济的增长，制度的分配机制也会发生变化，当制度的分配机制所带来的分配效应适应经济增长时，制度会加强这种分配机制，使得分配效应更加显著；当制度的分配机制所带来的分配效应阻碍经济增长时，制度就会发生变革，弱化原有的分配机制，降低不利的分配效应，直至其适应下一阶段的经济增长。

考虑分配的结果是平等的，库兹涅兹提出的“倒U”形假说中提出，经济增长与收入分配的平等程度的关系可以分为两个阶段：在经济增长的初级阶段，随着经济的增长，收入不平等会逐步增加并且速度逐渐放缓；当经济增长到较高水平后，收入不平等会达到顶端，然后开始逐步下降。在库兹涅茨的假说下考察公平与效率的关系，可以发现经济增长与公平程度存在相关关系。丁烈云（2006）借鉴了库兹涅茨的理论，提出“公平系数”的概念，并用其考察了经济增长与公平程度之间的关系。[①]“公平系数”是相对指标，数值上等于“1–基尼系数”，以0和1为其临界值。用这样一个相对指标可以考察制度的公平性对经济增长的影响。他的研究结论是公平系数与经济增长负相关，即“公平系数”越大，经济增长就越慢。库兹涅茨的“倒U”形假说与较长一段时期内的经济增长与平等程度是相符的，但是考虑到经济增长本身就是随时波动的，它与制度的调整和环境的变化相关，所以在较短的时期内，经济增长与公平程度的关系也会频繁发生变化。经济增长相对于经济水平的高与低也不是一成不变的，较高的经济水平也可能有较低的经济增长，而较低的经济水平可能有较高的经济增长，因此更确切地说，社会制度的分配机制与分配效应是随着经济增长的变化而变化的。

制度分配效应可以用公平与效率两个维度来度量。虽然“公平”与“平等”的概念不同，但是制度越“公平”也意味着分配更加“平等”，制度是公平的，意味着社会财富能够被大多数人共享，社会收入差距取决于个人的人力资本和努力程度，而不是其他除个人因素之外的条件，此时，社会收入分配整体比较平均，呈现典型的中间大、两头小的正态分布，并且方差较小；“效率”的制度一方面意味着人们收入的普遍增加，另一方面会造成收入差距的拉大，社会财富分配会向具有更高效率群体倾斜，同时造成低收入一部分无效率群体的存在。

为了更形象地表示制度价值理念与经济增长之间的关系，图4–1以个人收入增长为横轴，以人口比例为纵轴，呈现了制度的分配效应和经济增长之间的动态变化关系。个人收入增长表示通过社会制度的分配实现个人分享经济增长成果的情况，当经济增长时，个人收入增长发生平移，从低处移动到高处，但这个平移不是社会中所有人都发生同样多的平移，在平移过程中，部分个人有可能平移较少，部分个人有可能平移较多。也就是说，在经济增长时，社会制度的分配机制将起作用，使得个人收入增长大于或小于个人收入增长的平均值。个人收入增长越多，说明个人从这个制度得到的分配就越多。

① 丁烈云．公平与效率的均衡分析［J］．科学社会主义，2006（4）：44–47.

纵轴代表在不同的个人收入增长水平下人口数量占全部人口数量的比率，即在这个特定的群体中，有多大比例的人口拥有该水平的收入增长，该比例越大，说明个人收入增长越向此处集中。

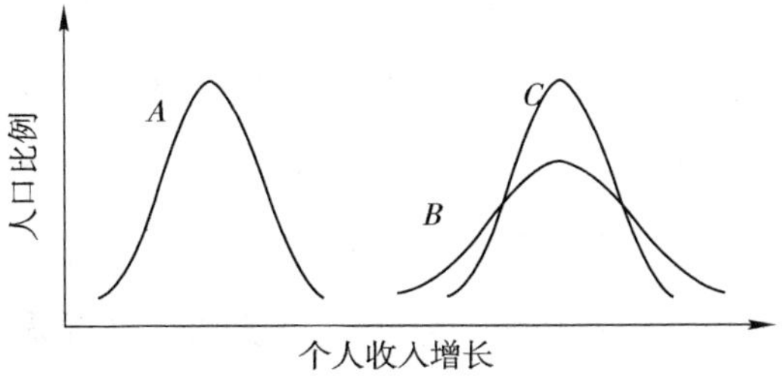

图4–1　制度的分配效应与经济增长的关系

分析图4–1，可以发现制度的公平与效率并不是相反的概念，它们可以同时实现。图中的三条曲线分别度量了经济增长与制度分配效应的三种情况，三个曲线的分布被视为近似的正态分布[①]。正态分布曲线有两个特征值：均值和标准差，均值就是曲线的中心点，代表了数据的水平，均值点在水平轴上越大，说明发展水平越高；标准差就是曲线的离散程度，曲线从中心点向外扩散程度越大，说明分布差异越大。图中曲线的离散程度恰恰就是社会收入分配的“公平”程度的度量，离散程度越大，收入越不均等。图4–1中*B*的离散程度更大，说明*B*的公平程度比*A*和*C*都要差。“个人收入增长”的平均水平值越高，说明人们收入增长得越快，经济发展和制度分配就能获得越高的“效率”，所以“效率”可以用“个人收入增长”数据的水平来度量，即平均收入增长水平。*B*与*C*的“个人收入增长”平均水平相同，并且都比*A*要高，所以*B*与*C*的效率超过了*A*。可以看出，*A*、*B*、*C*三者之中，最理想的收入分布状态是*C*，因为*C*与*A*相比，虽然公平程度相同，但是效率却比*A*要高很多，同理，*C*与*B*相比，虽然效率相同，但是公平程度较高。综合这两点，可知*C*代表了较高的效率和较高的公平程度。从对图形的分析，我们发现制度的公平

① 现实状况下，社会收入分配的分布形态是右偏分布，这是因为在现实社会中，有较少比例的人群拥有较多比例的社会财富，使得分配曲线的均值上移，造成分配曲线分布呈右偏分布，当社会分配趋于均等时，该曲线趋向于正态分布。

与效率并不是相悖的，它们可以有机地结合，一起得到实现。

因此，笔者认为，公平与效率并没有绝对的正相关、负相关、互补、互替、统一化等关系，公平与效率其实就是制度效应的两个维度，缺一不可。在图4-1中，A与C的公平程度虽然是一样的，但是对于个人来说，带来的效应却是完全不同的。上文已经提及，“公平”的状况既与经济增长的离散程度有关，也与经济增长水平有关，不同经济增长水平下的“公平”在现实条件下已经发生了根本的改变，较低经济水平的“公平”与较高经济水平的“公平”已经不被看作相同的“公平程度”。基于这个认知，笔者认为公平与效率的关系，不存在绝对的正相关、负相关、互补、互替、统一化等关系。

既然制度可以同时实现公平与效率，那么如何实现就需要从政策制定上着手。政府既是政策的制定者，也是政策实施的有力推手，有效的政策可以不断地将制度的公平与效率的有机结合点向长期目标点推进，如图4-2所示，当制度的发展方向与长期目标发生了偏移，政府就可以通过调整政策改变制度的运行方向，使其逐步向制度的长期目标行进，直至回到长期均衡发展的状态上来，任何一个政策都不可能长时间地脱离制度的长期目标而成功地持续发展下去。

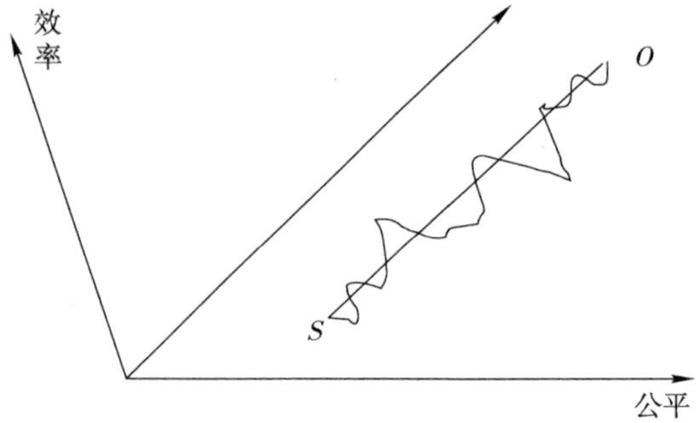

图4-2　公平、效率与经济增长的动态趋势

图4-2中的O点是政策希望达到的目标，S点是政策开始实施的初始点。在该图中，公平维度的衡量是一个绝对值，而不是相对值（即不是以0和1为极大值和极小值），它随着经济水平、生活水平的提高而增加。同样，效率

维度的衡量也是一个绝对值，它也和经济水平、生活水平相关，并且随着社会向前发展而不断提升。路径SO上所有的点都是公平与效率的均衡点，但是这条线上不同点的意义有明显差别，越是靠上的点，越是经济发展水平较高的公平和效率均衡点。由此可见，不同制度的公平与效率的选择，取决于制度的长期目标和制度实施的初始状态，以及发展过程中与制度相关环境的变化。换句话说，就是政府制定的制度及其政策应当是一个在公平与效率之间不断寻求均衡点的动态过程。无论是公平优先还是效率优先，都是短时期的策略而已，只要总的发展方向与总体目标相符，又在人们能够承受的极限之内，那么它就是合理的。例如，如果政府是为了尽快实现经济转型、刺激经济发展，那么效率必然是首要目标，应在提高效率之后再图求公平，我国的经济体制改革就经历了这样一段以效率为先的时期。如果政府的任务是稳定社会、减少社会冲突，那么公平就成为首要目标，追求公平的重要性就大于效率性。

对于社会保障制度来说，公平性是社会保障制度产生、存在及发展的保障，社会保障制度的存在就是为了实现社会成员之间的“公平”，无论是最初在英国出现的社会救济还是现在各国复杂的社会保障体系，它们承载的责任就是实现“公平”，这永远是社会保障制度的核心，脱离了这个核心，社会保障制度就没有必要存在。一个国家建立社会保障制度的终极目标依然是经济增长和提高人们的生活水平，所以社会保障制度是以公平为约束，以公平来保障经济增长，因此，公平与效率的关系符合上图中的发展关系。社会保障制度强调以“公平”为手段来保障经济增长，通过以“公平”为制度的评价准绳不断地反思和修正制度，使其朝着经济增长的目标迈进。

第二节 企业年金制度价值理念的演变

对于任何一项社会制度，价值理念都不是一成不变的，它会随着社会环境、人们认知的改变而变化，社会保障制度也不例外。社会保障制度是国家的一个基本制度，会依据国家所处的经济水平、国际环境，以及自身发展情况等，制定不同的实现目标，并且价值理念也会随着目标的变动而产生相应的变化。

价值理念是决定制度实现目标、搭建制度结构、确立制度模式、选择发展路径的思想指引，不同的社会保障制度价值理念会将社会保障制度引向不同的制度目标，如果只关心制度的设计和实施而忽略意识形态对制度的指引作用，将使制度的发展具有很大的不确定性，甚至陷入遭遇制度“瓶颈”的困境。郑功成指出，“科学合理、适合国情的制度价值理念选择优于制度设计，合理的制度设计优于技术方案的选择，又确实是建设社会保障体系的一条基本路径”[①]。以科学合理的“理念”引导“实践”是社会保障制度实现可持续发展的根本保证。

一、社会保障制度的多重目标

社会保障制度要实现的目标是多重的。国际劳工组织认为，社会保障的目标有三个：防范风险、再分配和消除贫困。尼古拉斯·巴尔和大卫·怀恩斯（2000）对福利国家的社会保障目标进行了总结，认为社会保障的基本目标分为效率、维持生活水平、减少不平等、社会一体化及管理可行性等5个方面，这些目标可能是相互矛盾的。[②]具体目标分解及含义如表4-1所示：

表4-1　社会保障制度的多重目标

一级目标	二级目标	具体含义
效率	1. 宏观效率	社会福利支出在经济稳定和减少经济周期波动中的作用
	2. 微观效率	国家总的福利资源在不同项目中的合理配置以及福利提供方式的不同选择的效应问题
	3. 激励	福利资金的来源和支出对私人经济行为的影响

① 郑功成．中国离福利时代还有多远［N］．解放日报，2007-10-20.

② ［英］尼古拉斯·巴尔，大卫·怀恩斯．福利经济学前沿问题［M］．北京：中国税务出版社，2000：5-7.

续表

一级目标	二级目标	具体含义
维持生活水平	4. 减少贫困	不使任何员工或家庭的生活降到最低生活标准以下，构筑社会安全网的最后一道防线。救济金、最低工资等都是减少贫困的措施
	5. 维持原有生活水平	保证人们的生活水平不会由于不可预测的风险大幅下降。类似于意外保险，当意外发生时弥补人们的损失，如医疗保险、失业保险。该效率指标也隐含了公平的含义
	6. 收入平滑	通过重新分配实现一生中不同时期收入的平等。类似于储蓄，将高收入时期的收入转移分配到低收入时期，如养老保险。该效率指标也隐含了公平的含义
减少不平等	7. 纵向平等	使收入再分配向低收入的员工和家庭倾斜。但是这个目标是有争议的，因为员工的权利和义务在这里发生了偏差，缴费多的人，可能获得较少的保障，社会财富从高收入人群转移到低收入人群，如公共养老金
	8. 横向平等	津贴的差异仅考虑到年龄、家庭规模等与员工收入相关的因素，而与不相关的因素无关，如育儿津贴、医疗待遇、教育津贴等
社会一体化	9. 尊严	必须尊重人的尊严，不使人们因为领取津贴而感受到耻辱。贝弗里奇正是在这个意义上强调缴费的重要性。先缴费后受益使人们把社会保障的受益理解为自己的社会权利，而不是被施舍
	10. 社会团结	一方面要求人们得到的津贴应该能够保证每个公民过上体面的生活；另一方面要求津贴的发放要依据普遍的公民权，而与员工的经济特征无关，如欧洲国家的退休金和国民健康服务
管理可行性	11. 可理解性	由于社会保障制度涉及群体范围比较广，因此，制度设计应该简单、易懂，容易被大众接受，并且还应该尽可能地降低管理成本
	12. 禁止滥用	尽可能地防止保障制度被人滥用，成为个别人牟利的手段

后来的学者们对这个目标体系中的“管理可行性”有不同的看法。我国学者汪行福（2003）在其基础上对基本目标重新进行了归纳和整理，认为“管理可行性”不是社会保障制度的基本目标，并将“管理可行性”目标从多重目标中移除。[①]尼古拉斯·巴尔等提出社会保障的“管理可行性”目标应包括两个内容：可理解性和禁止滥用（表中的目标11和目标12），主要是从制度可执行性、可控制性及可持续性方面探讨社会保障制度的管理问题，这是保证其他目标实现的主要措施。从这个意义上来划分，“管理可行性”更像是一种保证措施，而不是实现目标，因此，本书在研究后续内容时，也不会把它

① 汪行福．分配正义与社会保障［M］．上海：上海财经大学出版社，2003：17–18.

作为企业年金制度的目标，而是把它当作实现其他目标的外部保障。

虽然表4–1中的社会保障制度的多重目标体系是源自福利国家的研究，但是，这些目标也同样符合大多数国家制定本国社会保障目标的要求，只是不同的国家在制度实施的不同历史阶段，其社会保障制度会突出强调某个或某几个目标，以反映政府或制度设计者基于本国实际环境，在该时点对社会保障制度目标的期望。郑秉文（2012）曾以国际比较视角探讨了不同国家社会保障目标的区别，以法国和使用法语的非洲国家的社会保障制度为例，法国的社会保障目标更多的是以员工终生消费的熨平为主，而非洲国家则更看重老年群体的减困问题；同样，作为社保制度发源地的德国，对其倚重的方面必然不同于刚刚建立社保制度的越南，后者对社保制度的期待和渴望必将具有本土的特点，甚至与德国相去甚远。①

由于社会保障制度要实现的目标比较多，每个国家必须依据其自身发展阶段和所处环境，设定适合自己的目标。目标的设定主要取决于以下三个方面：

第一，传统的意识形态决定了社会保障制度目标的选择。

每个国家基于历史的发展，形成了自己特有的意识形态，人们的道德观和价值观存在显著的区别。这些意识形态左右着国家制度结构的选择，也决定了国家构建社会保障制度的目标。诺思的新制度经济学研究表明，意识作为非正式制度的核心制度，是人类精神世界的规则，它源于人类历史中的经验，是世世代代的传承，一经形成就将长期稳定地存在。“每一个人的意识形态的一个固有部分乃是关于‘制度’的公平和公正的评判”，并且，“对收入分配的‘恰当’是任何一个意识形态的一个重要组成部分”。②意识形态长久作用于社会保障，进而形成路径依赖，社会保障的目标可能会沿着某种意识形态的路径发展下去，直至新的意识形态形成。由于意识是对客观存在的思维的反映，所以通常它的变动要滞后于实践活动的变化，当社会保障的目标与

① 郑秉文．中国特色社会保障文化内涵与核心价值体系——从国际比较视角所做的观察与分析［J］．中国社会保障，2012（11）：39–41.

② ［美］诺思．经济史中的结构与变迁［M］．上海：上海三联书店，1994：54–55.

人们的意识相符时，就会得到顺利发展，当社会保障的目标领先于人们的意识时，可能会由于人们的意识还没有完全跟上其变动的步伐，从而阻碍社会保障目标的改进。

例如，香港的强积金制度（与内地的企业年金制度类似）并不十分注重老年人的“公平”，这是由香港的文化传统造成的，他们认为老年人的养老责任应该由自己承担。由于香港也一直没有建立类似内地的基本养老金的公共养老金制度，部分年轻时候没有足够年金积累的老年人退休后陷入了老年贫困，因此在香港老年人出来工作并不罕见，但是这并没有造成社会动荡不安，这与他们的传统观念是分不开的。而内地则与此相反，在新中国成立初期，我国一直奉行的是“国家来养老”，这种养老观使人们对政府的养老责任期望加重，如果老年人的生活得不到保障，那么必然会引发一系列社会问题。

第二，特定经济发展水平和人口结构等制度性条件约束着社会保障制度目标的选择。

经济发展水平越低的国家，在退休后不能够维持原有生活水平的老人就越多，此时，社会保障首先要实现的目标是“维持原有生活水平”和“减少贫困”，因此，社会保障的目标层次相应要设低些；相反，经济发展水平越高，国家就越富裕，在人们的基本生活水平已经能够得到保障的基础上，仍然以“减少贫困”或者“维持原有生活水平”为目标自然也不再合适，此时，社会保障目标就可以相应调高，以“平滑收入”“减少不平等”为主要目标，实现社会的公平分配。

当国家人口比较少时，无论哪个社会保障制度目标都相对容易实现，但是当人口众多时，社会保障制度的目标就应该有所选择。当人口年龄结构趋于老龄化时，社会对社会保障的需求加大，快速地扩大社会保障覆盖面是首要任务，此时，应当实施具有激励效果的社会保障制度，以促进制度的快速扩面；当人口年龄结构比较年轻时，社会面临的养老压力并不十分显著，此时，可以比较从容地建立分配公平的社会保障制度，社会保障制度强调实现其最基本的公平正义的核心目标。

第三，既有的社会保障制度的发展水平制约着新的社会保障制度目标的选择。

如果原有的社会保障制度发展比较成熟，建立新的社会保障制度的迫切性不是十分强烈，其目标也可以设立得更为长远一些，一般更加强调公平性；如果原有的社会保障制度发展不成熟，那么对于新建立起来的社会保障制度来说，保障任务会非常艰巨。社会保障制度如何迅速被建立并能够承担起保障责任，取决于其在全国范围内是否能够得到广泛覆盖和有效实施，这是新制度得以迅速立脚和生存下去的重要问题。如果制度执行之初，覆盖面过小，则这个社会保障制度如同虚设，规章制度设计得再完美，目标设立得再多，也只能是空中楼阁，无从实现。因此，在社会保障制度推行的初始阶段，“效率”目标是首要的，即如何尽快地获得人们的认可，广泛地推行开来，这个目标应该被放在第一位。在制度推行一段时间后，已经有了比较坚实的群众基础，覆盖面得到扩大，此时如果再将“效率”作为首要目标，已经不合时宜，因为在这一时期，制度惠及的群体内部和群体之间对公平的重要性超越了效率，人们更加关心的是制度是否公平公正。因此，“效率”是制度建立初始阶段的首要目标，而“减少不平等”则是制度的覆盖面较广时的首要目标。

二、中国企业年金制度价值理念的演变

党的十八大对我国的社会保障体系提出的要求是“保基本，更理性、更加公平、更可持续”，其含义是社会保障体系在健全社会保障体系、扩大惠及范围的同时，需要按照“保基本”的原则，适度提高社会保障待遇，充分保障社会成员的基本生活，在此基础上，适度分享社会发展成果，与此同时，也要注重制度的公平性和可持续性。很显然，党的十八大提出的要求是将社会保障体系作为一个完整的整体来对待的，是社会保障体系整体的发展要求，当具体到系统中的每一个特定的制度或政策时，则要看该制度在社会保障体系中的地位和任务分别是什么。如果将社会保障体系作为一个系统，那么其中的每一个制度都是其子系统，每个子系统的定位和任务各不相同，但是它

们又应该紧密地结合，从而构成一个完整的社会保障系统。

在建立企业年金制度之前，我国已经建立了由我国的社会主义性质所决定的基本养老保险制度，并且决心将这一制度尽可能地覆盖到全社会，使人们能够通过基本养老保险制度来保障自己的基本养老需求。在此背景下，企业年金制度的定位和目标自然而然会与基本养老保险制度相区别。事实上，企业年金制度在我国建立的初始定位目标就不是“保基本”，而是“分享社会发展成果”，要在基本养老保险制度的基础上起到锦上添花的作用，所以企业年金制度的公平，与基本养老保险中“保基本”追求的“公平”有所不同。如何在“分享社会发展成果”中“实现更加公平、更可持续”就成为企业年金制度设计和发展面临的问题，因此，需要对企业年金制度中的“公平”和“效率”进行重新思考。

（一）我国企业年金制度的价值理念曾以“效率”为核心

在我国建立和实施企业年金制度之初，曾经以“效率”为我国企业年金制度价值理念的核心。这是由企业年金制度的属性、国情背景下的制度安排，以及企业年金制度肩负的历史使命所决定的。

1. 没有效率的制度不能得到可持续发展

企业年金制度是西方发达国家的产物，伴随着西方福利国家的福利制度的衰败，人们已经意识到，没有效率的制度无法长久持续地实施下去。在很多环境和历史阶段下，由于劳动“非商品化”和人们逆向选择等问题的存在，仅仅体现公平的社会保障制度很难得以维系，因此，效率成为社会保障制度变迁的一个重要方向，这也是福利国家带给我国的历史经验。事实上，任何一种制度都应该具有效率，都应能促进社会整体效率的提升，具有效率的制度才具有可持续发展的生命力。

2. 企业年金制度最初建制的对象是“企业员工”，这就使得企业年金仅是某些企业员工的“福利”

企业年金制度是一种养老保险制度，但它并不是全民养老保障，它仅以企业的劳动者为保障对象，它的目标是提高老年生活的消费水平和消费质量，主要满足退休人群的发展和享受需求，而不是满足人们的生存与安全需要。企业年金制度强调了权利与义务对等的原则，参加企业年金制度的员工，必须先尽缴纳年金的义务，然后才能享有领取年金的权利。因此，企业年金没有责任实现退休后人们平均地领取年金，年金的领取额度必须取决于退休前的员工个人账户积累，员工个人账户积累要求企业年金制度必须有效率地建立和运行。

3.“自愿性”原则下的企业年金制度要求以“效率”为基本原则

在非强制企业年金制度的国家里，企业年金是由企业和员工自愿建立的，我国也曾经在2004年实施的《企业年金试行办法》中如此设定参与原则，这是与当时的国情背景相符的。在当时的环境下，企业年金制度是一项新兴的事物，国家必须通过制定相关政策鼓励企业建立年金制度以增加覆盖面，国际上行之有效的最大鼓励措施就是税收优惠。然而，税收优惠措施迟迟没有出台，导致企业和员工缺乏参与的动机。在此背景下，如果企业年金制度本身又是无效率或低效率的，那么企业与员工就更没有参加年金制度的意愿，企业年金制度将可能无法持续运行下去。影响企业和员工参与意愿的因素很多，包括国家的激励政策、年金基金运营投资情况、企业年金的监管等，从这些方面来讲，都必须是以效率为首要考虑目标，实现了效率，企业和员工才有更强的参与动机，企业年金制度才能得以继续发展。

4. 企业年金制度在我国肩负的历史使命要求其将“效率”放在制度的核心位置

引入企业年金制度的初衷就是弥补我国单一养老支柱的不足，它自诞生之日起就肩负着减轻公共养老金压力的重任。如果其设立的目标依然是人人普惠的公共养老，那么就没有必要再建立类似的制度，我国只需要继续完善基本养老保险这个支柱即可。在人口老龄化加速、基本养老金支付缺口加大、基本养老保险扩面迟缓等一系列窘境下，我国建立了企业年金制度，旨在使得有意愿、有能力的企业为员工建立年金计划，由企业和员工共同缴费，这就更加凸显了员工的年金权利与企业和自身息息相关，是企业年金效率的重要体现。

（二）企业年金制度偏重追求“效率”扩大了社会收入分配的不公平

在过去20多年的发展过程中，企业年金制度追求“效率”的同时忽略了“公平”，已经成为扩大贫富差距的“推手”，企业年金制度因此也被人们广为诟病。2018年以前，企业年金制度一直强调的是企业与员工“自愿”参与，虽然企业具有很大的自主性与灵活性，但是企业并不是可以随心地、任意地参与进来，而是受到诸多因素的制约：企业自身经营状况、管理水平状况、是否已经缴纳基本养老保险、相关管理部门和机构提供的支持等。其中企业自身经营状况和管理水平又取决于该企业所在地区的经济发展水平、所在行业整体发展情况、企业自身规模大小等因素。企业之间存在的客观差异和企业的“自愿”参与原则导致了年金制度公平性较差，主要表现在以下几个方面：

1. 大型企业与中小型企业间的不公平

中小型企业受规模、资金、管理、环境、政策等条件的限制，在市场竞争中综合实力较差，参加企业年金计划的广度远不如大企业。根据我国企业年金的制度安排，中小型企业往往建立的是集合计划年金，即有多个中小型企业一起参与一个年金计划。我国的企业年金计划和集合年金计划的建立情况见表4-2。

表4-2　全国企业年金基金与集合计划情况

年份	全国企业年金基本情况			全国集合计划情况			集合计划占全国比例		
	企业账户数/个	职工账户数/万人	资产/亿元	企业账户数/个	职工账户数/万人	资产/亿元	企业账户数占比/%	职工账户数占比/%	资产占比/%
2012	54737	1847	4821	15815	192	445	28.89	10.40	9.23
2013	66120	2056	6035	16894	210	536	25.55	10.21	8.88
2014	73261	2293	7689	19725	241	720	26.92	10.51	9.36
2015	75454	2316	9526	21183	258	874	28.07	11.14	9.17
2016	76298	2325	11075	23310	289	1007	30.55	12.43	9.09
2017	80429	2331	12880	25590	321	1193	31.82	13.77	9.26

资料来源：根据中国人力资源和社会保障部《全国企业年金基金业务数据摘要（2012—2017）》整理。

从绝对数量上来看，建立集合计划的企业数量、职工数量和资产积累均实现了一定的增长。2012年年底，集合计划的参与企业数为15815个，参与职工数为192万人，累积基金金额为445亿元；到2017年年底，集合计划的参与企业数为25590个，参与职工数为321万人，累积基金金额为1193亿元。但是与同期的其他独立企业账户相比规模比例仍然过小。2012年集合计划占全国企业账户数比例为28.89%，到了2017年年底，也不过占到31.82%，几乎没有太大的变化；职工账户数占比发展情况稍好，由2012年的10.40%增长到13.77%，增长幅度大于企业账户数占比，说明集合年金计划中加入的中小型企业，仍然是其中的“较大者”，微小企业被纳入集合年金计划中的可能性很小；集合计划的资产占比2012—2017年在9.10%左右波动，有增有减，并没有持续增长的趋势，说明集合计划的资产增长情况和全国企业年金增长情况基本一致（见表4–3）。

表4–3 全国企业年金基金与集合计划增长情况

年份	全国企业年金基本增长情况			全国集合计划增长情况			集合计划占全国比例增长情况		
	企业账户数/个	职工账户数/万人	资产/亿元	企业账户数/个	职工账户数/万人	资产/亿元	企业账户数占比/%	职工账户数占比/%	资产占比/%
2013	20.80	11.32	25.18	6.82	9.38	20.45	–11.57	–1.74	–3.78
2014	10.80	11.53	27.41	16.76	14.76	34.33	5.38	2.90	5.43
2015	2.99	1.00	23.89	7.39	7.05	21.39	4.27	5.99	–2.02
2016	1.12	0.39	16.26	10.04	12.02	15.22	8.82	11.58	–0.90
2017	5.41	0.26	16.30	9.78	11.07	18.47	4.14	10.79	1.87
几何平均增长率/%	8.00	4.76	21.72	10.10	10.83	21.80	1.95	5.79	0.07

为了进一步了解集合年金计划的变动规律，表4–3给出了我国的企业年金计划和集合年金计划的增长情况。从中我们可以总结出如下规律：

第一，中小企业平均每人缴纳的年金数额相较于全国平均水平要更低。集合计划的3个指标的平均增长速度分别达到了10.10%、10.83%和21.80%，相比全国企业年金计划3个指标的8.00%、4.76%和21.72%，增长速度更为可观。

但是需要注意的是，虽然职工人数平均增长幅度达到了10.83%，基金积累增长幅度却与全国企业年金计划持平（分别为21.80%和21.72%），并没有比全国年金计划更高，这说明中小型企业平均每人缴纳的年金数额相较于全国平均水平要更低。

第二，集合计划的建立情况不容乐观，在年金制度中地位较低。参与集合计划的企业账户数、职工人数和资产占全国总量的比例增长量非常少，5年的平均增长率仅仅达到1.95%、5.79%和0.07%，这说明集合计划的建立情况不容乐观，与其他企业相比地位还是非常轻微。集合年金计划无论是从数量还是从占比来看，都与其在社会经济中的地位极其不符。这些中小企业的职工与大型企业职工的年金收入差距显露出的不公平性会成为社会不稳定因素。

2. 垄断行业与非垄断行业间的不公平

对于私营企业来说，企业年金会增加企业的运行成本，劳资双方会产生一定的利益冲突，而对于国有企业的决策层和员工来说，两者的薪酬都来自中央财政，因此，企业年金支出的成本对两者的利益关系影响相对要小。再加上我国的大型国有企业主要集中在银行、电信、煤炭、电力、石油、石化、民航、铁路等垄断行业，这些大型国有企业在本行业内部也处于垄断地位，因此，其所获得的利润往往高于行业平均利润。高额利润与国企的劳资双方在建立年金的意愿上普遍一致，这就满足了建立年金计划的资金和自愿等基本条件。

一般来说，建立单一年金计划的企业往往是大型国有、垄断企业，加入集合年金计划的企业通常是规模较小的央企、民企、外企等。垄断行业与非垄断行业之间的不公平可以从表4–3中推理得到。表4–3中显示出集合年金计划下的职工人数平均增长幅度达到了10.83%，增长速度比较快，但是基金积累增长幅度却相差无几，那么由此可以得到推论，即参与集合年金计划的职工平均年金资产必然少于全部计划的职工平均年金资产。根据表4–3的数据可以计算出不同年金计划下的职工平均持有年金基金资产量：截至2017年年底，参与集合年金计划的职工与单一计划和其他计划下平均每万人持有年金资产分别为3.717亿元和 5.814亿元，两者相差达到2.097亿元，与全国年金计划的职工平均每万人持有年金资产5.526亿元相比，相差1.809亿元。因此非垄断行业的年金资产数量低于垄断行业。

本书也对企业年金计划在不同行业的分布作了相关的调查，调查结果也发现了行业之间的确存在不公平的现象。对于已经建立企业年金计划的企业，其行业分布排名前3位的是：金融及保险业（31.1%），制造业（23.0%），交通运输、仓储和邮政业（10.8%）；对于正在建立年金计划的企业，其行业分布排名前3位的是：建筑业（36.4%），信息传输、计算机服务和软件业（22.7%），金融及保险业（13.6%）；对于有建立意向的企业，其行业分布排名前3位的是：建筑业（50.0%），信息传输、计算机服务和软件业（12.5%），金融及保险业（7.5%）。

在第三章中曾以国泰安数据库中的A股上市公司为样本数据，对企业年金制度的行业公平性进行了度量，研究发现现行企业年金制度在不同的行业间存在巨大分层，其中垄断行业和非垄断行业之间的差异尤为显著。虽然以上市公司为样本进行数据分析不是对全国的随机抽样，但是上市公司中也存在垄断行业与非垄断行业中的大量企业，所以分析仍具有较高的可靠性。

由以上分析可以看出，从行业分布来看，垄断行业仍旧是企业年金制度的主角，不同行业的企业年金之间存在显著差异。在这些垄断行业的企业利润和职工待遇已经普遍高于其他行业的背景下，垄断行业的职工又通过分配得到更多的企业年金，这进一步拉大了他们与非垄断行业职工的收入差距，既造成了行业间收入的不公平，也显现出现行企业年金制度的不公平性。

3. 企业内部的不公平

除以上宏观的不公平表现外，从微观来讲，建立年金计划的企业内部也存在较大的不公平。从本质上看，以企业年金形式对企业的利润进行再分配，可以提高劳动收入，对员工来讲是一个利好消息，然而事实却不是如此，很多企业年金计划仅仅覆盖高层管理人员。

在企业年金制度最初实施的几年间，企业内部的不公平现象非常严重。上海市总工会曾于2008年发布基于4000名职工调查的《上海市职工社会保障权益实现状况趋势研究》，其中显示，大部分建立年金计划的企业的经营者与普通职工年金分配差距在3~5倍，少数企业则远高于5倍；部分企业年金方案只覆盖小部分管理人员，甚至少数企业即便存在大量待岗未安置人员，不具有开展年金的经济负担能力，却仍将年金作为高层管理人员的福利。

造成企业内部年金分配不公平的一个制度上的原因就是，2004年的《企业年金试行办法》中没有明文限制企业内部年金分配的最大差距。为了降低企业年金的不公平，2018年2月开始实施的《企业年金办法》中第十八条专门对此进行了限定，企业应当合理确定本单位当期缴费计入职工企业年金个人账户的最高额与平均额的差距，企业当期缴费计入职工企业年金个人账户的最高额与平均额不得超过5倍。但是该条规定依然没有对最高年金收入和最低年金收入的差距作出规定。

除此之外，企业年金制度在地域、不同企业属性等方面也存在不公平现象，这里不再赘述。总之，由于在过去的十几年间偏重追求“效率”，我国的企业年金制度成为拉大社会收入分配差距的推手，成为社会不公平现象产生的因素之一。因此，有必要调整企业年金制度的价值理念，以适应社会和经济发展的需求。

第三节　中国企业年金制度价值理念的认知测度

前两节对企业年金制度的价值理念进行了理论分析，但是对企业年金制度价值理念的研究不能只停留在理论层面，还应对当前的现状有所了解。本节将运用企业和员工价值理念的调查数据来分析企业年金制度价值理念的现状，从而对企业年金制度的价值理念的现状有更深的认识和把握。

一、公平理论

企业年金是一项企业福利，是企业的薪酬计划，被企业视为激励员工更加努力工作的一个有效措施。由于员工对企业年金的公平性的判断属于主观判断范畴，因此，本书在设计调查问卷时依据公平理论来测度员工对企业年金制度价值理念的认知。

企业员工对企业的薪酬分配是否公平有着自己的评价标准，这个标准依据的是自身的心理感受，员工感知到的薪酬公平与否会影响他们以后的行为。美国心理学家约翰·斯塔西·亚当斯对员工的这种心理感受及行为进行了研究，由此提出“公平理论”。公平理论又称为社会比较理论，它指出，当员工工作投入取得报酬后，他不仅关心自己所获得报酬的绝对量，也关心自己所获得报酬的相对量，因此，他需要进行种种比较来确定自己所获得的报酬是否公平合理，比较的结果将直接影响今后工作的积极性。公平理论研究了薪酬分配的合理性、公平性及其对员工工作的积极性的影响，因而也被视为一种激励理论。公平理论回答了两个基本问题：第一，人们如何判断薪酬分配是否公平；第二，如果感知到分配不公平，人们将会作出何种反应。

对于第一个问题，公平理论利用社会交换理论提出了判断的思路。员工对工作的投入和从工作中获得的产出有一定的主观判断，如果员工认为投入与产出对等，则薪酬分配是公平的。员工对工作的投入包括工作时间、工作效率、付出的努力和提高的技能等，从工作中获得的产出包括工资、奖金、福利、职位、满足感及尊重等。需要指出的是，对于不同的员工，无论是投入项还是产出项，各因素的权重是不同的，因此，每个员工对自己的投入与产出的感知也有所不同。感知薪酬分配是否合理，依靠的是员工的主观判断，因此，需要有一个具体的参照作为比较的基础。员工作为社会中的人，寻找的参照可以是社会中的他人，也可以是自己的过去，由此，将比较分为横向比较和纵向比较两个维度：横向比较，即将自己与他人相比较来判断自己所获报酬的公平性；纵向比较，即将自己的现在与过去相比较来判断所获报酬的公平性。亚当斯运用社会交换理论的模型来阐述比较过程，具体如下：

1. 横向比较模型

$$\frac{Q_p}{I_p} ? \frac{Q_o}{I_o} \tag{4-1}$$

其中，

Q：*Output*，代表工作的产出，即分配的薪酬；

I：*Input*，代表工作的投入，即为获得薪酬的投入；

Q_p：自己对所获报酬的感觉；

Q_O：自己对他人所获报酬的感觉；

I_p：自己对所付出的感觉；

I_O：自己对他人的付出的感觉。

横向比较模型$\frac{Q_p}{I_p} ? \frac{Q_o}{I_o}$的结果，依据其符号来进行划分：

第一种情况：$\frac{Q_p}{I_p} = \frac{Q_o}{I_o}$。在这种情况下，人们感知到公平待遇。

第二种情况：$\frac{Q_p}{I_p} > \frac{Q_o}{I_o}$。在这种情况下，人们感到了对自己有利的不公平。

第三种情况：$\frac{Q_p}{I_p} < \frac{Q_o}{I_o}$。在这种情况下，人们感到了对自己不利的不公平，导致人们的工作积极性下降。

2. 纵向比较模型

$$\frac{Q_{pp}}{I_{pp}} ? \frac{Q_{pl}}{I_{pl}} \tag{4-2}$$

其中，

Q_{pp}：自己目前所获得的报酬；

Q_{pl}：自己过去所获得的报酬；

I_{pp}：自己目前的投入量；

I_{pl}：自己过去的投入量。

纵向比较模型$\frac{Q_{pp}}{I_{pp}} ? \frac{Q_{pl}}{I_{pl}}$的结果，依据其符号来划分：

第一种情况：$\frac{Q_{pp}}{I_{pp}}=\frac{Q_{pl}}{I_{pl}}$。在这种情况下，人们感知到公平待遇，激励措施基本公平。

第二种情况：$\frac{Q_{pp}}{I_{pp}}>\frac{Q_{pl}}{I_{pl}}$。在这种情况下，人们感到了对自己有利的不公平，但一般不会觉得报酬过高。

第三种情况：$\frac{Q_{pp}}{I_{pp}}<\frac{Q_{pl}}{I_{pl}}$。在这种情况下，人们感到了对自己非常不利的不公平，导致人们的工作积极性下降。

由上述分析可以看出，公平理论更倾向于对分配结果是否公平进行判断，评判的结果应是对“结果公平”的感受。经过比较后，如果员工认为薪酬分配是公平的，他就会感知到满意，并将在分配过程中采取一定的措施，以维持这种公平或者对自己更加有利的分配结果；经比较后如果员工认为薪酬分配结果是自己遭遇到了负的不公平（即对自己不利），由于人们对自身不利的不公平更加敏感，则会通过改变自己的行为来表达自己的不满意，往往这种行为是通过在分配过程中采取一些措施来摆脱对自己不利的处境，即通过调整分配过程来使分配结果对自己更加公平。

综上所述，员工采取措施通过促进分配过程公平来改变分配结果不公平的状态。公平理论认为，员工在感受到不同的结果下，将采取不同的行为。人们对公平的反应有以下几种：第一，改变自己的投入。如果认为对自己不公平，那么就会减少自己的投入，如劳动时间的投入、劳动效率的投入等。相反，如果感受到公平，则会保持自己的投入，使公平也保持下去。第二，改变自己的收益。如果感受到不公平，则员工采取一些行动争取获得更多的产出。如果感受到获得了对自己有利的不公平，那么通常也会采取一些行动对多出的利益进行补偿，但是不会退回多得的利益。第三，改变他人的投入量。如果感受到不公平，则会通过使他人增加投入量以求恢复公平性状态，如果认为自己获得了多余的利益，可以通过减少他人的投入量以求恢复公平性状态。第四，改变他人的收益。如果感受到不公平，则会通过减少他人收益以求恢复公平性状态。第五，离开当前的工作环境，寻求其他环境的公平分配。

二、中国企业年金制度价值理念的认知测度

（一）调查问卷设计与调查思路

基于公平理论，如果要度量员工对企业年金制度价值理念的认知，可以通过员工对企业年金制度的公平性和效率性的感知来得到。测量时需要认识到三点：其一，企业年金制度是一种薪酬制度，员工对企业年金制度的认知需要从薪酬角度着手；其二，员工对企业年金制度价值理念的认知，反映的是员工的主观意识，是带有员工评判标准的认知；其三，员工对企业年金制度的认知分为进入资格、缴纳费用、领取待遇三个方面。综合以上三点，对员工进行调查研究，需要从员工对年金薪酬公平性角度进行主观感知的调查分析，并且要考虑到对年金制度的不同阶段的认知情况。

现阶段国内学者对企业年金价值理念的分析还非常鲜有，大部分相关的研究只是定性地研究了企业年金制度应该是以效率优先还是首先追求公平，关于员工对企业年金制度的价值认知和对现状是否满意等状况的研究，目前还比较欠缺。笔者对此设计了有关价值理念认知的若干问题，希望通过这些数据来解释和分析员工对企业年金制度价值理念的认知情况，从而为建立和推广科学的价值理念提供研究基础。

为了全面了解员工对企业年金制度的看法，本书的调查对象既包括已经建立年金计划的企业，也包括未建立年金计划的企业。但是由于企业年金计划只在很少的企业中得以建立，在没有建立年金计划的企业中，很多员工都不了解企业年金是什么，更无从回答自己对企业年金的看法，所以在实施调查时，以企业的中高层管理者为调查对象，这样就提高了调查的有效性。

有三个因素限制了调查样本量：一是由于调查的对象为企业，答卷人必须为熟知企业福利政策甚至是企业年金的中高层管理人员，而这部分人员在企业中通常是管理层人员，较难联系和调查到；二是由于担心泄露企业核心数据，愿意提供本企业实际数据情况的企业也比较少，大部分调查得到的问卷都是通过一定途径联系到的企业，而非随机抽样得到；三是本研究的对象

是企业年金制度，在调查时必须有足够数量的、已经建立年金计划的企业入样，而我国目前建立年金计划的企业不足全部企业的1%，所以搜寻目标企业比较困难。以上三个因素制约了调查的广泛性。在经过长期努力和沟通后，共搜集到有效问卷243份，其中有107份来自已经建立年金计划的企业。这些被调查的企业样本分布在全国各地和多个行业，既有一定数量的企业已经建立了年金计划，又有未建立年金计划的企业，因此，对样本分析得到的结果具有较大的分析价值。

考虑到企业的经济类型、企业所在的行业、企业的职工人数规模、企业的经营效益、企业的地区经济发展水平等因素都可能影响到企业对制度的价值理念的认知情况，因此，在分析的时候这些因素也应一并考虑进来。问卷中设计了如下几个有关对企业年金制度公平性的认知的题项：

题项1：企业的经济类型、行业、企业人数规模、近五年经营效益。

题项2：对我国的企业年金制度的了解程度。

题项3：企业年金制度的公平与效率哪个方面更重要？

题项4：是否建立了企业年金计划？

题项5：是所有已经签订正式劳动合同的员工都必须参加吗？

题项6：是否对低收入人群在年金计划上进行了补偿？

题项7：年金计划是否设置了员工缴费封顶线？

题项8：年金计划能够体现向重要员工倾斜吗？

题项9：年金计划是否充分考虑了员工的需求？

题项10：年金计划公平性得到员工认可程度。

（二）调查数据分析与结论

通过对以上问题进行基本的描述统计分析，得到如表4–4所示的描述统计分析表，其中1~4题是对所有被调查企业的调查，5~10题是仅对建立了年金计划的企业的调查。（由于篇幅限制，题项1中涉及的行业、规模、近五年盈利情况等不在表中一一列出）

表4–4　对价值理念的描述统计

调查内容	选项	频率 /%	调查内容	选项	频率 /%
1. 经济类型	国有控股或独资	33.7	7. 是否设置了员工缴费封顶线	没有设置	25.8
	外资	22.2		设置了	23.7
	中外合资	6.6		不清楚	50.5
	集体	3.3	8. 体现了向重要员工倾斜	非常不同意	14.6
	私营	29.6		不同意	10.4
	其他	4.5		稍微不同意	15.6
2. 对企业年金制度的了解程度	非常了解	2.5		无意见	17.7
	比较了解	13.2		稍微同意	19.8
	一般了解	41.2		同意	18.8
	比较不了解	34.6		非常同意	3.1
	非常不了解	8.6	9. 年金计划充分考虑了员工的需求	非常不同意	14.6
3. 价值理念	公平	25.1		不同意	10.4
	效率	20.6		稍微不同意	15.6
	一样重要	49.8		无意见	17.7
	都不重要	4.5		稍微同意	19.8
4. 建立年金计划情况	已经建立	30.5		同意	18.8
	以前建立后取消	0.8		非常同意	3.1
	正在建立中	9.9	10. 计划公平性得到员工认可	非常不同意	7.3
	有建立的意向	16.0		不同意	5.2
	根本不会考虑	14.4		稍微不同意	15.6
	以后看情况再定	28.4		无意见	20.8
5. 是否所有正式员工都参加	是，所有人强制参加	53.6		稍微同意	15.6
	不是，是企业领导指定	12.4		同意	27.1
	不是，是员工自愿参加	34.0		非常同意	8.3
6. 是否对低收入人群补偿	是	18.8			
	无	40.6			
	不清楚	40.6			

注：表中部分频率值汇总不完全为100%，是由于四舍五入造成的计算偏差。

对以上问题进行深入分析，可以得到以下结论：

1. 对于调查总体来说，企业管理层对企业年金制度的价值理念认知情况差异较大

在所调查的企业中，对企业年金价值理念认知存在较大的差异。认为企业年金制度公平优先、效率优先、一样重要、无所谓的企业比例分别为25.1%、20.6%、49.8%和4.5%。本书还调查了企业对基本养老保险制度的价值理念，发现4个答项的比例分别为33.3%、11.9%、51.4%和3.3%。由此可见，员工认为基本养老保险要比企业年金更具公平性，企业年金要比基本养老保险更具效率性。这种看法是合理的，因为依据基本养老保险和企业年金分别在养老保障体系中的定位，基本养老保险要比企业年金制度更加注重公平。

2. 建立年金计划的意愿程度与企业年金价值理念有显著的相关性

除去没有建立年金计划的企业，随着建立年金计划意愿的增强，企业越来越关注企业年金制度的公平性。对题项3和题项4进行交叉分析，得到图4–3（由于题项4中选择“以前建立后取消”答项的只有2个企业，忽略该统计数据）。从图中可以看出，无论对于哪种意愿程度，选择最多的都是“企业年金计划应该兼顾公平与效率”，但是将“公平”和“效率”分别来看，已经建立、正在建立、有意向建立年金计划的企业，对公平的关注度逐渐递减，对“效率”的关注度有所上升。在调查的企业中，已经建立、正在建立、有建立意向的企业对公平的关注度是递减的，分别为33.78%、20.83%、10.26%，说明不同意愿的企业，希望企业年金制度达到的目标有所不同。已经建立年金计划的企业，认为公平比效率重要，而正在建立、有意向建立的企业则认为效率比公平重要。这种差异说明有建立年金计划意愿的企业更期待年金的效率性，希望通过年金制度能够发挥效率，为企业带来更多的人才、环境和利润，而已经建立年金计划的企业则更希望通过企业年金发挥公平性，获得企业内部员工的广泛认可。

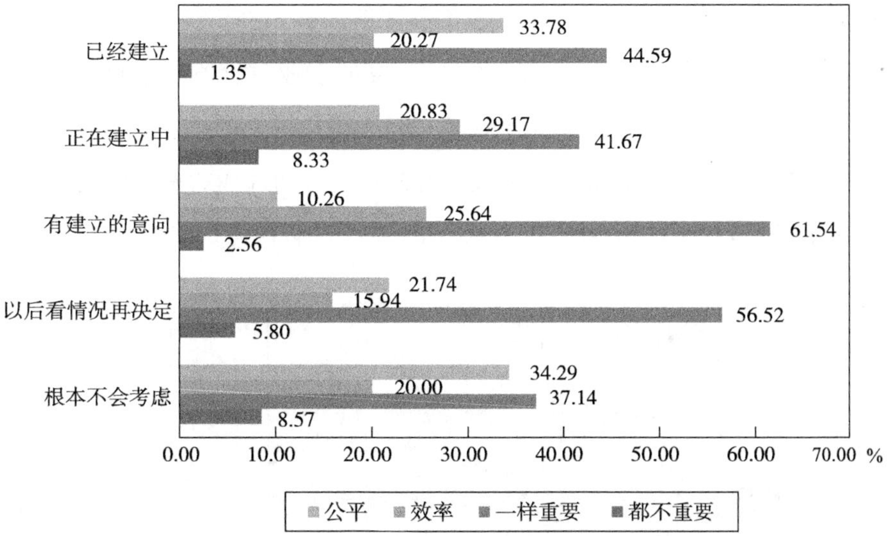

图4–3　企业年金制度建立意愿与价值判断的关系

3. 对企业年金制度的了解程度与企业年金制度价值理念有显著的相关性

对企业年金制度越了解，企业年金制度价值理念越向公平性倾斜。为了了解企业对企业年金制度的了解程度是否会影响其对价值理念的判断，本书提出假设：对企业年金制度的不同的了解程度对价值理念的判断无显著影响。以“认为公平与效率哪个更重要”和“对企业年金制度了解程度”作为两个类别变量，构建一个列联表（第一个问题共有4个选项，第二个问题共有5个选项，构成4×5的列联表），进行卡方检验，得到表4–5。

表4–5　卡方检验结果

	值	df	渐进 Sig.（双侧）
Pearson 卡方	43.791a	12	0.000
似然比	29.615	12	0.003
线性和线性组合	8.660	1	0.003
有效案例中的 *N*	243		

从卡方检验表可以看出，Pearson卡方检验、似然比检验、线性和线性组合检验结果分别显示为0.000、0.003、0.003，显然拒绝了以上假设，即认为企业对企业年金的了解程度对价值理念判断有显著的影响，不同的了解程度在选择

价值理念方面显著不同。进一步分析不同了解程度选择价值理念的频数分布，得到图4-4。通过该图可以看出不同了解程度的企业对价值理念的选择显著不同，例如，非常了解的管理者选择最多的价值理念是公平，比较了解的管理者则选择的是效率，而一般了解和不太了解的管理者则选择的是一样重要，非常不了解的管理者对企业年金制度的价值理念基本没有任何认识。

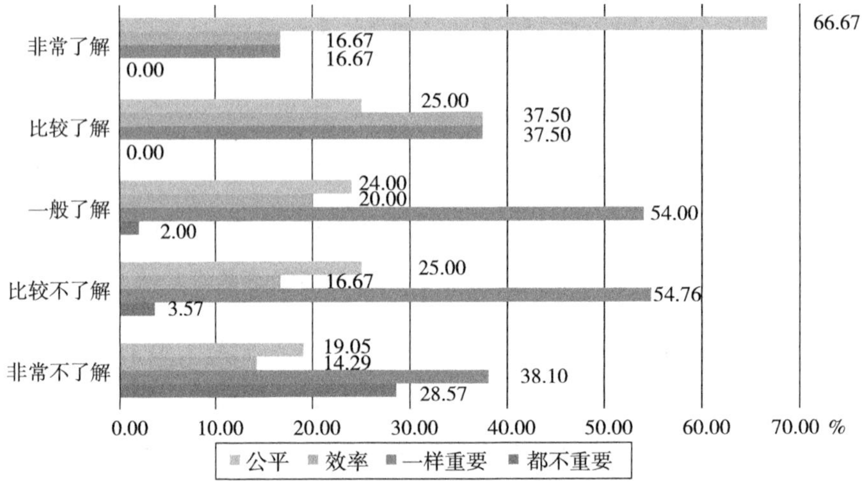

图4-4　对企业年金制度了解程度与价值判断的关系

4. 年金计划的公平性与企业年金制度的价值理念之间没有显著相关性

为了了解企业在制订年金计划时，是否以管理层对企业年金制度价值理念为指引，本书作出假设：企业在制订年金计划时不受管理层的价值理念的影响。由于管理层对企业年金价值理念的判断主要集中在公平性和效率性方面，因此在本书中设计了能够反映本企业年金计划的公平性和效率性的题项，即调查问卷中的题项5至题项10。

与上面的处理方法相同，分别做题项5至题项 10与“企业年金制度公平与效率哪个方面更重要”的列联表，进行卡方检验，得到6个卡方检验表，但是每一个卡方检验表中的Pearson卡方检验、似然比检验、线性和线性组合检验结果均大于0.1，无法拒绝原假设，即认为本企业年金计划的公平性与管理层对价值理念的判断无显著的相关性，由此得出推论：

（1）企业在制订年金计划分配方案时不受管理层的价值理念的影响。

（2）管理层对企业年金制度价值理念的判断也不受本企业年金计划分配公平性的影响。

以上两点推论恰恰说明了管理层对企业年金制度的价值理念的认知是模糊不清的，他们在制订本企业的年金计划时没有以特定的价值理念作为指引，使得年金计划在设计和实施时缺乏相关的价值认知，理论与实践相脱节。没有理论的实践是盲目的实践，而错误的实践更会起到阻碍作用，因此，建立科学的企业年金制度的价值理念是年金计划设计成功的保障。

对问卷数据进一步分析发现，虽然企业年金计划的公平性与企业年金制度的价值理念之间没有显著相关性，但不同企业的年金计划在分配公平性方面却存在较大差异，这可以通过对年金计划的起点、过程与结果三个方面公平性进行分析得到。本研究主要调查的是管理层对年金计划的起点和结果是否公平的认知，这是因为过程环节主要是投资分配和年金是否可携带。目前，我国企业员工基本没有投资选择权，也就是说在一个企业里，所有参与年金计划的员工基本上都采取一种投资方案，投资回报依据年金额度按比例分配。此外，年金的可携带性也反映了过程的公平性，但是年金计划中对可携带性的规定对于所有员工都是适用的，所以过程环节基本是公平的。

起点公平性的衡量包括题项5至题项9，结果公平性的衡量为题项10，具体调查结果已经在表4-4中列出。“是否所有正式员工都参加”题项的回答中只有53.6%的企业回答“是”，还有12.4%的企业完全是由企业领导决定参与计划的员工，还有部分企业是由员工自主选择，比例达到了34%。这个结果与预期结果不符，对于单个企业而言，虽然企业年金一般都贯彻普惠制的思想，仅仅要求员工在该企业工作满足一定期限，对其他条件的约束非常少，但实际操作中，还是有部分企业的参加员工比例较低，国家对参加人数比例并没有强制限定，使得部分企业在建立年金计划时考虑了很多其他变量，例如，员工的岗位、职务、职称、个人的贡献度或者其他因素，而将一部分员工排除在外。造成这个结果的原因还可能是未建立年金计划的企业管理层对这个问题的认识不清，将非正式员工纳入统计范围；题项“年金计划考虑员工的需求程度”回答中累计有40.6%的企业认为没有充分考虑，41.7%的企业认为考虑到了，结果基本持平；大部分企业都没有对企业内收入特别低的群体进行年金补偿，但是却向重要员工作出倾斜；样本企业中有23.7%的企业设置了员工缴费封顶线，25.8%没有设置，没有设置缴费封顶线可能会使企业领导层随意分配年金的情况发生，造成企业内部的不公平。在调查中还发现，有些企业的员工最高缴费和最低缴费竟然相差10倍左右；如果企业年金制度的起点与过程存在不公平，那么结果也会存在不公平。非常同意、同意和稍微同意本企业年金计划是公平的企业共计为51%，一般公平的企业共计20.8%，认为本企业年金计划不公平的企业共计28.1%，说明达到一半的企业对本企业的年金计划公平性比较认可，但是也有企业对本企业的计划公平性持否定态度。

5. 企业的经济类型、行业类型等对企业年金制度的价值理念选择并没有显著影响

与上述分析方法相同，研究发现，企业的经济类型与企业年金制度的价值理念选择之间的相关性并不强，也就是说，企业无论是国有、集体、外资、合资等中的哪种类型，都和企业的价值理念选择相关性不大。

总结以上分析结论，从微观角度来看，企业管理层对企业年金制度的价值理念的判断存在较大的差异性；建立年金计划的意愿程度与对企业年金制度的了解程度影响了企业年金制度价值理念的判断；但是企业的自然特征并不影响企业年金制度价值理念的选择，例如，经济类型、行业、企业人数规模、近5年经营效益情况等；人们对企业年金计划内部的不公平性看法并不影响其对企业年金制度的价值理念的选择。

第四节　研究结论

影响企业年金价值理念判断的原因分为宏观和微观两个方面：宏观因素包括基本的社会经济状况、劳动力市场与就业状况、资本市场状况、社会保

障制度体系现状、社会保障制度改革方向、文化传统等因素；微观因素包括制度设计与实施状况、建立年金计划的意愿程度和对企业年金制度的了解程度等。由于在前文中已经从理论和现实情况两个方面对影响企业年金制度价值理念的宏观原因进行了阐述和分析，此处不再赘述。本书从微观角度出发分析影响企业年金制度价值判断的原因。

1. 人们对企业年金制度定位认识模糊不清影响企业年金制度价值理念的选择

在过去的十几年里，由于企业年金制度缺乏统一的价值理念，其在养老保障体系中的定位不够清晰，定位不清的问题又进一步使得价值理念更加模糊，这表现在政府、企业和员工三方参与主体对企业年金制度作用的认识不到位，所以他们在指导、参与和实施企业年金制度方面都存在错误的理解和行为。

政府方面：过去由于政府对企业年金性质的认识不清，定位依旧不明，政策界限比较模糊，因此，没有充分发挥政策引导和监督调控的作用。

企业方面：企业管理人员对企业年金的认识存在偏差。他们一是担心建立企业年金会加大企业支出、影响利润；二是看不到企业年金所产生的经济效益和社会效益。例如，有人认为，企业为社会基本养老保险、医疗保险等已缴纳较高费用，建立企业年金将进一步增加企业负担，企业没有责任支付这笔费用；还有人认为，与其让职工未来才能享受到企业年金的福利，还不如直接给职工发放住房公积金或者奖金等即期福利，后者的激励效果更明显。

员工方面：企业员工的年金观念普遍淡薄，缺乏对制度性养老的基本认识。长期以来，我国企业员工大多信奉“养儿防老”“储蓄养老”，缺乏制度性养老观念，而且对企业年金还存在种种错误认识。不少地区的企业和有条件的企业尚未开展企业年金工作，退休人员对国家基本养老保险还存在严重的依赖性。由于企业年金的设立旨在为将来提供保障，对于员工而言，它不像眼前的收益，看得见摸得着，并且员工认为企业年金的主动权完全掌握在企业手中，所以并不太关心年金制度。

2. 企业年金制度的建立意愿程度影响企业年金价值理念的选择

由上面的分析得到结论，对于有意愿建立、正在建立中、已经建立年金计划的企业，随着建立年金计划意愿增强，企业越来越关注企业年金制度的公平性，这反映了年金计划不同实施阶段的企业对企业年金制度的期望是不同的。有意愿建立但尚未建立年金计划或者正在建立年金计划的企业认为效率比公平更重要。这主要是因为广大企业建立年金计划的动力主要源自两个方面：一是企业年金的人力资本投资作用，二是税收优惠政策带来的激励作用。企业年金有利于吸引和留住优秀人才，这是被发达国家已经证明了的事实，我国企业也希望能够通过提供年金计划来吸引更多行业内的优秀人才，使本企业能够在行业竞争中赢得一席之地；由于有税收政策激励，建立年金计划可以为企业节省成本，因为企业缴费部分可以部分列入成本，对员工来说也可以延期到退休后再纳税或者减免部分税款，这都是可以激励企业和员工参加年金计划的有效手段。没有效率的年金计划是无法在以利润最大化为目标的企业中建立的，因此，在还没有建立但是准备建立年金计划时，企业对企业年金制度的效率性的期待是比较高的。

反观已经建立年金计划的企业，它们认为公平更加重要，因为年金计划在实现一段时间后，计划中的多项不公平性逐渐凸显出来，管理层必须着手解决公平性问题，才能获得更多的员工的支持。依据公平理论，当员工感到遭受到了不公平的待遇时，有可能采取多种影响企业利益的行为，当不公平性影响到很多员工的工作积极性，并且制约了企业的生产力提高时，企业就有必要重点解决年金计划的内部公平性问题。

3. 管理层对企业年金制度的了解程度影响企业年金制度价值理念的选择

本书的调查对象均设定为企业的中高层管理人员，但是调查发现，很多企业的中高层管理人员对企业年金制度还不是非常了解，即便是已经建立了年金计划的企业，只有企业年金计划的主管对企业年金了解程度稍高，其他管理人员对年金计划的了解还停留在一个较低的水平上。与此相比，他们对基本养老保险则要清楚得多，这说明在我国现阶段，企业年金制度的地位与基本养老保险相比还相差很多，企业年金制度的相关知识和价值理念的普及还远远不够。由于普及的广度和深度都不够充分，从政府到企业再到普通员工，都对企业年金制度还不是很熟悉，有些企业员工尽管知道自己参与了年金计划，但对它是一项什么计划，如何实施的，如何进行投资管理的，等等，都一无所知。

对企业年金制度了解程度不够的原因可以从制度供给与制度需求角度来寻找。从制度供给方面来说，政府的制度供给力度不够充分。在我国推出企业年金制度很多年之后，发展依旧缓慢，这是因为政府没有足够重视企业年金制度，从税收优惠政策的制定和出台就可窥见一斑，被广大学者视为具有极大激励作用的税收优惠政策，在很多年后才开始出现，并且优惠力度也低于人们的预期。从制度需求方面来说，企业和员工对企业年金制度的双方面需求均不足。在年金计划中，存在严重的信息不对称，由于占收入比例过小，员工们通常不太关心自己的年金基金情况，再加上企业方在进行管理和投资时往往是独自决策，员工们既没有做出分配规则的权利，也没有投资决策的权利，甚至缺少实现有效监督权的途径，他们迫不得已也只能够听之任之。正是由于金额少、过程被屏蔽，员工熟不熟悉、关不关心年金计划都会是一样的结果，他们自然缺乏了解企业年金制度的动力。政府宣传力度不够、企业推广力度欠缺，员工缺乏了解的动力，都导致人们对企业年金制度所知甚少，从而影响了企业年金制度科学价值理念的构建。

4. 企业年金制度价值理念宣传的指引作用影响企业年金制度价值理念的选择

马克思主义哲学指出，实践是理论的基础，理论对实践有反作用，科学的理论对实践具有积极的指导作用，错误的理论则对实践具有阻碍作用，没有理论指导的实践是盲目的实践。从调查问卷着手，分析年金计划的公平性与企业年金制度的价值理念之间的关系，得出两点结论：一是企业在制定年金计划分配方案时不受管理层的价值理念的影响；二是管理层对企业年金制度价值理念的判断也不受本企业年金计划分配公平性的影响。这两点结论都说明了目前我国的企业年金计划的设计和实施都缺乏科学的价值理念理论指引，而价值理念的理论又由于实践中没有对其进行检验和发展而处于停滞状态。企业年金制度理论与实践相脱节的后果就是我国的企业年金制度安排背离了理论方向，存在一些不合理之处，这些不合理之处从宏观来看就是企业年金制度的制度安排在不同的地域、行业、企业、群体间存在不公平性；从微观角度来看就是企业年金计划制定中分配方案存在不公平性，这个问题已经成为制约企业年金制度发展的一大障碍。

第五章　企业年金制度可持续发展的企业影响因素分析

诺思曾在《制度、制度变迁与经济绩效》一书中对“制度”和“组织”两者之间的关系作出分析，认为制度和组织（企业）一样，都为人们的相互交往提供某种结构，但是，由于由制度框架引起的成本不仅来源于制度框架本身，而且来自这一制度框架下所发展出来的组织，所以“制度”和“组织”的概念不相同。组织的存在是为了实现某一目标，如果制定的制度阻碍了组织的目标的实现，那么组织会对这个制度进行改进，促进制度变革，所以“组织是制度变迁的动因”①。企业是企业年金制度的需求主体，影响着企业年金制度的变迁，因此，有必要从组织角度（即企业）对企业年金制度进行分析。本章以企业为研究对象，利用上市公司数据，分析企业参与企业年金制度决策的影响因素，为企业年金制度的可持续发展提供企业视角的政策需求依据。

第一节　企业参与企业年金制度决策的理论分析

一、期望理论与税收优惠理论

（一）期望理论

期望理论也称为“效价—手段—期望”理论，是由北美心理学家和行

① ［美］道格拉斯·C.诺思.制度、制度变迁与经济绩效［M］.上海：格致出版社，上海三联书店，上海人民出版社，2014：87.

为科学学家维克托·弗鲁姆于1964年在《工作与激励》中提出的。期望理论的基础是：人之所以能够从事某项工作并达成组织目标，是因为这些工作和组织目标会帮助他们达成自己的目标，满足自己某方面的需要。由于企业组织可以被看成是一个经济个体，所以这个概念也适用于企业或其他集体。

人们采取某项行动的动力或激励力的大小取决于其对行动结果的价值评价和预期达成该结果可能性的估计，即激励力的大小取决于该行动所能达成目标并能导致某种结果的全部预期价值乘以自己认为达成该目标并得到某种结果的期望概率。其中，期望价值就是指个人判断自己达到某种目标或满足需要的可能性的主观概率。目标价值大小直接反映人的需要动机强弱，期望概率反映人实现需要和动机的信心强弱。

弗鲁姆认为，人总是渴求满足一定的需要并设法达到一定的目标。这个目标在尚未实现时，表现为一种期望，期望的概念就是指一个人根据以往的能力和经验，在一定的时间里希望达到目标或满足需要的一种心理活动。但是期望并不等于现实，弗鲁姆认为，期望与现实之间一般有三种可能性，即期望大于现实、期望小于现实、期望等于现实。在正强化的情况下，这三种可能性对于人的积极性或者组织的积极性是不同的：

（1）期望大于现实。当个人或者组织的期望值大于现实情况，则有助于提高个人或组织的积极性，如给个人增加工资、提高职位、提供福利等，或者给组织带来更多的盈利机会或利润。在这种情况下，能够增强个人或组织继续下去的信心，使个人或组织坚持原来的工作行为。

（2）期望小于现实。当现实中的工作行为结果并没有达到个人或组织的期望，就会使个人或组织产生挫败感，工作积极性遭受打击，对激发力量产生削弱作用，个人或组织失去继续工作的动力。

（3）期望等于现实。即个人或组织努力的结果恰好是他们所期望的结果，在这种情况下，也有利于提高个人或组织的积极性，但如果后续没有继续给予新的激励，那么个人或组织的积极性将维持在原有水平。

企业参与企业年金制度的目的之一，就是企业期望能够通过建立企业年金计划来达到自己的经济目的和承担对员工的责任。

（二）税收优惠理论

税收优惠是指为了配合国家在一段时期的政治、经济和社会发展总目标，政府按预定目的对某些特定的课税对象、纳税人或地区给予的税收鼓励和照顾措施，是政府调控经济的重要手段。之前，税收一直被认为是政府获得财政收入的工具，后来国家开始逐渐意识到通过税收优惠减少某方面的税收会对这方面的经济活动起到一定的促进作用。国家采取税收优惠制度的原因有所不同，但基本上都是出于政治、经济、社会三方面的需要。税收优惠的实质是政府的一项“财政支出”，与没有采取税收优惠政策时的税收相比，税收优惠政策会减少政府的税收收入，减少的这部分收入可以被认为是税收优惠政策的付出成本，也被称为“税收支出”。

税收优惠作为政府干预经济的手段通常是因为市场经济运行下出现“市场失灵”的状况。“市场失灵”是在市场经济下由于社会资源没有得到有效配置而出现的一种情况，它是由信息不对称、市场垄断、收入分配不公等现象引起的。当存在“市场失灵”时，单独依靠市场的“有形之手”进行调节已经远远不够，这时候需要政府的介入和干预，来纠正“市场失灵”，解决社会资源配置不合理问题。例如，我国的中小企业发展问题。我国的中小企业由于资金规模小、研发能力弱、市场竞争力较低，一直处于产业链的下端，没有实力改变劳动密集型的企业特征，政府则可以通过税收优惠政策来扶持中小企业的发展，对高新技术中小企业给予税收优惠，减轻企业税收负担，促使企业将更多的资金投入到科技研发中，从而带动我国的产业升级，优化产业结构。

税收优惠有不同的表现形式，主要包括税收减免、税收豁免、税收扣除、税收抵免、优惠税率、延期纳税、加速折旧、盈亏相抵、优惠退税等。我国的税收优惠一般采取直接优惠，并以所得税优惠为主。

税收优惠作为税收制度和税收政策的重要部分，其作用越来越大。国家根据社会经济形势发展变化的需要，配合宏观经济政策和社会发展目标，及时制定和调整税收优惠政策，有利于充分发挥以税收促经济增长、调整经济结构、保持社会稳定等方面的作用。尽管税收优惠政策对于企业年金的推行与发展必不可少，但是它的执行力度大小导致的实施效果好坏却是千差万别。总结起来，其正负效应主要有以下几个方面：

税收优惠的正面效应包括：①税收优惠可以鼓励某些行业或事业的发展，刺激某些有利于经济发展的行为。例如，对某些投资免征税款可以加快这方面的投资（如鼓励高新技术产业企业进行技术投资）、对国内的某些消费减免税款可以刺激国内消费（如对房产减免契税）、鼓励储蓄（如免收利息税）、吸引外资（对外资企业施以更低的企业所得税）。②税收优惠可以照顾某些弱势群体。例如，可以通过减免税款鼓励大学生创业，对低收入人群减免税款。③税收优惠可以对市场失灵起到纠正作用。例如，在股市交易非常低迷的时期，可以通过降低利息税或印花税来刺激股市交易；当农产品价格过低损害农民利益时，通过减免税款以降低农民负担。

税收优惠的负面效应包括：①造成社会不公平现象。在对某行业、某地区实施税收优惠的情况下，往往是基于效率的角度，而不是公平的角度，这样就会导致社会不公平现象。以企业年金为例，不是人人都能够享受到税惠政策，所以个人所得税方面就存在某种程度的不公平。②为了某些利益团体的利益，税收优惠政策可能会被用于不合理避税或逃税。例如，我国建立企业年金的大部分是国有垄断企业，这些企业可能会“寻租”，向当地政府寻求更大的税收优惠力度，导致国家财政受损。所以统一的或有限额的税收优惠政策是税收优惠政策顺利实施的保障。③减少国家财政收入。无论税收优惠的力度大还是小，税收优惠政策的实施总是会造成财政收入的减少。此外，政府税收部门监督不严，或是相关法律法规不健全，都有可能导致税收流失。④实施税收优惠政策会加大政府的监督成本和税收政策执行成本。由于政府需要对税收优惠政策的实施进行监督，以防止税收优惠政策被用到不合理的领域，政府也需要投入更多的力量对纳税人和相关机构进行监督。另外，税收优惠是在原有税收制度上的一个新的改变，这个改变要求税务部门能够及时进行工作调整，建立相应的执行方案，这无疑会增加税务部门的负担，使监督成本和税收成本都明显上升。

二、企业参与企业年金制度的动因

基于期望理论和税收优惠理论可知，企业具有参与企业年金制度的动力。企业作为一个经济实体，其经营的根本目的是获得最大化利润，为了使利润最大化，企业通常会采取若干手段来达到这个目的。例如，提高职工的工作积极性、提高技术含量、减少人力与管理成本、减少生产成本、规避或降低税收等。企业提供企业年金正是由于企业年金能够帮助企业实现利润增加的目的，如果企业年金只是一种薪酬分配方案，那么企业就没有建立企业年金的动力。企业年金可以通过若干途径来达到为企业增加利润的目的，如降低劳动成本、提高生产效率、维持职工队伍稳定、吸引优秀人才等。概括起来，企业年金帮助企业实现该目标的途径主要有三个：提高劳动效率、降低人员流动率和减少税收。

（1）促使劳动生产率提高。企业年金一直就是西方发达国家用于提高企业劳动生产力的重要手段。首先，企业年金制度是一种激励机制，其对职工的激励体现在薪酬递延支付方式上。递延薪酬的中心思想是企业为了激励职工更努力地工作，把一部分现期薪酬延期至职工退休后，并且制定规则，如果职工没有满足为企业工作的若干条件，就将接受惩罚，损失这部分资金，如果职工满足了企业规定的条款，就可以在退休后享有这部分资金，这部分资金就是被延期支付的薪酬。企业可以通过建立年金计划来增加职工的努力程度，从而提高劳动生产率。此外，企业年金积累额高低会影响到职工退休后的生活水平，而积累额与职工的缴费率息息相关，基于工资水平，收入较高的职工的缴费水平相应较高，而收入较低的职工的缴费水平就会相应较低，因此，职工会更加努力地工作来提升自己在企业中的地位和收入水平，从而促进整个企业劳动生产率的提高。

（2）降低职工流动率，提高企业凝聚力和竞争力。企业年金在发达国家出现的最初目的就是增加企业凝聚力和竞争力。现代企业管理制度中已经明确提出企业年金将企业与个人利益有机结合，可以使职工的长远目标与企业的长远目标统一起来，在以人才为本的时代和人才流动频繁的环境下，企业年金制度可以最大限度地挽留职工，充分调动职工的积极性、创造性、主动性以及增强职工对企业的忠诚度，也可以吸引更多具有综合素质和具有专业技术的人才为企业服务，增强企业的凝聚力和竞争力。例如，企业年金计划可以制定享有企业年金权益的工作年限以及权益大小的年限界定等条例来增强职工的工作忠诚度，减少跳槽现象的发生；也可以制定企业年金的缴费比率将职工与企业的利益紧密结合，以鼓励工作。

（3）合理避税减轻企业的工资负担。企业年金计划提供的退休金，是延期支付的劳动报酬，可以被看作“工资”的一部分。在国家的税收优惠政策下，企业为职工建立企业年金计划，一方面可以冲减企业当期的应税所得；另一方面，企业为职工缴的费用不作为职工当期应税工资。这种税收优惠政策已经在发达国家取得了成功。职工可以就这笔收入延期或免交个人所得税，从而减小对企业提高工资要求的压力。而职工在缴纳这笔费用时也不必立即缴纳相应的税费，而是递延到退休后再缴纳，因此，职工也乐于接受这种延期支付形式的工资。

第二节　企业参与企业年金制度决策影响因素的理论研究框架

一、企业参与决策影响因素的理论架构与指标选择

国外的企业年金制度出现较早，相关数据也比较完善，因此有很多外国学者对企业参与企业年金制度决策的影响因素进行了比较丰富的研究，这些因素包括外界环境、企业的规模、员工人数、所处行业、股东股权多少、工

会力量等。Tamborini 等（2013）研究了 2007—2009 年的经济衰退期间，规模、职业、特定行业的就业率等特征与职业养老金供款变化有关。[①]Dummann（2008）对德国职业养老金供给的决定因素进行了计量经济学研究，结果表明，职业养老金不仅取决于企业规模和行业等供给侧因素，还取决于个人社会人口学特征和人们的储蓄动机等需求侧因素。相对来说，中小企业比大企业要少、制造业比金融业要少、东德地区比西德地区要少。[②]Keune（2018）讨论了工会在奥地利、比利时、德国、荷兰国家职业养老金演变过程中的作用，研究结果表明，通过工会权利资源和偏好差异可以促进职业年金的发展，工会对职业年金发展程度的影响大小取决于工会对企业年金制度的看法和工会的能力大小，具体包括工会成员水平、工会集中程度、工会协调能力等。[③]Yoshida等（2012）研究发现日本 DC 型企业年金参保概率与职工人数、盈利能力、工会力量正相关。[④]对员工有高技能要求的领域（如金融服务业）和要求员工具有特定技能的行业（如制造业），职业年金的覆盖率通常较高，对一般技能要求较低的行业（酒店业），职业养老金的覆盖率通常很低（Wiß,2015；Fleckenstein et al.,2011）。[⑤⑥]

因为国内企业年金制度实施较晚，对企业参与企业年金制度的影响因素的实证研究较少，表5-1对国内的相关文献进行了梳理，并总结了企业参与企业年金制度的影响因素。

---

① Tamborini,C. R .,Purcell,P., Iams,H.M. The Relationship between Job Characteristics and Retirement Savings in Defined Contribution Plans during the 2007—2009 Recession［J］. Monthly Labor Review, 2013,136(5)：3-16.

② Dummann,K. What Determines Supply and Demand for Occupational Pensions in Germany?［J］. Journal of Pension Economics and Finance, 2008,7(2)：131-156.

③ Keune,M. Opportunity or Threat? How Trade Union Power and Preferences Shape Occupational Pensions［J］. Social Policy & Administration, 2018,3(52)：463-476.

④ Yoshida, K.， Horiba,Y. Determinants of Defined-Contribution Japanese Corporate Pension Coverage［J］. The Japanese Accounting Review,2012,2(1)：33-47.

⑤ Wiß,T.From Welfare States to Welfare Sectors：Explaining Sectoral Differences in Occupational Pensions with Economic and Political Power of Employees［J］. Journal of European Social Policy,2015,25(5)：489-504.

⑥ Fleckenstein, T., Saunders, A.M., Seeleib-Kaiser, M. The dual transformation of social protection and human capital： Comparing Britain and Germany［J］. Comparative Political Studie, 2011, 44(12)：1622-1650.

表5-1　企业参与企业年金制度决策的影响因素

文献来源	变量	一级指标	二级指标	具体衡量指标	数据范围或定义（度量方法）
张东旭（2017）①	因变量	企业年金		企业年金建立情况	参加 =1；未参加 =0
	自变量	付现成本	年金缴费成本	员工规模	ln（企业职工规模）
			企业融资成本	负债权益比	负债 / 所有者权益
				自由现金流	经营活动的现金流量净额 / 资产总额
		机会成本	企业投资机会成本	企业的托宾 Q 值	企业市场价值 / 重置成本
			激励机会成本	高管持股比例	ln（1+ 高管持股数量）
		风险成本	代理风险成本	大股东持股比例	第一大股东持股 / 总股数
				公司董事会会议次数	当年董事会会议次数
	控制变量	盈利状况	资产收益能力	总资产收益率	净利润 / 资产总额
			赋税情况	实际税率	所得税费用 / 利润总额
			资产规模	资产总计	ln（资产总额）
		企业性质	行业性质		国有企业 =1，其他 =0
			产权性质		垄断行业 =1，其他 =0
			是否是高科技行业		高科技行业 =1，其他 =0
朱铭来等（2015）②	因变量	企业年金	企业年金密度	人均企业年金	年度增加额 / 职工总数 ×100%
	自变量	成本状况	税收效应	企业所得税税率	原本：实际所得税税率 = 所得税 / 利润 调整：企业所得税税率 = 所得税 / 企业营业收入（调整原因：利润可能为负）
			外部融资效应	企业偿债能力	杠杆率 = 长期借款 / 净资产 ×100%
				企业信贷约束	实际利息率 = 利息支出 / 负债 ×100%

① 张东旭．企业年金参与决策的影响因素：理论框架与实证分析——来自 A 股上市公司的经验证据［J］．经济管理，2017，39（1）49-68.

② 朱铭来，于新亮，程远．企业年金决策影响因素研究——基于上市公司避税动机的实证分析［J］．保险研究，2015（1）：8-21.

续表

文献来源	变量	一级指标	二级指标	具体衡量指标	数据范围或定义（度量方法）
朱铭来等(2015)	控制变量	企业特征	规模效应	企业规模	原本：企业规模 = 在职员工人数 调整：log（企业总资产）（调整原因：避免内生性）
		员工博弈力度	人力资本	企业人力资本水平变量	企业大专以上职工数 / 职工总数
		高管决策力度	高管所得	高管持股数量	高管持股总数 / 企业总股数
		市场发展未来预期	企业的机会成本	企业市值	托宾 Q 系数变量 =（总资产 − 股权账面价值 − 递延所得税 + 股权市场价值）/ 前一期总资产
				研发费用	研发费用支出 = 研发支出 / 净资产
		企业自身特征	企业所有制形式	控股状况	国有 =1；非国有 =0
				合资状况	内资 =1；合资 =0
			行业	企业竞争力	共 15 个行业（4 个行业因数据少剔除）
			地区	企业发展程度	31 个地区
张东旭等(2017)①	因变量	企业年金缴费		企业年金缴费	当年人均缴费金额的自然对数
	自变量	行业同伴效应		行业平均缴费金额	行业内去除本公司的人均缴费的自然对数
		地区同伴效应		省份平均缴费金额	ln（省份内去除本公司的人均缴费）
	控制变量	企业特征	行业竞争程度	垄断行业	垄断行业 =1；非垄断行业 =0
			产权性质	产权性质	国有企业 =1；非国有企业 =0

① 张东旭，徐经长．同伴效应在企业年金缴费中的影响分析——来自 A 股上市公司的经验证据［J］．证券市场导报，2017（2）：21–27.

续表

文献来源	变量	一级指标	二级指标	具体衡量指标	数据范围或定义（度量方法）
张东旭等（2017）	控制变量	企业盈利情况	营业收入	营业收入情况	营业收入增长率
			企业规模	资产总额	ln（资产总额）
			资产收益	总资产收益率	净利润 / 资产总额
			经营现金流	经营现金流	经营活动的现金流量净额 / 资产总额
		企业成本情况	企业所得税	实际企业所得税税率	所得税费用 / 资产总额
			资产负债	资产负债率	负债总额 / 资产总额
		企业内部需求	管理层对年金需求	高管持股数量	ln（1+ 高管持股数量）
				第一大股东持股占比	第一大股东持股与总股数的比值
				董事长年龄	ln（董事长年龄）
郭磊等（2017）[①]	因变量	企业年金建立情况		企业年金参保	参保 =1；未参保 =0
	自变量	所有制	实际控制人	国企	国企 =1；非国企 =0
				中央部委	中央部委 =1；非中央部委 =0
				地方政府	地方政府 =1；非地方政府 =0
	控制变量	税收因素	实际所得税税率	实际所得税税率	所得税费用 / 利润总额（正相关）
		人力资源因素	平均工资	工资、奖金、津贴和福利	ln（年度职工工资总额 / 职工总人数）
			住房福利	住房公积金	住房公积金缴费 / 上一年度职工工资总额
			工会力量	职工人数	ln（职工人数）
		企业经营	盈利性	收益	资产回报率
				市盈率	每股市价 / 每股收益

① 郭磊，周岩，苏涛永 . 所有制影响企业年金参保的实证研究［J］. 管理评论，2017,29（4）.

续表

文献来源	变量	一级指标	二级指标	具体衡量指标	数据范围或定义（度量方法）
郭磊等（2017）	控制变量	企业经营	安全性	安全性	销售收到现金比率
				资产负债	总资产 / 总负债
			企业自身控制薪酬能力	资本密集度	总资产 / 营业总收入
				资产规模	ln（资产规模）

依据相关理论，借鉴上述文献研究，结合本书的内容构建企业参与企业年金制度决策的影响路径架构。企业年金是“有能力”并且“自愿”建立的，建立企业年金计划需要企业具有一定的经济实力并且有积极主动性。企业具有一定的“能力”，是指企业在依法参加基本养老保险、基本医疗保险等基础上，具有持续的盈利能力和支付能力，可以提供长期的企业年金计划；同时，企业管理层与员工双方都需要具备参与年金计划的意愿，然后在充分协商后共同决策是否参与年金计划。依据建立企业年金计划的条件，可以将影响参与企业年金决策的因素分为财务能力因素和参与者意愿因素两大类。此外，在我国宏观经济大背景下，企业的基本特征也会影响到企业的财务状况和参与者的意愿，进而影响到企业的参与决策，例如，企业是否是国有企业，是否处于垄断行业，企业的规模是否足够大等，这些因素都会影响企业的财务状况和参与者的意愿，所以这部分因素也需要被考虑进来。企业参与企业年金制度决策的影响因素及影响路径如图5-1所示。图5-1中标出了企业参与年金制度决策的基本路径，包括企业特征、企业财务能力和参与者意愿三个方面。除此之外，企业特征也会同时影响企业财务能力和参与者意愿，企业财务能力会影响参与者的意愿。

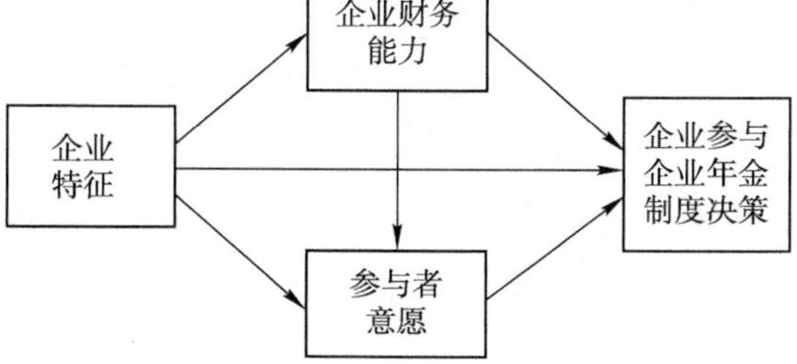

图5-1　企业参与企业年金制度决策的影响路径

由于上市公司的财务报告中比较详尽地报告了企业的各项财务指标，包括本研究所需要的企业特征、参与者意愿以及企业财务能力等指标，为本书的实证分析提供了样本数据，所以本书将以上市公司为研究样本，以下讨论都是基于上市公司财务报告中的指标进行的讨论。

（一）企业参与企业年金制度决策

在上市公司财务报表中，反映企业参与企业年金制度决策的指标可以用“是否已经建立年金计划”来度量，如果企业已经参加，代表企业的决策结果是已经建立年金计划，如果没有参加，代表企业的决策结果是未建立年金计划。

（二）企业财务能力影响因素

企业的财务指标体系非常庞大，而且指标间的关系错综复杂，如果将所有指标均纳入决策指标体系中，必然产生两个方面的问题：一是指标搜集困难，并且有些上市公司财务数据报告不全，数据缺失将会降低有效样本量，增加估计误差；二是指标间的共线性增加，有可能造成完全共线性或者严重的多重共线性问题，使得估计量标准差增大，变量显著性降低，检验统计量无效和预测失效。在选择指标时要考虑多方面的因素，选择基本思路如下：

首先，将反映企业财务能力的指标作为影响因素变量。企业的财务状况是约束企业建立年金计划的最根本因素，如果只有“意愿”而没有“能力”，就如同空中楼阁，所以，首先考虑的因素是企业自身的财务状况。财政部颁发的《企业财务通则》中指出，评价企业的财务状况，需要“评价企业的偿债能力、盈利能力、资产营运能力、发展能力和社会贡献”。而我们在评价一个企业是否“有能力”时，只需要使用四个能力指标即可。

其次，考虑到本书使用的是上市公司的年报数据，里面的四个能力指标还包括了多个二级指标，这些指标之间可能存在一定的共性。为避免变量间的多重共线性，选择的财务指标尽量少而精，因此，在借鉴前人研究的基础上，从上述四个能力指标体系及其他相关分析中选择了能够反映企业各方面能力的常用的具有代表性的指标，如表5–2所示。在选择指标时，通过Pearson相关性检验删除了相关性在0.95以上的指标变量，通过VIF检验考察了变量之间的多重共线性，所有变量的VIF值均小于10，检验结果表明，本书所采用指标变量之间的多重共线性并不严重，可以同时放入模型中。

表5–2　企业参与企业年金制度决策的财务影响因素

变量分类	变量名称	变量含义	度量方法	预期符号
盈利能力	*roe*	净资产收益率	净利润 / 平均净资产	+
	npm	销售净利率	净利润 / 营业总收入	+
	rop	人力投入回报率	息税前利润 / 总薪酬	+
偿债能力	*equity*	权益乘数	总资产 / 总股东权益	–
	cash_debt	现金债务总额比	经营活动产生的现金流量净额 / 总负债	+
	cash_revenues	销售收现比	销售商品提供劳务收到的现金 / 总营业收入	+
	long_debt	长期负债占比	长期负债 / 总负债	–
营运能力	*assetturnover*	总资产周转率	营业收入 / 平均总资产	+
成长能力	*growth*	净利润 3 年增长率	2014—2016 年 3 年利润同比增长	+
	assetsreturn	净利润收益率 3 年增长率	2014—2016 年 3 年净利润同比增长	+
息税负担	*interestrate*	利息率	利息费用 / 息税前利润	–
	tax	实际所得税税率	所得税 / 利润总额	–
企业风险	*debt_asset*	资产负债率	总负债合计 / 总资产	–
	asset	总资产	总资产	+
	pe	市盈率	每股市价 / 每股收益	–

最后，将息税负担和风险也考虑进来。对企业进行财务分析时，还需要考虑企业所承担的利息和税负，以及企业所面临的风险，这些因素影响了企业的长期盈利能力、长期支付能力和面临的风险。

依据上述选择财务指标的思路，将本书拟利用的指标变量列表如下：

“盈利能力”保留了3个指标，分别是净资产收益率（*roe*）、销售净利率（*npm*）、人力投入回报率（*rop*）。这些指标值越大，企业获利能力就越强，就越有能力为员工提供企业年金计划。*roe*为净资产收益率，反映企业所有者的投资回报率；*npm*反映企业销售获利能力；*rop*是人力投入回报率，体现了企业价值相比员工价值的高低，*rop*越大，企业获利能力越强，越有可能参与企业年金制度。

"偿债能力"包括权益乘数（*equity*）、现金债务总额比（*cash_debt*）、销售收现比（*cash_revenues*）和长期负债占比（*long_debt*）4个指标。*equity*是权益乘数，即资产总额是股东权益总额的多少倍，反映了企业财务杠杆的大小，权益乘数越大，说明股东投入的资本在资产中所占的比重越小，财务杠杆就越大，企业的负债程度就越高，偿债能力就越弱，越不利于参与年金计划；*cash_debt*是企业经营活动中年产生的现金流量与总负债相比，现金流量越大，说明偿债能力越强；*cash_revenues*为销售收现比，反映企业现金回收速度；*long_debt*为长期负债占比，反映企业长期负债占企业债务总额的比例，长期负债包括长期借款、应付债券、长期应付款和专项应付款，该比例越大，说明企业背负的长期债务越多，越不利于企业参与企业年金制度，因此预期符号为负。

"营运能力"中选取总资产周转率（*assetturnover*）指标，反映企业的总资产周转率。这个值越高，企业营运能力就越强，企业参与年金计划的动力就越大。

"成长能力"包括净利润3年增长率*growth*和净利润收益率3年增长率（*assetsreturn*）。对于净利润增长率和净利润收益率增长率，本书均采用的是2015—2017年3年的平均增长率，考虑到企业建立年金计划不仅依靠企业的基本财务情况，还会衡量长期收益及其增长情况，因此将3年增长率指标纳入模型中，而不是当年的增长率指标。

"息税负担"包括利息率（*interestrate*）和实际所得税税率（*tax*）。利息率是指企业承担的利息，实际所得税税率反映企业实际税收的情况，这两个指标越高，说明企业所承担的利息和税收越多，越不利于建立年金计划。

"企业风险"包括3个指标，分别是资产负债率（*debt_asset*）、总资产

（*asset*），以及市盈率（*pe*）。资产负债率越高，企业的风险越大，企业参与年金制度的可能性就越小，因此预期符号为负；总资产反映了企业的资产规模，规模越大，风险越小，企业越有能力建立年金计划；如果某公司股票的市盈率过高，那么该股票的价格就可能具有泡沫，价值被高估，风险就加大，企业建立年金计划的动机就小。

（三）参与者意愿影响因素

企业年金决策是管理层和员工双方博弈的结果，双方各自的意愿大小决定了企业最终的决策。表5–3将影响参与年金计划的管理层及员工参与意愿的因素进行了总结。

表5–3　企业参与企业年金决策的参与者意愿影响因素

变量分类	变量名称	变量含义	度量方法	预期符号
管理层意愿	*threemanager*	前三董事薪酬占比	金额前三董事薪酬 / 员工总薪酬	–
	threeexecutive	前三高管薪酬占比	金额前三高管薪酬 / 员工总薪酬	–
	firstmajor	第一大股东持股比例	第一大股东持股 / 总股数	+
员工意愿	*union*	工会组织	有工会 =1，无工会 =0	+
	labor	员工规模	员工总数	+
	highedu	高学历员工规模占比	大专以上学历员工数 / 员工总数	+

第一组变量为“管理层意愿”，包括前三董事薪酬占比（*threemanager*）、前三高管薪酬占比（*threeexecutive*）和第一大股东持股比例（*firstmajor*）3个变量。前三董事和前三高管薪酬占比越高，说明企业的薪酬分配政策越向高层管理者倾斜，同时，因为年金计划规定了企业年金的缴费上限，这笔缴费相对于他们的收入而言九牛一毛，他们对年金计划的拥有意愿就比较低，其积极性就无法调动，因此会阻碍企业参与年金计划的决策，预期符号为负；大股东持股比例越高，表明企业内的监督越有效，代理问题越可能被缓解，企业面临的风险成本越低，越可能建立企业年金计划。[①]

① 张东旭．企业年金参与决策的影响因素：理论框架与实证分析——来自 A 股上市公司的经验证据［J］．经济管理，2017，39（1）：49–68.

第二组变量为“员工意愿”，也包括3个变量：工会组织（*union*）（定义企业是否有工会组织）、企业的员工规模（*labor*）、员工中高学历者的比例（*highedu*）。这些变量也会通过影响员工和高管的意愿来影响企业决策。如果企业有工会组织，那么员工就能够通过工会与资方进行集体谈判，为员工争取更多的利益，建立年金计划的可能性就越大；企业的员工规模越大，员工的集体力量就越强大，在劳资双方谈判时就能够处于更有优势的地位，建立年金计划的可能性就大；员工的学历代表着员工各方面的能力，学历高的员工掌握了更多金融和养老方面的知识，更有远见，对未来有更优的规划。员工中高学历者将推动企业管理者作出参与年金制度的决策。

（四）企业年金特征影响因素

在我国现有经济体制背景下，国有企业在控制社会资源和社会资源分配方面具有优势，因此我国的国有企业大都规模比较庞大，在一些行业还具有垄断性质，所以，是否是国有控股或者是否处于垄断地位都影响了企业的财务能力和企业的参与意愿。另外，企业年金还具有群聚效应，即经济发达地区建立年金计划的企业比较多，而经济相对落后的地区建立年金计划的企业较少，所以还需要考虑地区因素。3个因素设定如表5–4所示。

表5–4　企业参与企业年金决策的企业特征影响因素

变量分类	变量名称	变量含义	度量方法	预期符号
企业特征	*control*	产权属性	国有控股 =1，非国有控股 =0	+
	monopoly	行业属性	垄断行业 =1，非垄断行业 =0	+
	province	地区属性	高收入地区 =1，低收入地区 =0	+

企业特征包括3个变量：产权属性（*control*）、行业属性（*monopoly*），以及地区属性（*province*）。在我国，已经建立年金计划的企业具有明显的企业特征，即国有控股、垄断行业、经济发达地区，因此变量的取值也依此来设定。一般来说，产权属性为国家控股的企业，更倾向于建立年金计划，垄断行业企业由于攫取了垄断利润，也更加倾向建立年金计划，因此预期*control*和*monopoly*影响为正；如果企业位于收入水平较高的地区，那么由于地区同

伴效应，企业也可能有更高的参与企业年金制度倾向。

二、企业参与决策的研究假设

根据本章研究目的、文献探讨结果、理论研究架构，以及选择的指标，本研究建立下列几点研究假设：

H1：企业财务能力对企业参与企业年金制度决策有显著影响。

H1a：企业的盈利能力影响企业参与决策。

H1b：企业的偿债能力影响企业参与决策。

H1c：企业的营运能力影响企业参与决策。

H1d：企业的成长能力影响企业参与决策。

H1e：企业的息税负担影响企业参与决策。

H1f：企业的风险影响企业参与决策。

H2：参与者意愿对企业参与企业年金制度决策有显著影响。

H2a：管理层意愿影响企业参与决策。

H2b：员工意愿影响企业参与决策。

H3：企业特征对企业参与企业年金制度决策有显著影响。

第三节　企业参与企业年金制度决策影响因素的实证分析

一、企业参与企业年金制度决策影响因素模型的构建

企业年金建立的基本条件是企业有能力建立企业年金计划，企业参与企业年金制度决策更多地取决于企业自身的财务能力，因此本书以企业财务能力作为核心变量，同时，考虑到参与者意愿和企业特征也会影响企业的参与决策，将参与者意愿和企业特征作为控制变量。依据上述文献研究和理论框架，构建如下模型：

$$pension=c+\beta_1 roe+\beta_2 npm+\beta_3 rop+\beta_4 equity+\beta_5 cash\_debt+$$

$$
\begin{aligned}
&\beta_6 cash\_revenues+\beta_7 long\_debt+\beta_8 assetturnover+\\
&\beta_9 growth+\beta_{10} assetsreturn+\beta_{11} interestrate+\beta_{12} tax+\\
&\beta_{13} debt\_asset+\beta_{14}\ln asset+\beta_{15} pe+\alpha_1 control+\alpha_2 monopoly+\\
&\alpha_3 province+\alpha_4 threemanager+\alpha_5 threeexecutive+\alpha_6 firstmajor+\\
&\alpha_7 union+\alpha_8 \ln labor+\alpha_9 highedu+\mu
\end{aligned}
\quad (5\text{-}1)
$$

其中，β_i为企业各个财务指标变量的系数；

α_i为参与者意愿和企业特征变量的系数；

*pension*代表企业参与企业年金决策，定义如下：

$$
pension=\begin{cases}0, & \text{未建立企业年金计划}\\ 1, & \text{已建立企业年金计划}\end{cases} \quad (5\text{-}2)
$$

该模型的被解释变量*pension*为二分变量，即虚拟变量，此时，如果依然使用普通最小二乘法估计模型，会使模型的回归系数解释变得困难，因此，将使用极大似然估计法来估计模型，具体采用Logit模型，Logit模型的优势在于回归系数更容易被理解和更容易解释其经济意义。

模型中的部分变量作了相应调整。变量*asset*和*labor*分别是企业的总资产和总人数，由于这两个变量的数据量纲与其他变量数据的差距较大，因此对两个变量分别取对数。*control*、*monopoly*、*province*、*union*均为虚拟变量，当取值分别为国企控股、垄断行业、高收入地区、是否拥有工会等值时，相应变量的取值为1，其他取值为0；模型中其他剩余变量均为比例指标，相对取值范围较小，不作特殊处理。

二、数据的选取、清理与描述性统计分析

（一）数据选取与清理

本研究的数据来源于国泰安数据库（CSMAR）和万得（Wind）数据库，其中有关企业年金、是否参与工会等方面数据来源于国泰安数据库中的财务报表附注，其他数据则来源于万得数据库。本书选择使用这些数据库提供的上市公司数据有以下两个主要原因：其一，两个数据库均提供了上市公司的

相关数据，上市公司与本研究的研究对象相符，并且可以通过数据库提供的其他年报数据来控制企业特征及参与者意愿等方面存在的差异对企业年金建立情况的影响，从而避免数据内生性问题；其二，两个数据库不仅提供的数据较为详尽完整，而且样本量较大，能较为充分地反映出我国企业年金建立的情况，数据搜集容易实现。虽然非上市公司也有建立企业年金的情况，但是实施调查非常困难，即便是实施调查，也无法完全实现随机抽样，仍不可避免地会带来较大的抽样误差，导致最终估计误差。

本书收集了2017年上市公司的数据，共收集到3587条记录，但是数据库中各上市公司的年报数据的度量指标和度量口径并不完全一致和规范，因此需要做一些数据清理工作。主要清理工作如下：

（1）对CSMAR数据库中的企业年金指标定义不清的数据进行清理，保留了严格符号“企业年金”定义的数据。上市公司财务报表附注中的“企业年金”的表达并不十分规范，有些企业将企业年金与基本养老金的数据放在一起，这种情况下无法判断企业是否建立了企业年金计划和企业年金缴费规模，本书对这些数据进行了删除处理。还有些企业使用了“补充养老保险”概念，但是通过对若干企业财务报表的深入分析，发现企业对这个概念的引用与我国最初出现的企业年金的初始概念“补充养老保险”并不相同，这些企业引用“补充养老保险”概念更多的是为了说明对员工退休后的养老金的补偿，而不是建立了企业年金计划，也不是持续的供款计划，该指标只是记录企业临时地对退休员工发放养老金金额的调整，所以两者概念有很大差异，因此对这部分数据也做了删除处理。此处共删除“企业年金”信息不清晰的记录95条和没有任何“财务”数据的记录7条。

（2）为避免数据中出现极端观测值导致回归系数的标准差增大，进而使得回归系数不显著的情况发生，对数值型数据进行了1%的winzorsize缩尾处理。极端值的缩尾处理一般有两种方案：一是将极端值用其他值代替，可以用最大值和最小值替代，也可以用各种估值法进行估值；二是将极端值直接删除，作为空值处理，在回归时该项不参与回归。本书为了提高估计精度，将极端值默认为空值，估计模型时该个体不参与到回归中。此处不删除记录。

（3）对缺失数据进行了处理。由于数据库中的数据中相应的某一个指标缺失，都会增加估计误差，缺失数据较多的情况下，需要通过其他手段查找数据，例如，本研究使用的是2017年的年报数据，但是各上市公司的年报中企业的行业、地区等信息并不十分完善，数据缺失较多，因此，通过直接查询以往年度年报、上市公告等其他文件来人工收集这些缺失数据。只有当缺失数据量较小并且缺乏查找该数据的手段时，才能够直接将其作为空值处理。此处也不删除记录。

（二）数据的描述性统计分析

通过上面的数据收集及清理后，共得到样本企业数量为3485个，其中有2772个企业尚未建立企业年金计划，有713个企业已经建立了企业年金计划，建立年金计划的企业比例为25.72%。表5–5列出了设定模型中的所有解释变量的基本描述统计量，包括均值、标准差、最大值和最小值。为了分析已建立年金计划的企业和未建立年金计划的企业之间的差异，表中描述统计量按照是否已经建立年金计划分成两大类分别进行统计。

表5–5　企业参与年金制度决策影响因素的描述统计

变量	已经建立年金计划的企业（*pension*=1）				未建立年金计划的企业（*pension*=0）			
	均值	标准差	最大值	最小值	均值	标准差	最大值	最小值
roe	7.785	8.26	41.11	−50.83	8.772	9.17	42.18	−48.79
npm	9.809	12.44	47.84	−64.56	9.689	12.61	53.78	−70.35
rop	152.2	181.4	1165	−311.9	141.9	170.7	1197	−326.7
equity	3.058	2.304	14.8	1.103	2.064	1.42	14.62	1.077
cash_debt	0.113	0.215	1.357	−0.396	0.155	0.281	1.482	−0.522
cash_revenues	98.47	18.19	163.7	41.77	96.23	18.4	166	42.54
long_debt	17.83	17.52	67.14	0	9.882	14.09	67.18	0
assetturnover	0.574	0.416	2.534	0.0298	0.626	0.382	2.496	0.0341
growth	155.4	490.8	5234	−1320	174.3	569.5	5723	−1406
assetsreturn	40.31	263.3	1890	−1475	20.98	245.7	2042	−1777
interestrate	−84.7	25.18	−3.983	−198.5	−90.31	21.82	−1.401	−197.1

续表

变量	已经建立年金计划的企业（*pension*=1）				未建立年金计划的企业（*pension*=0）			
	均值	标准差	最大值	最小值	均值	标准差	最大值	最小值
tax	19.05	12.81	68.98	−31.93	15.58	12.05	73.65	−46.74
debt_asset	51.66	20.3	93.78	7.502	38.99	19.62	93.96	6.144
ln*asset*	23.24	1.434	27.08	19.83	21.98	1.175	26.65	19.7
pe	81.43	183.2	1577	−166.5	101.7	160.1	1507	−193.3
control	0.773	0.419	1	0	0.168	0.374	1	0
monopoly	0.304	0.46	1	0	0.0516	0.221	1	0
province	0.663	0.473	1	0	0.732	0.443	1	0
threemanager	0.0083	0.0103	0.0911	0.00014	0.0169	0.0169	0.118	0.00014
threeexecutive	0.0098	0.0114	0.0883	0.0003	0.0180	0.0180	0.1171	0.0004
firstmajor	38.06	14.94	73.66	8.48	32.35	13.33	74.18	8.42
union	0.996	0.0648	1	0	0.965	0.184	1	0
ln*labor*	8.188	1.176	11.23	4.883	7.478	1.164	11.23	4.625
highedu	58.64	22.37	98.85	4.562	48.72	24.41	99.03	4.38

注：表中的数据是对已经经过 winzorsize 处理了 1% 极值后的数据的描述统计。

由表5–5中的描述统计分析可知，已经建立年金计划的企业变量指标的描述统计量与未建立年金计划的企业有所不同。为了进一步检验两者之间的均值是否存在显著差异，还需要做两独立样本的假设检验。检验均值是否相等时，要考虑数据的分布形态。对于正态分布的总体，通常使用两独立样本 t 检验进行均值是否相等的检验即可，如果均值和方差均相等，那么两个样本来自同一个总体，如果方差不等，也可以进行方差不等时的 t 检验。但是当总体的分布形态未知时，就需要进行非参数检验，本书利用非参数检验中的秩和检验来判断两个独立样本是否具有相似的分布，即检验两个独立样本是否具有相同的均值、中位数、离散趋势、偏度及峰度等描述统计量。如果通过秩和检验，那么这个变量在两个样本中分布相同，即认为两个样本都来自同一总体，这个变量对是否参与企业年金制度的企业划分没有起到作用。表5–6给出了两个分组下的各变量的均值差异（均值差异=已经建立年金计划的企业的均值 – 未建立年金计划的企业的均值）、t 检验统计量、秩和检验的显著性及

p统计量。

表5-6　两组样本下解释变量的差异性分析

变量	两独立样本t检验		两独立样本非参数检验	
	均值差异	t值	分布差异	p值
roe	−0.9870***	−2.7548	***	0.0015
npm	0.1204	0.228	***	0.0034
rop	10.3096	1.3542	不显著	0.7947
equity	0.9938***	10.9023	***	0
cash_debt	−0.1464***	−4.3264	***	0.0037
cash_revenues	2.2395***	2.8198	***	0.0022
Long_debt	7.9431***	11.0618	***	0
assetturnover	−0.0523***	−2.9915	***	0
growth	−18.8212	−0.8734	不显著	0.2476
assetsreturn	19.3309*	1.7563	***	0.0003
interestrate	5.6167***	5.2308	***	0
tax	3.4748***	6.4231	***	0
debt_asset	12.6733***	14.8663	***	0
ln*asset*	1.2599***	21.319	***	0
pe	−20.2702***	−2.6787	***	0
control	0.6050***	35.1087	***	0
monopoly	0.2528***	14.2411	***	0
province	−0.0686***	−3.4972	***	0
threemanager	−0.0086***	−16.9326	***	0
threeexecutive	−0.0082***	−14.7844	***	0
firstmajor	5.7061***	9.184	***	0
union	0.0308***	7.2419	***	0
ln*labor*	0.7099***	14.1769	***	0
highedu	9.9125***	10.2356	***	0

注：由于无法确定两个总体的方差是否相等，t检验加了unequal的约束。

表5-6中的t检验给出了连续型变量的均值是否相等的检验结果，由于t检验不适用于虚拟变量这种分类变量，因此,表中有关虚拟变量（包括*control*、 *monopoly*、*province*、*union*）的结果只是作为参考。

在表5-6中均值差异的符号反映了已经建立年金计划的企业与未建立年金计划的企业的某变量之间的差异，这些变量符号有正有负。有一些变量的符号方向与预期不符，其中*roe*、*equity*、*cash_debt*、*assetturnover*、*long_debt*、*interestrate*、*tax*、*debt_asset*及*province*的符号均与预期相反。其中，*roe*、*cash_debt*、*assetturnover*、*province*的均值差异为负，即企业盈利能力越强、企业的现金流量越大、总资产周转率越高、企业所处区域越发达，企业参与企业年金制度决策的可能性就越低；*equity*、*long_debt*、*interestrate*、*tax*、*debt_asset*均值差异符号为正，表明企业的财务杠杆越大、长期负债比例越高、利息率和税率越高、负债程度越高，则企业参与年金计划的比例越大。很显然，以上解释与我们的预期不相符，但是考虑到上面的均值差异结果仅仅是考察单个变量变动的结果，而影响企业参与决策的因素错综复杂，还有一些变量通过影响这些变量而对企业年金的决策起作用。这在图5-1的路径图中已经描述出来，例如，企业的特征因素会影响企业的财务能力而间接对企业参与年金制度决策产生影响，这个影响可能导致财务变量由正变为负。

表5-6中某些变量的符号与预期相符，包括*cash_revenues*、ln*asset*、*pe*、*control*、*monopoly*、*threemanager*、*threeexecutive*、*firstmajor*、*union*、ln*labor*、*highedu*，这也从侧面说明了这些变量受其他变量的影响较小。

两独立样本 t 检验下，只有*npm*、*rop*、*growth*、*assetsreturn* 4个变量的均值差异不显著，其他变量的均值差异均在1%的显著性水平下显著。非参数检验下，只有*rop*和*growth*两个变量不显著，其他变量均在1%的显著性水平下显著，说明大部分变量无论是在 t 检验还是秩和检验下都有相似的、稳定的结论。虽然*rop*和*growth*两个变量在两组水平下没有明显的差异，但是考虑到这里进行的仅仅是单变量分析结果，可能存在其他控制变量的影响，因此，不轻易作出从模型中删除变量的决定，仍然将这些变量放入模型中进行回归，进一步考察其在模型中是否也是非显著的，从而判断该变量是否和企业参与企业年金制度决策显著无关。

为了解各虚拟解释变量与被解释变量*pension*之间是否显著相关，做变量间的列联表进行显著性分析，此处采用的方法是卡方检验，得到卡方统计量对应的 p 值，如表5-7所示。表中所有的卡方统计量均在1%的显著性水平下显著，说明4个虚拟解释变量与被解释变量存在显著相关性，并且企业的产权属性与企业参与决策的相关性最强，即企业是否是国有控股与企业参与决策相关性最强，企业是否是垄断行业与企业参与决策相关性其次，而企业是否有工会组织及企业所处地区也与企业参与决策显著相关，但是相关强度不如前两个。

表5-7　虚拟解释变量与被解释变量的交互作用　　（%）

	国有控股		垄断行业		地区		工会	
企业年金	*control*		*monopoly*		*province*		*union*	
pension	0	1	0	1	0	1	0	1
0	83.23	16.77	94.84	5.16	26.80	73.20	3.50	96.50
1	22.72	77.28	69.57	30.43	33.66	66.34	0.42	99.58
Total	70.85	29.15	89.67	10.33	28.21	71.79	2.87	97.13
chi2	1000.00		391.16		13.17		19.28	
p	0.00		0.00		0.00		0.00	

三、企业参与企业年金制度决策模型估计与分析

（一）模型估计

运用Logit模型对上文建立的企业年金计划参与决策模型5-1进行估计。估计的基本思路如下：该模型以影响企业是否参与企业年金制度决策的财务因素作为解释变量，以企业特征、管理层意愿和员工意愿因素作为控制变量，这样设置的目的是减弱模型的内生性问题，通过增减各组控制变量来发现解释变量对被解释变量的解释作用。基于不同控制变量组及其组合进行估计，共得到10个估计模型，如表5-8所示。

表5-8　企业参与年金计划决策影响因素的回归结果

被解释变量：*pension*					
计量方法：极大似然估计——Logit					
解释变量	控制企业特征、管理层意愿、员工意愿（1）	控制企业特征（2）	控制企业特征和管理层意愿（3）	控制企业特征和员工意愿（4）	仅企业特征的回归（5）
roe	−0.0290** （−2.25）	−0.0294** （−2.49）	−0.0341*** （−2.85）	−0.0233* （−1.85）	
npm	0.0175 （1.58）	0.0206** （1.98）	0.0227** （2.1）	0.0141 （1.33）	
rop	−0.0012* （−1.74）	−0.0008 （−1.56）	−0.0008 （−1.36）	−0.0012* （−1.76）	
equity	−0.0721 （−1.02）	−0.0791 （−1.24）	−0.0539 （−0.78）	−0.1000 （−1.5）	
cash_debt	0.5794* （1.86）	0.2568 （0.84）	0.3191 （1.04）	0.5422* （1.74）	
cash_revenues	−0.0071** （−1.99）	−0.0044 （−1.29）	−0.0047 （−1.35）	−0.0070** （−1.98）	
long_debt	−0.0013 （−0.27）	−0.0010 （−0.23）	−0.0002 （−0.04）	−0.0018 （−0.4）	
assetturnover	0.1695 （0.82）	0.0392 （0.2）	0.0475 （0.24）	0.1453 （0.72）	
growth	0.00033** （2.08）	0.0004** （2.56）	0.0004** （2.56）	0.0003** （2.12）	
assetsreturn	−0.000267 （−0.71）	−0.0004 （−1.24）	−0.0004 （−1.06）	−0.0004 （−0.99）	
interestrate	−0.00528 （−1.63）	−0.0065** （−2.09）	−0.0065** （−2.07）	−0.0052 （−1.63）	
tax	0.0129** （2.29）	0.0116** （2.15）	0.0114** （2.05）	0.0125** （2.29）	
debt_asset	0.0151** （2.28）	0.0157** （2.49）	0.0146** （2.25）	0.0168*** （2.6）	
ln*asset*	0.4339*** （3.44）	0.3673*** （5.97）	0.3361*** （4.5）	0.4365*** （3.54）	
pe	−0.0008* （−1.72）	−0.0007* （−1.66）	−0.0006 （−1.45）	−0.0008* （−1.89）	
control	2.5044*** （17.46）	2.6134*** （19.2）	2.4996*** （18.03）	2.6089*** （18.67）	2.730*** （24.75）

续表

被解释变量：*pension*					
计量方法：极大似然估计——Logit					
解释变量	控制企业特征、管理层意愿、员工意愿（1）	控制企业特征（2）	控制企业特征和管理层意愿（3）	控制企业特征和员工意愿（4）	仅企业特征的回归（5）
monopoly	1.0462*** （4.8）	1.1018*** （5.4）	1.0578*** （4.88）	1.0758*** （5.25）	1.6662*** （11.09）
province	0.1252 （0.85）	0.1634 （1.16）	0.0973 （0.68）	0.1726 （1.19）	0.3089** （2.56）
threemanager	−9.6898 （−0.77）		−11.4949 （−0.98）		
threeexecutive	−2.0225 （−0.17）		6.3343 （0.59）		
firstmajor	0.0083* （1.76）		0.0081* （1.74）		
union	1.1011 （1.47）			1.1284 （1.52）	
ln*labor*	−0.175 （−1.38）			−0.1033 （−0.84）	
highedu	0.0112*** （3.48）			0.0123*** （3.93）	
cons	−13.2429*** （−6.07）	−11.7895*** （−8.880）	−11.2048*** （−6.81）	−13.9840*** （−6.70）	−3.0684*** （−22.22）
样本量	2675	2813	2722	2751	3485
调整 R^2	0.3444	0.3414	0.3317	0.3475	0.3058
chi2	615.30	672.79	630.57	639.07	757.10
p	0.0000	0.0000	0.0000	0.0000	0.0000

被解释变量：*pension*					
计量方法：极大似然估计——Logit					
解释变量	控制企业特征、管理层意愿、员工意愿（6）	控制企业特征（7）	控制企业特征和管理层意愿（8）	控制企业特征和员工意愿（9）	仅企业特征的回归（10）
roe	−0.0699*** （−6.13）	−0.0512*** （−4.58）	−0.0611*** （−5.32）		−0.0607*** （−5.530）
npm	0.0345*** （3.75）	0.0245*** （2.69）	0.0271*** （2.83）		0.0321*** （3.500）

续表

被解释变量：*pension*					
计量方法：极大似然估计——Logit					
解释变量	控制企业特征、管理层意愿、员工意愿（6）	控制企业特征（7）	控制企业特征和管理层意愿（8）	控制企业特征和员工意愿（9）	仅企业特征的回归（10）
rop	−0.0014*** （−2.63）	−0.0026*** （−3.96）	−0.0022*** （−3.35）		−0.0018*** （−3.410）
equity	0.0177 （0.24）	−0.0324 （−0.48）	−0.0102 （−0.14）		−0.0034 （−0.0500）
cash_debt	0.6977** （2.42）	1.1193*** （3.95）	1.0262*** （3.47）		0.7881*** （2.870）
cash_revenues	−0.0041 （−1.26）	−0.0051 （−1.58）	−0.0060* （−1.82）		−0.0028 （−0.880）
long_debt	0.0121*** （2.97）	0.0100** （2.5）	0.0107*** （2.61）		0.0110*** （2.810）
assetturnover	0.2191 （1.16）	0.4306** （2.31）	0.4240** （2.23）		0.2425 （1.320）
growth	−0.0002 （−0.99）	−0.0002 （−1.07）	−0.0002 （−0.98）		−0.0002 （−1.180）
assetsreturn	0.0010*** （2.8）	0.0011*** （2.79）	0.0011*** （2.87）		0.0011*** （2.940）
interestrate	−0.0089*** （−3.21）	−0.0085*** （−2.95）	−0.0078*** （−2.77）		−0.0097*** （−3.470）
tax	0.0164*** （3.33）	0.0176*** （3.69）	0.0179*** （3.59）		0.0170*** （3.600）
debt_asset	0.0145** （2.37）	0.0166*** （2.78）	0.0147** （2.38）		0.0159*** （2.730）
ln*asset*	0.5201*** （7.66）	0.7949*** （7.41）	0.7121*** （6.4）		0.6434*** （11.43）
pe	−0.0004 （−0.98）	−0.0007 （−1.63）	−0.0006 （−1.28）		−0.0006 （−1.430）
control					
monopoly					
province					
threemanager	−46.4683*** （−3.71）		−46.1189*** （−3.56）	−59.1267*** （−5.52）	

续表

被解释变量：*pension*					
计量方法：极大似然估计——Logit					
解释变量	控制企业特征、管理层意愿、员工意愿（6）	控制企业特征（7）	控制企业特征和管理层意愿（8）	控制企业特征和员工意愿（9）	仅企业特征的回归（10）
threeexecutive	27.7242*** （2.70）		15.9957 （1.48）	24.9104*** （3.15）	
firstmajor	0.0254*** （6.35）		0.0261*** （6.42）	0.0237*** （7.18）	
union		1.5654** （2.23）	1.5018** （2.13）	1.7511*** （3.01）	
ln*labor*		-0.1876* （-1.83）	-0.3257*** （-2.81）	0.3616*** （6.09）	
highedu		0.0121*** （4.66）	0.0114*** （4.17）	0.0218*** （11.26）	
cons	-15.0484*** （-9.91）	-21.1302*** （-11.09）	-18.5019*** （-9.23）	-7.5656*** （-9.35）	-17.3222*** （-14.04）
样本量	2722	2751	2675	3247	2813
调整 R^2	0.1677	0.1628	0.1859	0.1302	0.1515
chi2	331.12	332.42	335.53	285.71	338.25
p	0.0000	0.0000	0.0000	0.0000	0.0000

注：*、**、*** 分别表示在 10%、5% 和 1% 的显著性水平下显著；括号内值是经过稳健标准误调整的 t 统计量。

表5-8中的模型（1）至模型（4）为包括企业特征控制变量组的回归，目的是考察控制了企业特征后，其他解释变量对被解释变量的影响；模型（5）为仅包括企业特征控制变量组的回归，目的是考察企业特征变量对被解释变量的影响；模型（6）至模型（8）为不包括企业特征控制变量组的回归，考察的是分别控制了管理层意愿和员工意愿后，其他解释变量对被解释变量的影响；模型（9）为仅包括参与者意愿控制变量组的回归，目的是考察参与者的意愿对被解释变量的影响；模型（10）为仅包括财务能力影响因素的回归，目的是考察哪个控制变量组对回归结果影响更为显著。

（二）对模型回归结果的分析

模型中包括解释变量和控制变量，下面分别对其进行分析。

1. 对全部回归模型的分析

在模型中没有添加任何控制变量的情况下，仅企业财务能力的模型（10）解释了企业参与决策的15.15%，具有较高的解释力；当模型中分别加入管理层参与意愿［模型（6）］、员工参与意愿［模型（7）］，以及同时加入管理层参与意愿和员工参与意愿控制变量［模型（8）］时，模型的解释力稍有上升，分别达到16.71%、16.28%与18.59%，表明这两个控制变量的增量解释力并不大，也说明企业财务能力在企业参与决策中的重要作用；当在模型中仅加入企业特征控制变量时［模型（2）］，模型的调整R^2增加到0.3414，当模型中同时加入企业特征和管理层参与意愿控制变量［模型（3）］或者员工参与意愿控制变量［模型（4）］时，模型的调整R^2分别为0.3317和0.3475，即模型的解释力基本没有变化，说明企业参与意愿与企业员工参与意愿对模型的解释能力不如企业特征控制变量。进一步考察企业特征控制变量，当模型去除企业财务能力变量，仅剩企业特征控制变量［模型（5）］时，模型的解释能力有所减弱，但是解释能力依然达到了0.3058，说明企业特征控制变量的增量解释力很大，企业参与决策行为会显著受到企业特征的影响。

模型（5）给出了只有企业特征控制变量的回归。模型（5）相较前4个模型，拟合优度有所降低，*control*系数变化不大，*monopoly*系数增加较为明显，*provice*变动较大，从不显著到显著，说明前4个模型中存在变量内生性，即其他变量严重影响了*province*的估计系数，但是对*control*和*monopoly*影响却不大。这个结果更加验证了企业特征控制变量组对企业参与年金计划决策的影响显著的结论。

模型（9）给出了只有参与者（包括管理层与员工）意愿控制变量的回归。模型（9）相较模型（6）、模型（7）、模型（8）的拟合优度有所降低，*threeexecutive*的绝对值变化较大，并且由不显著变为显著，ln*labor*的估计量符号发生了改变，这说明各财务能力解释变量对参与者意愿有影响，验证了

图5–1中的路径“财务能力=>参与者意愿”路径确实存在。

模型（10）给出了仅有财务影响因素参与回归的估计模型，该模型中的回归系数与模型（6）、模型（7）、模型（8）基本相同，说明参与者意愿对财务影响因素的作用不明显，也就是在图5–1中的路径“财务能力=>参与者意愿”中，影响是单方向的，反之并不成立。

通过以上分析可知三组控制变量的作用大小和作用方向是有明显区别的。企业特征控制变量组对被解释变量的估计结果差异影响比较显著，同时对参与者意愿控制变量组的估计结果影响也比较显著；而参与者意愿控制变量组对被解释变量的估计结果差异影响不明显，对企业特征控制变量组影响也不显著。由此说明，各组变量间的作用是单方向的，即企业特征同时影响企业财务因素和参与者意愿，而参与者意愿直接作用于被解释变量。

2. 对核心解释变量的分析

表5–8中的模型（1）为完整估计模型，包括了模型中所有的解释变量和控制变量，调整的可决系数也比较高，可以作为变量显著性比较的基准。综合10个模型结果发现，表中10个模型被分成两个区域，前5个模型与后5个模型的估计结果有明显不同。究其原因，发现前5个模型均包括了“企业特征”控制变量组，而后5个模型则没有。模型中是否包括“企业特征”控制变量组，对模型的输出结果有非常大的影响。

依据“企业特征”控制变量组对企业财务变量的影响不同，将企业财务变量进行分类，如表5–9所示。

表5–9　模型（1）~模型（5）与模型（6）~模型（10）的财务变量的对比

有企业特征控制 ⟶ 无企业特征控制	显著 ⟶ 更加显著	不显著或不全显著⟶ 全部显著	显著 ⟶ 不显著	不显著 ⟶不显著或不全显著	系数符号 发生变动
变量名称	*roe* *tax* *debt_asset* ln*asset*	*nmp* *rop* *cash_debt* *long_debt* *assetreturn* *interestrate*	*growth* *pe*	*equity* *assetturnover*	*long_debt* （负→正） *growth* （正→负） *assetreturn*（负→正）

（1）显著性增强的变量：变量*roe*、*tax*、*debt_asset*、ln*asset*均在5%的显著性水平下显著，但是系数的绝对值在没有企业特征控制变量时更大；变量*nmp*、*rop*、*cash_debt*、*long_debt*、*assetreturn*、*interestrate*在有企业特征控制变量的模型中不显著或者不全显著，但是在去掉企业特征控制变量的模型中达到显著，并且系数的绝对值也有明显增加。在模型中去掉企业特征控制变量使得这10个变量的显著性由弱变强，系数绝对值由小变大，说明企业特征与这些解释变量的相关性很强。相关性表现在：当模型中没有企业特征变量时，这10个变量对企业参与企业年金制度决策都有显著的影响，但是当模型中加入企业特征变量时，这些变量的显著性减弱甚至变为不显著，说明企业特征变量会通过影响这些变量的取值，间接影响企业参与企业年金制度决策变量，从而使得这几个变量显著性减弱。正如图5-1中的路径“企业特征=>企业财务能力”“企业特征=>企业参与企业年金制度决策”所示，两个影响路径同时存在，企业特征既直接影响企业参与决策，也通过影响企业财务能力变量影响企业参与决策变量，这时企业财务能力在某种程度上由企业特征决定。所以，企业特征控制变量组的主要作用在于控制了同时影响企业参与决策和企业财务能力中的10个解释变量的因素，这与我国的现实经济状况相符，因为企业的产权属性、行业属性和地区属性的确会影响企业的财务能力，一般来说，国有企业、垄断行业、经济发达地区的企业参与企业年金制度决策能力或意愿更强。

（2）显著性减弱或变动不大的变量：变量*growth*、*pe*、*equity*、*assetturnover*都属于此类变量。其中，变量*growth*由5%显著水平下显著变为不显著，*pe*由10%显著水平下显著变为不显著，*equity*则一直不显著，*assetturnover*从完全不显著变化为不完全显著，有显著性增强的趋势。*growth*变量由显著变为不显著，说明企业特征控制变量并不影响企业的净利润三年期平均增长率，而管理层意愿和员工意愿则对净利润三年期平均增长率的影响较大。2个变量*pe*和*equity*的显著性在各个模型中都比较低，所以优化模型时可以考虑删除。

（3）符号发生变动的变量：*long_debt*与*assetsreturn*变量的符号由负变为正，且这两个变量均由不显著变为显著；*growth*由正变为负，且由显著变为不显著。当模型中有企业特征控制变量时，*long_debt*与*assetsreturn*均不显著，在去除企业特征变量时，两个变量显著，说明企业特征对这两个变量有替代作用，产生了多重共线性问题，同时，符号由负变为正，又验证了多重共线性的存在，说明模型（1）至模型（4）中出现了共线性问题；当模型中加入企业特征控制变量时，*growth*变量在5%的显著水平下显著，且符号为正，但是当模型去掉企业特征控制变量时，该变量均为不显著，说明企业参与意愿、员工参与意愿和*growth*有相关性，产生了多重共线性，同时，符号由正变负，进一步验证了多重共线性的存在。

以上分析说明解释变量在不同控制变量下系数和显著性会发生改变，另外部分解释变量的系数也与预期不符，说明解释变量内部、解释变量与控制变量之间可能存在多重共线性。那么解释变量之间是否也存在多重共线性？表5–10给出了企业财务能力变量之间的相关性大小。

表5–10　企业财务能力变量的相关性分析

相关系数	*roe*	*npm*	*rop*	*equity*	*cash_debt*	*cash_revenus*	*long_debt*	*assetturnover*
roe	1							
npm	0.63	1						
rop	0.44	0.51	1					
equity	–0.02	–0.23	0.13	1				
cash_debt	0.30	0.39	0.10	–0.27	1			
cash_revenus	–0.03	–0.02	–0.02	0.03	0.24	1		
long_debt	–0.07	0.00	0.21	0.30	–0.17	0.03	1	
assetturnover	0.27	–0.22	–0.08	0.02	0.03	0.08	–0.26	1
growth	0.29	0.22	0.27	0.03	0.03	–0.03	0.04	0.07
assetsreturn	0.34	0.21	0.23	0.11	0.03	–0.05	0.06	0.09
interestrate	–0.08	–0.15	0.08	0.39	–0.24	–0.04	0.35	–0.06
tax	0.04	0.01	0.13	0.19	–0.03	0.07	0.10	0.04

续表

相关系数	*growth*	*assetreturn*	*interes-trate*	*tax*	*debt_ asset*	*lnasset*	*pe*	
debt_asset	−0.08	−0.36	0.06	0.78	−0.47	−0.01	0.39	0.09
ln*asset*	0.06	−0.06	0.23	0.51	−0.18	0.08	0.42	0.00
pe	−0.11	−0.08	−0.04	−0.02	−0.06	0.02	0.03	−0.04
growth	1							
assetsreturn	0.70	1						
interestrate	0.06	0.17	1					
tax	−0.01	0.05	0.26	1				
debt asset	0.04	0.10	0.49	0.16	1			
ln*asset*	0.14	0.14	0.29	0.18	0.57	1		
pe	0.13	0.08	0.07	0.01	−0.01	−0.03	1	

从表5–10可以看出，变量之间的相关性较弱，相关系数超过0.5但没有超过0.8的变量只有*npm*与*roe*、*npm*与*rop*、*growth*与*assetsreturn*、*equity*与*debt_asset*、*equity*与ln*asset*，没有任何两个企业财务能力变量之间的相关系数超过0.8，所以变量之间不存在强相关性，可以同时放入模型中进行回归。但是也不能否认存在这种可能性，即某个财务能力变量可以由其他若干个变量线性表示，如果出现这种情况，将在后面的模型优化中进行处理。

3. 对控制变量的分析

每组控制变量下均有3个变量，有些变量显著，有些变量不显著，下面将着重探讨控制变量组中每个控制变量对被解释变量的影响。在探讨之前，我们首先给出汇报概率比的回归结果。这是因为在控制变量中一共有4个虚拟控制变量，它们的取值只能变化一个单位，即从0变为1，汇报概率比的结果比汇报系数更有利于解释变量的变动意义，所以，为了后面便于对比和解释4个虚拟控制变量对被解释变量的作用，有必要给出汇报概率比的回归结果。由于Logit模型无论是汇报系数还是概率比都不改变变量的 t 值及其显著性，因此，表中的 t 值及系数显著性与前表的 t 统计量和系数显著性都是一致的（见表5–11）。

表5-11 企业年金参与年金计划决策影响因素的回归结果(汇报概率比：odds ratio)

被解释变量：*pension*							
计量方法：极大似然估计——Logit							
解释变量	控制企业特征、管理层意愿、员工意愿（1）	控制企业特征（2）	控制企业特征和管理层意愿（3）	控制企业特征和员工意愿（4）	控制管理层意愿（5）	控制员工意愿(6)	控制管理层意愿和员工意愿（7）
roe	0.971** （-2.250）	0.971** （-2.490）	0.966*** （-2.850）	0.977* （-1.850）	0.932*** （-6.130）	0.950*** （-4.580）	0.941*** （-5.320）
npm	1.018 （1.580）	1.021** （1.980）	1.023** （2.100）	1.014 （1.330）	1.035*** （3.750）	1.025*** （2.690）	1.027*** （2.830）
rop	0.999* （-1.740）	0.999 （-1.560）	0.999 （-1.360）	0.999* （-1.760）	0.999*** （-2.630）	0.997*** （-3.960）	0.998*** （-3.350）
equity	0.930 （-1.020）	0.924 （-1.240）	0.948 （-0.780）	0.905 （-1.500）	1.018 （0.240）	0.968 （-0.480）	0.990 （-0.140）
cash_debt	1.785* （1.860）	1.293 （0.840）	1.376 （1.040）	1.720* （1.740）	2.009** （2.420）	3.063*** （3.950）	2.790*** （3.470）
cash_revenus	0.993** （-1.990）	0.996 （-1.290）	0.995 （-1.350）	0.993** （-1.980）	0.996 （-1.260）	0.995 （-1.580）	0.994* （-1.820）
long_debt	0.999 （-0.270）	0.999 （-0.230）	1.000 （-0.0400）	0.998 （-0.400）	1.012*** （2.970）	1.010** （2.500）	1.011*** （2.610）
assetturnover	1.185 （0.820）	1.040 （0.200）	1.049 （0.240）	1.156 （0.720）	1.245 （1.160）	1.538** （2.310）	1.528** （2.230）
growth	1.000** （2.080）	1.000** （2.560）	1.000** （2.560）	1.000** （2.120）	1.000 （-0.990）	1.000 （-1.070）	1.000 （-0.980）
assetsreturn	1.000 （-0.710）	1.000 （-1.240）	1.000 （-1.060）	1.000 （-0.990）	1.001*** （2.800）	1.001*** （2.790）	1.001*** （2.870）
interestrate	0.995 （-1.630）	0.994** （-2.090）	0.994** （-2.070）	0.995 （-1.630）	0.991*** （-3.210）	0.992*** （-2.950）	0.992*** （-2.770）
tax	1.013** （2.290）	1.012** （2.150）	1.012** （2.050）	1.013** （2.290）	1.017*** （3.330）	1.018*** （3.690）	1.018*** （3.590）
debt_asset	1.015** （2.280）	1.016** （2.490）	1.015** （2.250）	1.017*** （2.600）	1.015** （2.370）	1.017*** （2.780）	1.015** （2.380）
lnasset	1.543*** （3.440）	1.444*** （5.970）	1.399*** （4.500）	1.547*** （3.540）	1.682*** （7.660）	2.214*** （7.410）	2.038*** （6.400）
pe	0.999* （-1.720）	0.999* （-1.660）	0.999 （-1.450）	0.999* （-1.890）	1.000 （-0.980）	0.999 （-1.630）	0.999 （-1.280）

续表

被解释变量：*pension*							
计量方法：极大似然估计——Logit							
解释变量	控制企业特征、管理层意愿、员工意愿（1）	控制企业特征（2）	控制企业特征和管理层意愿（3）	控制企业特征和员工意愿（4）	控制管理层意愿（5）	控制员工意愿（6）	控制管理层意愿和员工意愿（7）
control	12.24*** （17.46）	13.64*** （19.20）	12.18*** （18.03）	13.58*** （18.67）			
monopoly	2.847*** （4.800）	3.007*** （5.400）	2.880*** （4.880）	2.932*** （5.250）			
province	1.133 （0.850）	1.178 （1.160）	1.102 （0.680）	1.188 （1.190）			
threemanager	0.00006 （–0.770）		0.00001 （–0.980）		6.59e–21*** （–3.710）		0*** （–3.560）
threeexecutive	0.132 （–0.170）		563.564. （0.590）		1.10e+12*** （2.700）		8847708 （1.480）
firstmajor	1.008* （1.760）		1.008*** （–1.740）		1.026*** （6.350）		1.026*** （6.420）
union	3.008 （1.470）			3.091 （1.520）		4.784** （2.230）	4.490** （2.130）
ln*labor*	0.829 （–1.380）			0.902 （–0.840）		0.829* （–1.830）	0.722*** （–2.810）
highedu	1.011*** （3.480）			1.012*** （3.930）		1.012*** （4.660）	1.011*** （4.170）

注：*、**、*** 分别表示在 10%、5% 和 1% 的显著性水平下显著；括号内值是经过稳健标准误调整的回归 t 统计量。

（1）企业特征控制变量组

在企业特征控制变量中，产权属性在任何回归模型中都非常显著（1%水平下），并且符号均为正，和预期相符，结论与已有文献研究结论一致，即国有企业是影响企业参与年金计划决策的主要原因。产权属性*control*变量对*pension*的影响非常大，概率比达到了12.24，即国有控股企业参与年金计划的概率是非国有控股企业的12.24倍。行业属性*monopoly*变量对*pension*的影响也十分显著，即垄断行业企业参与年金计划的概率是非垄断企业的2.847倍，也在1%的显著性水平下显著，符号为正，与已有文献研究结论一致。以上两个结论验证了经验文献的相关研究，即我国的企业年金成为国企和垄断行业的“俱乐部”。

在企业特征控制变量中的地区属性*province*变量并不显著。地区属性*pension*变量被定义为一个二分变量，本书按照地区人均GDP是否高于全国平均GDP，将地区划分为经济发达地区和经济欠发达地区。上述实证研究结果显示，无论是在哪个模型下，地区属性均不是企业参与企业年金制度决策的原因。然而，这与前面的列联表5-7分析结果相矛盾，列联表中*province*的卡方检验统计量在1%的显著性水平下显著，说明地区经济发达与否和企业参与企业年金制度决策是显著相关的。列联表的分析结果与回归模型出现了矛盾。

为了探讨其矛盾原因，重新对模型进行了设定，在模型中删除了企业特征变量组中表示产权属性的*control*控制变量，对表5-8中的部分模型重新进行回归，得到表5-12，该表给出了回归分析表格中前4个模型中的*province*变量的系数及其显著性改变的情况。

表5-12 去除企业特征控制变量组中的“*control*”后“*province*”变动及回归结果

province	控制企业特征、管理层意愿、员工意愿（1）	控制企业特征（2）	控制企业特征和管理层意愿（3）	控制企业特征和员工意愿（4）
Coef.	-0.2571**	-0.2309*	-0.2707**	-0.2349*
t	-2.02	-1.90	-2.17	-1.90
样本量	2675	2813	2722	2751
伪 R^2	0.2081	0.1817	0.1917	0.1907
chi2	356.90	391.24	357.69	380.16
p	0.0000	0.0000	0.0000	0.0000

通过表5-12可以看出，在没有产权属性*control*变量的情况下，地区属性*province*的符号和显著性都有较大改变：第一，这4个回归的拟合度都有所降低。调整R^2从0.34左右降到了0.2左右，说明不包括*control*的模型拟合情况变差。第二，*province*的显著性也发生了改变。有*control*变量时，*province*符号不显著，没有*control*控制时，*province*变量分别在5%和10% 的水平下显著，这说

明*control*变量与*province*相关，*control*影响了*pension*的取值，也会影响*province*的取值。第三，*province*变量由正变负。有*control*变量时，*province*符号为正但不显著，没有*control*控制时，*province*变量符号为负且显著，这说明*control*变量与*province*可能存在高程度的正相关，使得模型存在多重共线性，从而使得*province*的符号与显著性发生改变。

事实上，我们再次将*control*和*monopoly*变量对*province*作列联表分析，并进行卡方检验，得到表5-13。表中χ^2分别为101.29和27.18，对应的p值均为0.00，显示出变量*province*与*control*和*monopoly*之间存在显著的交互作用。由此可以看出，如果要深入探讨3个变量对被解释变量及它们对其他解释变量的估计系数的影响，有必要分别依次引入到模型中来，而不是将其整体引入。但是，如果只是为了了解企业特征对其他解释变量和被解释变量的综合影响，那么将3个变量作为一个整体引入并不影响其他变量的系数。模型的估计结果也显示出，3个变量同时引入对其他模型的影响也是一致的。

表5-13　企业特征控制变量间的交互作用

	国有控股		垄断行业	
地区	*control*		*monopoly*	
province	0	1	0	1
0	58.49%	41.51%	85.35%	14.65%
1	75.71%	24.29%	91.33%	8.36%
Total	70.85 %	29.15 %	89.67 %	10.33%
chi2	101.29		27.18	
p	0.00		0.00	

那么，*province*对*pension*的影响为正还是为负？表5-12中的回归结果*province*的符号为负，而表5-11的回归结果*province*的符号为正，需要进一步对*pension*和*province*作列联表分析、作深层次的分析。表5-14中给出了地区参与年金计划的企业数量，包括参与企业数量的绝对数和相对数。首先分析表中的相对指标，欠发达地区中有24.42%的企业参与了年金计划，而发达地区中仅有18.90%的企业参与了年金计划，比例有所降低，所以*pension*与*province*

呈负相关，通过列联表分析和表5-12中回归的结果，该结论得到了验证。但是从总数来看，发达地区共有473个企业参与年金计划，欠发达地区有240个，所以，越是发达的地区建立年金计划的企业数量越多，这与以往文献研究并不冲突。我们考虑还有一个原因可能也会影响实证结果，即上市公司的地区样本是有偏的，能够进入我国证券市场的企业均是一些比较有实力的企业，即便是来自欠发达地区，也是欠发达地区中的佼佼者，所以该样本中经济欠发达地区中的参与年金计划的企业比例与实际情况可能出入较大，这种情况也会导致上述问题的出现。

但是被解释变量衡量的是企业参与企业年金制度决策的概率，那么在经济发达地区由于企业数量基数更大，建立年金计划企业的比例可能反而有所降低，因此预期为负。

表5-14　*pension*和*province*的列联表分析

	province		
pension	0	1	Total
0	743	2029	2772
	26.80%	73.20%	100%
	75.58%	81.10%	79.54%
1	240	473	713
	33.66%	66.34%	100%
	24.42%	18.90%	20.46%
Total	983	2502	3485
	28.21%	71.79%	100%
	100%	100%	100%

通过对企业特征控制变量的分析可知，虽然*province*对*pension*也有影响，但是影响没有*control*和*monopoly*两个变量大，并且造成了多重共线性，因此，在实际回归中可以考虑将*province*从企业特征控制变量中删除。

（2）参与者意愿控制变量组

参与者意愿控制变量组分为管理层参与意愿和员工参与意愿控制变量组

两大部分。

管理层参与意愿控制变量组，包括*threemanager*、*threeexecutive*、*firstmajor* 3个变量。在没有企业特征控制变量参与回归时，管理层意愿控制变量组的显著性非常强，均在1%的显著性水平下显著，但是当企业特征控制变量参与回归时，仅有*firstmajor*依然显著，说明企业特征控制变量对*threemanager*、*threeexecutive*的可替代性较强，这几个变量间存在共线性，因此在优化模型时需要作出取舍。

管理层参与意愿控制变量在有员工参与意愿变量参与回归时，控制变量*threemanager*与*firstmajor*显著性仍旧很强，但是*threeexecutive*变得不显著，说明员工参与意愿控制变量对*threeexecutive*也有较强的替代性。

综合以上两点讨论，控制变量*threemanager*、*threeexecutive*可以被删除，它们的作用能够通过第一和第三控制变量组表达出来。

员工参与意愿控制变量组，包括*union*、ln*labor*、*highedu*。在管理层参与意愿变量参与回归时，员工参与意愿与管理层参与意愿的变量都显著，说明管理层参与意愿的控制变量和员工参与意愿控制变量之间的共线性很小，可以同时放在模型中。但是研究发现，当企业特征控制变量组加入到回归模型中时，员工参与意愿控制变量组中仅有*highedcu*变量显著，说明*union*、ln*labor*可被企业特征控制变量组替代。

通过以上对控制变量组的分析可知，企业特征和管理层参与意愿、员工参与意愿控制变量存在多重共线性，因此需要对其进行取舍。考虑到包括第一控制变量组的前4个模型的拟合优度均在0.34左右，而第5个至第8个仅包括参与者意愿控制变量组的模型的拟合优度大大降低，均在0.2以下，所以，仅保留后两个控制变量组中显著性不随着控制变量组改变的*firstmajor*和*highedu*，删除其他控制变量。

（三）模型的优化与稳健性检验

1. 模型的优化

上文在模型估计中对模型进行了多个控制变量组下的估计，结果显示，在有企业特征控制变量时，模型是相对稳健的，解释变量的系数变化不大；在无企业特征控制变量时，模型也是相对稳健的，解释变量的系数变化也不大。但是，综合来看，模型中加入企业特征控制变量时，模型会发生系数的显著性与大小的改变，模型出现了多重共线性，因此必须对模型进行优化。

造成这个问题的原因是企业特征控制变量与其他控制变量和解释变量发生了较强的共线性，因此，需要从这个问题着手进行模型的优化。在上文中通过对模型的分析，确定了一些导致多重共线性的控制变量，因此可以将其删除，重新做回归。为了避免再次出现多重共线性，并且尽量保留重要变量，本研究采用逐步回归法重新估计模型，并把选择进入模型的变量的显著性控制在10%的水平上，从而得到优化后的模型如下：

$$pension=c+\beta_1 roe+\beta_2 tax+\beta_3 \ln asset+\beta_4 pe+ \alpha_1 control+\alpha_2 monopoly+\alpha_3 highedu+\mu \quad (5-3)$$

需要注意的是，优化后的模型中虽然删除了部分变量，但是并不意味着这些变量对*pension*没有显著的影响，只是其影响可以被优化后的模型中的解释变量与控制变量表达而已，这与本章构建的影响企业参与企业年金制度决策的路径图5-1相一致。

表5-15给出了优化后模型的回归结果，结果显示优化后的模型比表5-8中的任何一个模型拟合情况都要好（R^2=0.359），并且由于使用的变量少，有效样本量也达到最大（*N*=3148），模型的整体显著性也最强（chi2=717.3），所以整体来说，优化后的模型比初始模型更为合理。

表5-15　优化后的模型

计量方法：极大似然估计——Logit						
被解释变量：***pension***						
N=3148	R^2=0.359	chi2=717.3	p=0			
pension	Coef.	Std.Err.	z	P>|z|	95% Conf.	Interval
roe	−0.0116	0.00639	−1.820	0.0690	−0.0241	0.000912
tax	0.00858	0.00436	1.970	0.0490	0.0000	0.0171

续表

计量方法：极大似然估计——Logit						
被解释变量：*pension*						
	N=3148	R^2=0.359	chi2=717.3	p=0		
pension	Coef.	Std.Err.	z	P>|z|	95% Conf.	Interval
ln*asset*	0.410	0.0453	9.040	0	0.321	0.499
pe	−0.000840	0.000417	−2.020	0.0440	−0.00166	0.0000
control	2.515	0.120	21.04	0	2.281	2.750
monopoly	1.071	0.162	6.610	0	0.754	1.388
highedu	0.0139	0.00247	5.620	0	0.00905	0.0187
cons	−12.63	1.008	−12.53	0	−14.60	−10.65

2. 对优化后模型的稳健性检验

对优化后的模型进行稳健性检验可以通过增减模型的控制变量来进行，如果其他解释变量的系数大小和符号没有发生大的变动，则认为解释变量是有效的，该模型是稳健的。

在优化后的模型中共有3个控制变量，为*control*、*monopoly*和*highedu*，分别在模型中引入不同的控制变量，观察模型估计结果的变动情况。表5–16给出了不同控制变量下的估计结果。模型（1）包括了所有的解释变量，拟合情况也最好，所以以其为比较基准，考察其他列的模型估计结果。在分别减少*control*、*monopoly*、*highedu*控制变量后，主要解释变量的显著性与系数符号均没有发生较大变化，整体验证了指标选取的合理性及代表性，解释变量对企业参与年金决策的作用是稳健的。

表5–16　稳健性检验结果一

计量方法：极大似然估计——Logit								
被解释变量：*pension*								
解释变量	控制 *control*、*monopoly*、*highedu*（1）		控制 *monopoly*、*highedu*（2）		控制 *control*、*highedu*（3）		控制 *control*、*monopoly*（4）	
pension	Odds Ratio	Coef.	Odds Ratio	Coef.	Odds Ratio	Coef.	Odds Ratio	Coef.
roe	0.9885 （−1.82）	−0.0116* （−1.82）	0.9746 （−4.97）	−0.026*** （−4.97）	0.9857 （−2.27）	−0.0144** （−2.27）	0.9892 （−1.740）	−0.0109* （−1.740）

续表

计量方法：极大似然估计——Logit								
被解释变量：*pension*								
解释变量	控制 *control*、*monopoly*、*highedu*（1）		控制 *monopoly*、*highedu*（2）		控制 *control*、*highedu*（3）		控制 *control*、*monopoly*（4）	
tax	1.0086 （1.97）	0.00858** （1.97）	1.0123 （3）	0.0123*** （3）	1.0101 （2.3）	0.0100** （2.3）	1.0077 （1.780）	0.00769* （1.780）
lnasset	1.5064 （9.04）	0.410*** （9.04）	1.8648 （15.31）	0.623*** （15.31）	1.6037 （10.59）	0.472*** （10.59）	1.5447 （9.730）	0.435*** （9.730）
pe	0.9992 （−2.02）	−0.0008** （−2.02）	0.9911 （−2.05）	−0.001** （−2.05）	0.99916 （−2.06）	−0.0008** （−2.06）	0.99926 （−1.760）	−0.0007* （−1.760）
control	12.3719 （21.04）	2.515*** （21.04）			13.2485 （21.87）	2.584*** （21.87）	12.04463 （21.42）	2.489*** （21.42）
monopoly	2.9180 （6.61）	1.071*** （6.61）	4.25141 （9.92）	1.447*** （9.92）			3.11712 （7.120）	1.137*** （7.120）
highedu	1.0140 （5.62）	0.0139*** （5.62）	1.01231 （5.99）	0.0122*** （5.99）	1.01516 （6.17）	0.0150*** （6.17）		
cons		−12.63*** （−12.53）		−16.16*** （−17.57）		−14.00*** （−14.01）		−12.44*** （−12.53）
样本量	3148		3148		3148		3205	
伪 R^2	0.359		0.198		0.346		0.351	
chi2	717.3		443.2		709.5		748.6	
p	0.000		0.000		0.000		0.000	

注：Odds Ratio 为变量的概率比；*、**、*** 分别表示在 10%、5% 和 1% 的显著性水平下显著；括号内值是经过稳健标准误调整的回归 t 统计量。

进一步判断模型的有效性。判断一个模型是否有效，可以在估计出回归模型后，用计算模型的正确预测比率来判断，如果模型准确预测比率较高，则进一步验证了该模型对被解释变量的预测能力较强，模型是有效的。利用Stata软件计算该Logit模型的准确预测比率，预测准确率达到86.25%，可见该模型的预测准确率是比较高的，进而验证了该模型的有效性。

第四节　研究结论

通过模型概率比系数和回归系数可知，*roe*和*pe*的概率比小于1，说明*roe*和*pe*与*pension*呈反方向变化，而*tax*、ln*asset*、*control*、*monopoly*、*highedu*与*pension*呈正向变化。可以得到以下结论：

（1）*roe*对*pension*的发生影响为负，*roe*为净资产收益率，是衡量企业盈利能力的指标，*roe*对*pension*的符号为负，说明净资产收益率越高的企业建立年金计划的可能性越低。这与最初预期并不相符，可能是以下原因导致的：在我国非完全市场经济体制下，政府对经济参与度比较高的经济环境下，盈利能力并不是决定企业年金计划决策的根本影响因素，非经济因素的作用更为重要。这与我国鼓励"有能力的企业"建立年金计划的初衷是不相符的，很多盈利能力较差的企业建立了年金计划，而盈利能力较强的企业反而没有建立年金计划。后面对企业的产权属性*control*的分析证实了这一点。

（2）*tax*对*pension*的发生影响为正，说明实际税率越大，企业建立年金计划的可能性就越大。这与模型的预期也是不相符的，与*roe*对*pension*的影响为负的问题产生原因相似，我国的企业实际税率高，降低了企业的盈利空间，但是建立年金计划的可能性却增大，考虑原因依然是企业年金计划的建立并不主要依靠企业的经济能力，更多的是取决于国家政策。后文中对企业产权属性*control*的分析支持了这个结论。

（3）*asset*对*pension*的影响为正，即资产规模越大的企业，参与年金计划的可能性越大，与预期相符。资产是企业拥有的、能够带来利益的资产，资产规模越大，意味着企业可用来获利的机会就越大，并且应对风险的能力越强，企业就越有能力建立年金计划。

（4）*pe*对*pension*的影响为负，即市盈率越大，企业参与年金计划的可能性就越小，这与预期相符。市盈率是股票每股市价与每股盈利的比率，当一家企业股票的市盈率过高时，该股票的价格具有泡沫，价值被高估，企业投资风险较高，参与年金计划的概率就会降低。反之，如果市盈率过低，那么该股票就具有投资价值，企业的风险就较低，参与年金计划的概率就会提高。

（5）*control*对*pension*的影响非常大，概率比系数达到了12倍之多，也就是说，国有控股的企业建立年金计划的概率是非国有控股的企业的12倍以上。由于企业年金制度的建立和扩面需要企业的支持，而国有控股企业出于国家政策的需要，首先成为支持政策发展的中流砥柱。与此同时，国有控股企业在发展过程中，有强大的国家财力来应对风险，对风险的承担能力很强，对企业的积累资金的长期规划更弱，因此更容易建立年金计划。再加上国有控股企业一般规模比较大，员工的呼声会起到非常大的作用，员工参与企业年金计划的意愿也就更容易实现。由于国有控股企业受到的市场波动较少，能够持续不断地提供大量的充足不断的年金基金，基金管理机构也愿意为其制定丰富的投资计划并且降低收费标准，使得国有控股企业的平均管理成本有所降低，增强了企业管理层参与企业年金制度的意愿。因此，即便盈利能力不强，实际税率较高，也依然抵消不了国家行政政策对国有控股企业建立年金计划的推动作用。

（6）*monopoly*对*pension*的影响也比较大，概率比为3左右，说明垄断行业的企业建立年金计划的可能性要比非垄断行业的企业更高。我国建立企业年金计划的企业主要集中在垄断性行业和业绩比较好的竞争性行业，如交通、商业、外贸、金融、能源、供水、建筑、医药、金属等行业。从行业分布来看，电力、石油、石化、民航、电信、铁路等行业的基金积累几乎占全国积累基金的一半以上，在邮电、通信业、能源、电力、金融等行业中建立企业年金计划的比例也很高，超过了1/3。这类国家垄断性行业建立企业年金计划的比例远远高于其他行业。与之形成鲜明对比的是，科研、教育、卫生、文艺等行业的企业建立企业年金计划的非常少。

*monopoly*对*pension*的影响要小于*control*（概率比明显要小很多），这说明我国的企业参与计划决策受到企业性质的影响更大，而垄断行业获取垄断利润对企业参与企业年金制度决策的影响要小得多。

（7）*highedu*对*pension*的影响为正，说明企业的高素质员工越多，企业参与企业年金制度的可能性就越大。企业的高素质员工越多，他们对收入水平要求就越高，自然对年金福利的期盼就越高，更容易对资方表达出建立年金计划的意愿。高素质也意味着更强的谈判能力，可能在劳资谈判中获得更大的胜利。

第六章　企业年金制度可持续发展的个人影响因素分析

亚当·斯密曾经说过，“在人类社会的大棋盘中，每个个体都有自己的行动准则，这些单个准则的集合不同于立法者所选择的准则。如果这两个准则一致，并且作用于同一个方向，人类社会的博弈会容易而和谐地进行，人类社会也最有可能获得幸福和成功。如果这两个准则对立或不同，博弈将是痛苦的，人类社会必将始终处于极大的混乱之中”。企业年金制度的政策和个人的行动准则相一致，既会极大地促进企业年金制度的发展，又会提高人们的幸福指数；如果企业年金制度的政策不符合个人的需求，那么制度就会停滞。[①]本章以个人为研究对象，利用调查数据，分析个人参与企业年金制度意愿的影响因素，为企业年金制度的可持续发展提供个人视角的政策需求依据。

第一节　个人参与企业年金制度的相关理论

一、个人的有限理性与效用理论

（一）个人的有限理性

新古典经济学有经济人行为假定、理性人行为假设和稀缺性假设三个核心假设。其中，“经济人”假定就是指人是“会计算，有创造性、能获取最大

① 罗小芳，卢现祥．制度质量：衡量与价值［J］．国外社会科学，2011（2）：43-51.

利益的人”；[①]“理性人”是指在各种可能的选择中，个人通过某个价值标准按照自己的偏好顺序排列各个可能的后果，对所有后果进行评价，从而选择令其满意度最高的行为，也就是选择使其自身利益最大化的行为。因此，“经济人”就是“理性人”，经济人的行为就是理性人的行为。经济人假定只是强调了个人行为目标是自身利益最大化，这里的利益可以是经济利益、政治利益，也可以是社会利益、集体利益等。

要满足“理性人”这个假定条件，个人必须做到以下三点：一是能够列出全部的备选策略；二是能够确定全部策略中的每一个策略的所有可能后果；三是能够对这些所有可能后果进行对比性评价并做出最后的决策。这三点要求非常苛刻，现实中显然也不可能存在，也就是说，研究所基于的“完全理性人”是一个不可能达到的状态或条件，它本身充满了矛盾。这是因为，“完全理性人”要通过举例并比较“所有可能后果”才能做出最“理性”的决策，事实上，“所有可能后果”与个人的经验相关，是一种“预测”，而并非真实发生的事件。西蒙曾经详细地分析时间、知识和群体对行为的影响，指出“传统经济理论对人的智力做了极其苛刻的假定，实际上个人预测未来是以自己的经验知识和有关现实状况的信息为依据的，所以个人只是‘有限理性’”。[②]

“理性人”假定与经济环境动态变化之间存在矛盾。现实的经济生活是一个复杂的动态系统，在这个系统下，如果人们想要清楚地权衡自己所面临的所有利害得失，并选择最佳的行为策略，几乎不具备可行性。青木昌彦等（1999）指出“从把经济体制作为复杂系统，将人类看作是存在有限理性的视角出发，社会制度就可以看作是人类为了对付复杂环境而必然产生的结构……所谓社会制度，不是什么人有意设计的，而是那些适应环境、社会变化的新结构不断被发现，而更为理想的结构被保持下来，即在所谓‘适应性’

① 张曙光．制度、主体、行为——传统社会主义经济学反思［M］．北京：中国财政经济出版社，1999：51.

② ［美］西蒙．管理行为［M］．北京：北京经济学院出版社，1988：66-73.

进化的过程中产生的”[①]。

认识到“完全理性”是不可能达到的状态，阿罗（1951）提出了“有限理性”的概念，即人的行为虽然具有意识理性，但理性是有限的，其原因是个体的知识储备、对未来的判断能力、拥有的技能、拥有的时间都是有限的，这就决定了个体希望采取理性的行为而无法在现实中完全实现。[②]“有限理性”在时间上、经验上、预期上三个方面共同制约了个体发挥理性思考、进行理性决策的程度，个体的不完全理性反而成为个人决策的“常态”，并且造成了不同个体“理性”决策的能力不同，所以在现实中，我们可以看到，针对同一事物或事件，人们的看法和做法往往会存在很大的差异。

根据以上分析，由于个人经验的不完备和经济环境动态变化，所谓“理性人”是不存在的。既然“完全理性人”不存在，那么考虑到制度变迁问题时，就需要将人的“不完全理性”影响因素纳入企业年金制度中个人行为选择的分析框架中来。

（二）效用理论

“效用”一词在经济学中主要用于消费领域，是指某种商品或劳务满足人们需要或欲望的能力，它表示消费者消费某种物品所获得的满足程度。效用具有三个特征：其一，效用具有主观性，“满足程度”完全是个人的心理感觉，不同的偏好决定了人们对同一种商品效用大小的不同评价；其二，效用具有相对性，相同的商品对于不同的人，在不同的环境中，其效用的获得都可能相差悬殊；其三，消费者消费行为的目标是获得效用最大化，这也是针对个人自身而言的。随着商品消费量的增加，消费该商品所引起的总效用的增量是在逐渐递减的，也就是经济学中的“边际效应递减规律”。

虽然“效用”一词在经济学领域中经常被用于消费领域，但是对于社会

---

① ［日］青木昌彦，奥野正宽.经济体制的比较制度分析［M］.北京：中国发展出版社，1999：10.

② Arrow,K. J. Social Choice and Individual Values［M］. New York：Wiley，1951.

保障领域来说，它也具有适用性。例如，对于失业保险、医疗保险、基本养老保险等，个人只有在连续缴纳若干期的费用后，才能够享受这个福利，个人的成本就是缴纳的各种参保费用，收益就是相应福利的获得，从这个方面来讲，失业保险、医疗保险和基本养老保险都是商品，个人为获得它，需要付出成本。

经济学中的效用存在边际效用递减规律。边际效用是指商品消费量每增减一个单位所引起的总效用增减量，换言之，边际效用是指商品消费量中最后增加的那个单位商品所提供的效用。随着一个人所消费的某种商品或劳务数量的增加，每增加一个单位的商品或劳务所增加的效用趋于递减，这就是边际效用递减规律。在效用尚未达到饱和程度时，随着所占有物品的增加，总效用是增加的，然而边际效用，即最后增加的那一个单位物品所带来的效用是递减的，当总效用达到极大值时，边际效用等于零，超过极大值继续消费时，边际效用为负而总效用绝对减少。边际效用递减规律反映了人们的一种心理倾向，即一个人拥有任何一种商品的数量越多，他对该商品数量的任何增加所作的评价就越低。

与消费领域的效用概念一样，在社会保障领域也存在边际效用递减规律，例如，增加一元钱的养老保险对于穷人和富人有显著的差异，富人的社会保障福利每增加一元钱所带来的效用远远低于对穷人的效用的增加，这是因为，人的心理对某种连续刺激的反应会逐渐下降，一个人拥有了较多财富，增加一元钱并不能使其获得更多的满足感，所以效用递减。

在社会保障领域，虽然“保障”就是“钱”，对于一般人而言也是越多越好，越多越能获得更多的满足，但这始终存在一个限度，超过这个限度以后必然出现边际效用递减。因此，社会保障的待遇应该进行上额限定，尤其是企业年金，完全由企业和个人缴费，如果不进行上限限定，将会造成有限的企业资源的浪费，使得收入分配更加不公平。

二、个人参与企业年金制度的动因

人的寿命长短是不确定的，物价和工资增长是不确定的，退休后面临的通货膨胀风险是不确定的，身体健康状况也是不确定的，所以每个人都会面临老年经济安全的不确定。老年经济风险主要体现为长寿风险、收入降低风险、通货膨胀风险，[①]以及疾病风险，这些风险都是与老年生活支出联系在一起的。通常情况下，由于退休后离开工作岗位，其支出水平会相应降低，但是一些基本的开支还是必不可少的，这些老年经济风险都促使人们寻找规避风险的方法。另外，根据生命周期假说的观点，如果是一个完全理性人，那么他会合理安排一生的收入和支出，使整个生命周期内的收入和支出达到平衡。但实际情况是，人不可能完全理性，完全合理地安排一生的收入和支出是不现实的。社会中经常出现的问题是人们在收入较高时期消费水平高，并没有为未来的养老做足够的积累，因此，建立企业年金制度相当于为员工强制建立了一定水平的养老保险。由于老年经济风险的存在和个人的有限理性，以及个人是企业年金制度的最终直接受益者，员工个人参与企业年金计划就有了动力。个人参与企业年金计划的动因主要体现在提高退休后生活质量和延期缴税这两个方面。

（1）改善退休后的生活质量。企业年金增加了员工的个人福利水平，员工可以获得企业年金提供的额外福利保障。我国的基本养老保险所提供的养老金与员工退休前的工作收入相比落差较大，员工在职时，获得的收入不但包括了基本工资，还包括了绩效工资以及各种福利。我国员工的收入特征是基本工资只是收入的一部分甚至是较少的部分，绝大多数的收入来源于绩效工资和其他福利，因此，以员工退休前基本工资为收入基准的基本养老保险提供的养老金十分有限，不会超过其在职时的基本工资，这就造成员工退休前和退休后的收入差异，有可能导致众多老年人口成为社会贫困人口。而企

---

① ［美］劳伦斯·汤普森．老而弥智——养老保险经济学［M］．北京：中国劳动社会保障出版社，2003.

业年金的提供提高了员工退休后的收入。

（2）缴税递延到支付期。国家在建立企业年金制度时往往会提供税收优惠计划，只有提供了税收优惠计划才能更好地促进企业年金制度的发展，因此，参与企业年金计划的员工会获得国家的税收优惠。虽然企业年金仍然是员工的人工成本，是员工应获得的部分收入，理应在缴纳时扣除个人所得税，但由于这部分收入是员工未来的支出，不是当期支出，所以可以递延到退休后实际领取年金养老金时再缴纳税款，而且可能会享受更低的税率（这是因为退休后总体收入减少，缴税税率会随着收入的降低而降低）。员工在增加养老保障的同时又享有了国家给予的税收优惠政策，相对于员工直接缴纳个人所得税后进行养老储蓄来说，能够获得更多的收益，更易获得员工的青睐。

第二节 个人参与企业年金制度意愿影响因素的理论研究框架

一、个人参与意愿影响因素的理论架构与指标选择

影响个人参与企业年金制度意愿的因素很复杂，国外学者在这一方面做了比较多的探索，研究的内容也比较丰富。这些研究文献涉及养老金制度改革、工会、企业特征、人们的储蓄动机、性别、收入水平、财务知识水平、企业提供的培训等因素对个人参与企业年金制度的意愿的影响及其影响程度。公共养老金私有化使普通雇员的养老金替代率下降，雇主只为贡献大的雇员提供养老金计划，如果这一制度不做进一步改革，则老年人的贫困率可能会大幅上升；[①]工会在奥地利、比利时、德国和荷兰4个国家的职业养老金演变中起到了非常重要的作用，这4个国家的职业养老金能够得到显著的发展，很大程度上得益于工会很强的谈判能力和资源整合能力；[②]职业养老金不仅取决于

① Pavolini,E.,Seeleib-Kaiser,M. Comparing Occupational Welfare in Europe: The Case of Occupational Pensions［J］. Social Policy & Administration, 2018(52): 477-490.

② Maarten,K. Opportunity or Threat?How Trade Union Power and Preferences Shape Occupational Pensions［J］. Social Policy & Administration ,2018(52): 463-476.

企业规模和行业，还取决于个人社会人口学特征和人们的储蓄动机等需求侧因素。退休储蓄、个人态度和对生活水平的满意度是参与职业养老金的重要决定因素，人们现在越满足，将来就越想保持这种状态，就越关心退休后的生活；[①]人们对于储蓄有不同的优先顺序，家庭对储蓄动机的重视程度与不同生活阶段的家庭储蓄的多少有关，因为它们可能会决定储蓄是出于馈赠动机、预防动机，或者是退休准备之外的其他动机；[②]职业养老金的参与率、缴款率和储蓄率随着薪酬的增加而增加，平均而言，薪酬越高的雇员参与可能性就越高，女性比男性的参与概率要高，雇主提供匹配的职业养老金会增加雇员的参与率，尤其是对收入较少的雇员影响最大，并且，当公司股票是可投资基金时，雇员特别是低收入雇员的参与率较高；[③]但是有学者对西班牙的研究表明，税收优惠提高了富人参与职业年金制度动机，对中低收入群体却没有影响[④]；对日本的养老金计划的研究结果表明，税收激励与员工参与率呈正相关，养老金风险与雇员参与率呈负相关；[⑤]婚姻状况、工资水平、任期年限和财务知识水平都是雇员是否参与DC计划的影响因素，尤其是财务知识丰富的雇员更有可能参与养老金计划，并且提高他们的缴费比例，此外，如果雇主为雇员提供了学习职业年金计划的相关知识，则会增加雇员的参与比例；[⑥]在德国，与有固定期限劳动合同的雇员相比，没有固定期限劳动合同的雇员更不可能享受到职业年金计划。[⑦]

---

① Dummann,K. What Determines Supply and Demand for Occupational Pensions in Germany? ［J］. Journal of Pension Economics and Finance ,2008,7(2)：131–156.

② Schunk, D. What Determines the Saving Behavior of German Households? An Examination of Saving Motives and Saving Decisions ［J］. MEA Discussion Papers, No. 124–2007，MEA, University of Mannheim.

③ Huberman, G., Iyengar,S.S., Jiang,W. Defined Contribution Pension Plans： Determinants of Participation and Contribution Rates ［J］. Journal of Financial Services Research, 2007,31(1)： 1 – 32.

④ Dom í nguez,B.F. Why Do People Invest in Personal Pension Plans? ［J］. Applied Economics, 2007(39)：1115–1126.

⑤ Yoshida,K.Horiba,Y. Japanese Corporate Pension Plans and the Impact on Stock Prices［J］. Journal of Risk & Insurance, 2003, 70(2)：249–268.

⑥ Clark, R. Lusardi, A.Mitchell, O. S. Employee Financial Literacy and Retirement Plan Behavior： A Case Study ［J］. Economic Inquiry, 2017, 55(1)：248–259.

⑦ Clark, R. Lusardi, A.Mitchell, O. S. Employee Financial Literacy and Retirement Plan Behavior： A Case Study ［J］. Economic Inquiry, 2017, 55(1)：248–259.

国外的研究得益于其丰富的数据积累，结论更具说服力，但是由于国外职业养老金与我国的企业年金存在显著差异，其结论未必符合我国国情，所以还需要对有关研究结论进行验证。相比国外，我国企业年金制度起步比较晚、发展时间短、相关统计数据不完整，阻碍了我国学者们对有关企业年金制度方面的研究。但是，即便是在这种情况下，部分学者依然克服了困难，尝试进行个人参与企业年金制度意愿影响因素方面的研究。

郭磊等（2015）基于2011年中国家庭金融调查数据，从人力资源效应、节税效应和所有制效应等企业提供企业年金的激励因素着手，考察中国企业年金参保的影响因素，研究结果显示，人力资源效应（文化程度、工作年限、职称与职务）与职工企业年金参保率正相关，节税效应没有发挥应有的作用，企业年金的税收优惠政策的优惠程度与职工参保概率呈负相关，所有制效应显著，即国有企业的职工参保率更高，并且年金分配也更加公平；[①]张东旭等（2017）认为企业年金缴费受到了行业内其他企业缴费行为的影响，还受到省内其他企业缴费行为的影响，存在显著的同伴效应；[②]《企业年金办法》中修改了企业年金待遇计发方式、企业年金归属原则、缴费比例、企业内部分配是否公平、领取规定等内容，这些修改将有助于调动员工的参与热情（郑秉文，2018）。[③]

基于以上理论分析与相关文献探讨可知，个人参与企业年金制度意愿的影响因素是多维的。可将影响个人参与企业年金制度的因素归纳为三个方面：一是企业年金制度政策的影响。企业年金政策范围非常广，包括了企业年金的管理、投资、分配、转移、宣传与税收等，这些因素均可能影响个人参与企业年金制度的意愿，并且人们对制度养老功能的认知会进一步影响个人参与企业年金制度的意愿。二是员工个人特征对其参与意愿的影响。每个人都有既定的特征，性别、年龄、收入等因素都可能对个人参与企业年金制度的意愿产生

---

① 郭磊，苏涛永．人力资源、税收、所有制与企业年金参保——基于家庭金融微观数据的实证研究［J］．公共管理学报，2015，12（1）：94–106，157.

② 张东旭，徐经长．同伴效应在企业年金缴费中的影响分析——来自A股上市公司的经验证据［J］．证券市场导报，2017（2）：21–27.

③ 郑秉文．企业年金：踏上新征途 面对新挑战［N］．经济参考报，2018–03–07.

影响。三是员工所在企业的特征对其参与意愿的影响。每个企业都有不同的企业特征，包括企业属性，是否上市，是否有工会组织，是否已经建立了年金计划，等等，这些企业特征也影响了个人参与企业年金制度意愿的大小。

依据前述归纳总结的个人参与企业年金制度意愿的影响因素，结合本书的研究目的，建立如下研究架构，如图6-1所示。

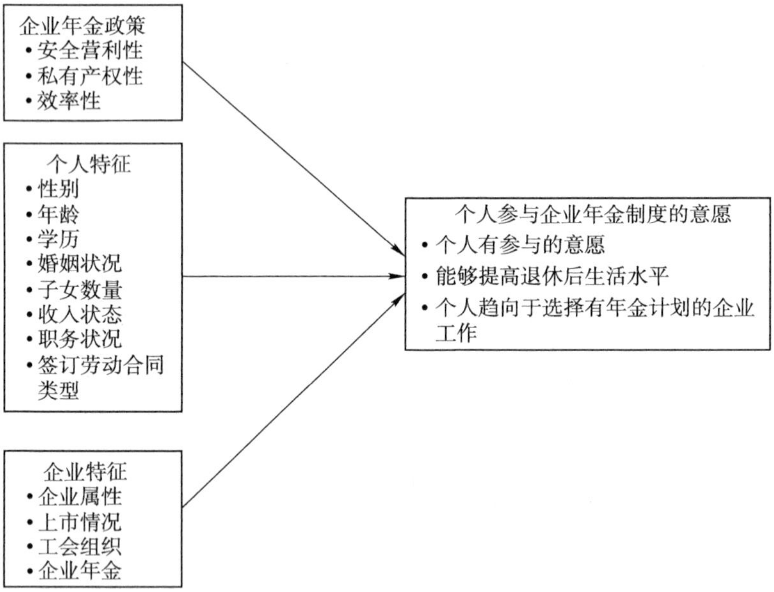

图6-1　个人参与企业年金制度意愿的影响路径

二、员工个人参与意愿的研究假设

由于本章所研究的对象均为企业的员工，研究的是个人参与意愿也即员工的参与意愿，为了与未在企业工作的个人相区别，后续研究中将以“员工”代替“个人”。

根据研究目的、文献探讨结果与研究架构，关于员工参与企业年金制度的意愿，本书提出如下基本假设：

H1：企业年金相关政策的制定对员工参与企业年金制度意愿有显著影响。

H1a：企业年金的安全营利性越高，员工参与企业年金制度的意愿越强。

H1b：企业年金基金的私有产权越能够得到保障，员工参与企业年金制度意愿就越强。

H1c：企业年金的宣传和分配效率越高，员工参与企业年金制度的意愿就越强。

H2：个人基本特征对员工参与企业年金制度的意愿有显著影响。

H2a：相较于男性员工，女性员工参与企业年金制度的意愿更强。

H2b：年龄越大，员工参与企业年金制度的意愿就越强。

H2c：学历越高，员工参与企业年金制度的意愿就越强。

H2d：已婚、离异的员工比未婚的员工参与企业年金制度的意愿更强。

H2e：子女数量越多，员工参与企业年金制度的意愿越强。

H2f：收入越高，员工参与企业年金制度的意愿就越强。

H2g：职务越高，员工参与企业年金制度的意愿就越强。

H2h：签订长期劳动合同的员工比短期或无劳动合同的员工参与企业年金制度的意愿强。

H3：企业基本特征对员工参与企业年金制度的意愿有显著影响。

H3a：国有企业、集体企业的员工参与企业年金制度的意愿更强。

H3b：上市公司的员工比未上市公司的员工参与企业年金制度的意愿更强。

H3c：参加工会组织的员工比没有参加工会组织的员工参与企业年金制度的意愿更强。

H3d：已经参加了企业年金计划的员工比没有参加的员工参与企业年金制度的意愿更强。

第三节　员工参与企业年金制度意愿影响因素的问卷设计与描述性统计分析

我国的企业年金制度是自愿型企业年金制度，也就是企业和员工共同协商是否建立企业年金计划，虽然在我国大多数企业中，企业资本方是强势的一方，但是劳动方也有表达自己意愿的途径和方法，如果员工个体或集体的呼声足够强大，那么资本方为劳动方建立企业年金计划的可能性就会很大。因此，有必要对员工参与企业年金制度意愿进行调查，探讨影响员工参与企业年金制度意愿的因素，从而从个人角度探讨如何增强我国个人参与企业年金制度的意愿。

一、问卷设计思路与抽样方法

本书依据上述理论、文献分析和研究假设，设计了调查问卷。该调查问卷共分为四个部分：第一部分为员工参与企业年金制度意愿的政策影响因素的调查，调查目的是分析哪些企业年金政策性因素能够正向驱动员工的参与意愿；第二部分为个人特征的调查，调查目的是分析哪些个人特征影响了员工的参与意愿；第三部分为员工所在企业的企业特征调查，调查目的是了解哪些企业特征对员工的参与意愿产生较大的影响；第四部分为员工参与企业年金制度意愿的调查，调查目的是综合员工参与企业年金制度的意愿大小。其中第一和第四部分的调查都是关于员工参与意愿的主观问题的调查，适合采用量表形式设计问卷，有利于分析时将定性问题向定量问题转换，所以本问卷的第一和第四部分设计的是李克特量表问卷。

本研究的抽样范围包括北京、上海、广州等大城市，也包括一些二、三线城市，覆盖范围较广，以减少抽样误差。在抽样调查时，特别需要注意的一点是，由于我国已参与企业年金制度的人数与未参与企业年金制度的人数相差悬殊，为了保证“已参与”的这部分群体也能够被纳入样本中，所以，在抽样的时候有针对性地按一定比例从已经建立企业年金计划的企业中抽取了一部分员工。基于以上调查的基本思路，共发放了750份问卷，回收有效问卷618份，回收有效率为82.4%。

基于前述的研究框架和研究目的，本研究将使用多种统计分析方法分析问卷数据，以期得到比较可靠的结论，具体方法包括：描述性统计分析、因素分析、信度分析、独立样本t检验（平均数差异分析）、方差分析、相关分析及回归分析等。

二、员工参与企业年金制度意愿的问卷设计

由图6–1和前文问卷思路设计可知，我们需要构建四个分问卷，其中包括两个量表：一个是对员工参与企业年金制度意愿的企业年金政策影响因素的度量量表，另一个是对员工参与企业年金制度意愿大小的度量量表。下面分别阐述四个分问卷的设计，分别为“员工参与企业年金制度意愿的政策影响因素量表”“个人特征调查问卷”“企业特征调查问卷”以及“员工参与企业年金制度意愿量表”。第一个量表包括的构面及内容较多，所以下文对该量表讨论内容也较多。

（一）员工参与企业年金制度意愿的政策因素量表

1. 初始量表设计

企业年金制度的政策制定会影响员工的参与意愿。依据员工参与意愿影响因素的路径（见图6–1），政策因素量表应包括3个构面：安全营利性、私有产权性、效率性。在预调查中，3个构面共设计题项11项，表6–1列出了具体调查题项。其中b1~b5题反映了企业年金的安全性和营利性对员工参与意愿的影响，b6~b8题反映了企业年金的私人产权归属问题对员工参与企业年金制度意愿的影响，b9~b11题反映了企业年金政策的分配与宣传效率对员工参与企业年金制度意愿的影响。量表采用李克特七点量表法，每个题项的答项标准如下：1=非常不同意、2=比较不同意、3=稍微不同意、4=不好确定、5=稍微同意、6=比较同意、7=非常同意。

表6–1 员工参与企业年金制度意愿的政策影响因素量表

构念	变量	题项
安全营利性	*b*1	企业年金投资能够实现保值增值，将增强我的参与意愿
	*b*2	企业年金投资途径如果由我自己决定，将增强我的参与意愿
	*b*3	企业年金投资过程透明，将增强我的参与意愿
	*b*4	企业年金的管理过程透明，将增强我的参与意愿
	*b*5	企业年金有税收优惠，将增强我的参与意愿

续表

构念	变量	题项
私有产权性	*b*6	离职时能够带走更多比例的企业为我缴费的年金部分，将增强我的参与意愿
	*b*7	在临时急需钱的时候，能够方便地提前支取年金，将增强我的参与意愿
	*b*8	企业年金分配能够实现公平公正，将增强我的参与意愿
效率性	*b*9	年金分配能反映员工的工作效率，将增强我的参与意愿
	*b*10	有关企业年金的宣传力度大，将增强我的参与意愿
	*b*11	周围人参与企业年金计划比例高，将增强我的参与意愿

2. 对“员工参与企业年金制度意愿的政策因素量表”的项目分析

在设计完初始量表后需要通过预调查对初始问卷进行优化，本问卷的探索性预调查发现所有题项均是显著的，还需要对预调查问卷进行项目分析和同质性检验以删除不必要的题项。

项目分析是通过独立样本t检验来完成的，基本步骤如下：首先，将该量表所有题项的分值加总，得到总分值，然后进行高低分组，总分最高的27%为高分组，总分最低的27%为低分组；其次，考察各题项在两组间的差异，得到独立样本t检验分析表；最后，根据分析表判断删除哪个题项，依此形成新的量表。

同质性检验也可以作为个别题项筛选的指标，如果个别题项与量表总分值相关性（即Pearson相关系数）大于0.4，意味着该题项与量表的同质性较高，题项保留；如果小于0.4，说明该题项与整体量表的同质性低，应当从量表中删除。经相关性分析，该量表的所有题项均达到0.05的显著性水平（即Pearson相关系数大于0.4）。通过以上分析，我们进一步明确了该量表的设计是合理的，可以以此量表进行更大范围的调查来获取数据。

虽然在预调查的时候对问卷的效度和信度已经进行了分析，并且经过了检验，但是由于在预调查中，某些群体的调查数量较少，可能会影响到问卷的信度和效度，因此在正式调查之后，再次对量表进行效度和信度检验，以进一步验证通过因素分析所提取的因素变量是否合理，为后续模型的构建和估计作准备。

3. 量表效度分析

检验量表构建效度的最常用的方法即因素分析，通过萃取共同因素实现题项降维，如果萃取的共同因素与理论架构接近，则说明此量表具有建构效度。

KMO抽样适当性参数和Bartlett球形检验是衡量量表是否适合进行因素分析的依据。该量表的KMO为0.847，大于0.8的“良好”标准，所以比较适合进行因素分析①；Bartlett球形检验的卡方值为3372.118，自由度为55，达到0.01的显著水平，说明该量表存在共同因素，适合进行因素分析。

对量表进行因素分析共萃取了3个特征值大于1的因素，将因素分析结果输出整理为表6-2。表中最后一列“共同性”为每个题项在各主成分上的负荷量的平方加总，该值均大于0.2意味着每个题项与量表的共同性高，题项均可以保留。

表6-2 “员工参与企业年金制度意愿的政策因素量表”因素分析结果摘要

变量	题项	因素负荷量			共同性
		安全盈利	私有产权	政策效率	
*b*3	企业年金投资过程透明，将增强我的参与意愿	0.861	0.276	0.087	0.824
*b*4	企业年金的管理过程透明，将增强我的参与意愿	0.837	0.298	0.118	0.804
*b*2	企业年金投资途径如果由我自己决定，将增强我的参与意愿	0.693	0.356	0.085	0.614
*b*1	企业年金投资能够实现保值增值，将增强我的参与意愿	0.682	0.091	0.234	0.528
*b*5	企业年金有税收优惠，将增强我的参与意愿	0.400	0.335	0.389	0.424
*b*7	在临时急需钱的时候，能够方便地提前支取年金，将增强我的参与意愿	0.260	0.865	0.055	0.820
*b*6	离职时能够带走更多比例的企业为我缴费的年金部分，将增强我的参与意愿	0.301	0.797	0.058	0.729
*b*8	企业年金分配能够实现公平公正，将增强我的参与意愿	0.299	0.786	0.174	0.737
*b*11	周围人参与企业年金计划比例高，将增强我的参与意愿	0.103	0.016	0.848	0.730

① 如果KMO值小于0.5，则量表不适宜进行因素分析，能够进行因素分析的KMO至少为0.6，如果KMO达到0.8以上，表明量表适合进行因素分析。

续表

变量	题项	因素负荷量			共同性
		安全盈利	私有产权	政策效率	
*b*10	有关企业年金的宣传力度大，将增强我的参与意愿	0.304	–0.012	0.801	0.735
*b*9	年金分配能反映员工的工作效率，将增强我的参与意愿	–0.023	0.433	0.639	0.597
特征值		2.898	2.602	2.041	
解释变异量（%）		26.346	23.654	18.552	
累积解释变异量（%）		26.346	49.999	68.552	
Cronbach's Alpha		0.836	0.861	0.714	0.867

需要说明的是，题项b5在3个成分上的因素负荷量差异不大（分别为0.400、0.335、0.389），说明这个题项的层次并不十分分明，从因素分析中无法确定其具体属于哪一个构面更为合理些。但是，我们在进行因素分析的时候不能够仅仅依据因素分析结果来看，还应该考虑题项的理论构面。题项b5考量的是员工对企业年金的税收优惠政策的看法，而人们对企业年金制度的税收优惠政策的认可与否，仍然是关系到员工利益的问题，因此仍将该题项归入“安全营利性”构面。萃取的3个共同因素转轴后的特征值分别为2.898、2.602、2.041，3个因素构面解释个别的变异量分别为26.346%、23.654%、18.552%，联合解释变异量为68.552%，因素分析结果理想①。

3个因素的构面和理论相符，说明量表萃取的3个因素是合理的，量表的三因素结构得到了验证。因素分析的结果说明“员工参与企业年金制度意愿的政策因素量表”具有较好的构建效度。最终的3个构面及其题项构成分别为：安全盈利性（b1~b5）、私有产权性（b6~b8）、效率性（b9~b11）。

4. 量表信度检验

量表的信度越大，则量表的测量误差就越小。信度检验一般采用L.J.Cronbach提出的α系数（Cronbach's Alpha）度量。

① 一般来讲，对于社会科学领域量表的研究，如果萃取后的因素联合解释变异量能够达到50%以上，说明萃取后保留的因素是可以接受的，如果能到60%以上，说明萃取后保留的因素相当理想。

本研究的“员工参与企业年金制度意愿的政策因素量表”及其3个构面的内部一致性检验的α系数列在表6-2中的最后一行，分别为：总量表α=0.867，“安全盈利性”构念α=0.836，“私有产权性”构念α=0.861，“效率性”构念α=0.714，由此可知，总量表、“安全盈利性”构念量表、“私有产权性”构念量表的α系数均大于0.8，所以这几个量表的内部一致性非常好；“效率性”构念量表的α系数为0.714，也超过了分量表要求0.6以上的标准，所以整体来看，“员工参与企业年金制度意愿的政策因素量表”的内部一致性是理想的。

由于量表的各个构面均与理论相符，在后续研究中，将以3个构面分别作为3个解释变量来考察其对员工参与企业年金制度意愿的影响。

（二）个人特征调查问卷

个人特征与企业特征会影响员工对企业年金制度的参与意愿。本研究考察的个人特征包括性别、年龄、学历、婚姻状况、子女状况、收入状况、职务状况，以及签订劳动合同类型。有关个人特征的度量及其基本内容如下：

（1）年龄：指的是答题者答题时的年龄。企业年金的作用之一就是平滑整个生命周期内的消费，提高退休后的养老水平。基于这点认知，我们认为，当员工年龄增加时，退休意识增强，个人的养老风险意识更高，参与企业年金制度的意愿更强。为了避免被调查者在回答问题时出现误差，此题目问项是“出生年份”，再以调查年份减去出生年份得到年龄。

（2）性别：在劳动力市场上存在性别差异，不同性别员工自身生理原因导致就业机会、岗位待遇、职务预期等方面都存在不同，所以，本研究认为不同性别在对企业年金制度的参与意愿方面也可能存在差异。相对来说，男性由于退休年龄晚，在职工作时期养老金积累更多，平均寿命也短，所以对企业年金的需求相对较低；但是从男性的家庭负担要大于女性来说，男性对企业年金的需求相对较高。因此，性别对企业年金参与意愿可能会产生影响。

（3）学历：指的是答题者的最高学历，也包括在职后教育所获得的学历。

可以从两个角度来看待学历对企业年金制度需求的影响。一般来说，学历较高的员工在职收入更高，具有更多的投资理财知识，对企业年金的需求较低；但是高学历职工对企业年金的认知水平较高，也可能增强他们对企业年金的需求意识。因此，学历也可能影响员工参与企业年金制度的意愿。学历可以划分为较低水平（初中及以下）、中等水平（高中、中专、技校）、较高水平（大专及本科或同等学力）、高水平（硕士及以上）。

（4）婚姻状况：不同婚姻状况意味着某个人对养老的需求大小不同。一般来说，已婚的员工出于家庭责任和压力，对养老需求较大。并且婚姻状况与年龄有关，所以两变量间可能产生交互作用，同时影响员工参与企业年金制度的意愿。婚姻状况分为未婚、已婚和离异三种状况。

（5）子女状况：在我国大部分都是独生子女，但是放开了二胎政策以后，部分家庭的子女数量增加，家庭因养育孩子而减少了养老金的积累，对企业年金的需求增加，所以考虑该因素对员工参与意愿产生影响。子女状况划分为0个、1个、2个及以上三种状况。

（6）收入状况：收入高低代表个人养老能力高低和对企业年金作用接纳程度，一般来说，收入越高的人群，企业年金养老金占其总养老金比例越低，替代率越低，参与企业年金制度意愿降低。但是当他们的收入是中等水平时，企业年金的替代率反而高，参与企业年金制度的意愿会较高。我们将收入水平划分为三个等级：低收入水平（5万元及以下）、中等收入水平（5万~20万元）、高收入水平（20万元以上）。

（7）职务状况：原理同上，职务状况也可能影响员工的参与意愿。将其分为四个水平，分别是普通职工、基层管理人员、中层管理人员、高层管理人员。

（8）签订劳动合同类型：不同合同类型会影响员工的参与意愿。一般分为无劳动合同、短期劳动合同、长期劳动合同三种类型。长期劳动合同的签订者为企业的正式员工，养老相对能够得到保障，但是企业年金养老金积累多少也影响他们的参与意愿大小。无劳动合同和短期劳动合同的签订者一般为企业的临时工，由于工作不稳定，他们更期望能够拥有企业年金养老金。

（三）企业特征调查问卷设计

企业特征不仅会影响企业参与企业年金制度的决策，也会影响员工的参与意愿。本研究考察的企业特征包括企业属性、企业上市情况、工会情况，以及该企业是否已经建立企业年金计划。有关企业特征的度量及其基本内容如下：

（1）企业属性：国有或集体、其他。上一章已经证明了企业属性是影响企业参与企业年金制度决策的非常重要的变量，所以，它也应该是影响员工意愿的重要变量。

（2）是否是上市公司：如果员工所在企业是上市公司，企业的经营效益相对良好，员工对企业年金的诉求相对就会较高。

（3）是否有工会组织：员工所在企业如果拥有工会组织，那么就增强了员工的谈判能力，员工对自身福利的诉求就会更强。

（4）是否已经建立企业年金计划：员工所在企业如果已经建立了企业年金计划，当这个计划使员工感受到企业年金的必要性和重要作用后，员工的参与意愿增强；而没有建立企业年金计划的企业，由于员工对企业年金的认知很少，可能存在知识盲区，不赞同企业年金的养老作用，使得其参与意愿降低。

（四）员工参与企业年金制度意愿量表

研究员工参与企业年金制度意愿是我们研究的目的，如何度量员工参与意愿也需要按照上面设计量表的方法，将“意愿”这一员工的主观定性指标转换为定量指标。设计量表和分析量表的思路与上文中的“员工参与企业年金制度意愿的政策因素量表”相同，因此不再赘述详细处理过程。该量表只有一个构面，即度量员工的参与意愿，初步量表中共包括了三个题项，如表6-3所示，本量表的KMO为0.578，能够做因素分析，表示量表的构建效度通过检验，信度检验的Alpha为0.634，但是删除*yb*3后能够得到更高的Alpha值（0.736），因此最后删除*yb*3题项。

表6–3　员工参与企业年金制度意愿量表①

构念	变量	题项
员工参与意愿	*yb*1	我有参与企业年金制度的意愿
	*yb*2	参与企业年金计划，能够提高我退休后的生活水平
	*yb*3	在其他待遇相同的条件下，如果其他企业能够提供企业年金，我选择跳槽

经过分析改进后，调整员工参与企业年金制度意愿量表,由*yb*1和*yb*2两个题项构成量表，所以“员工参与企业年金制度意愿”就以这两个题项分值加总来度量大小。

三、调查问卷的描述性统计分析

按照上述问卷的设计内容，对有效调查问卷样本进行描述性统计分析。问卷包括两个量表和个人特征与企业特征问卷，下面的分析将按照此顺序展开。

（一）对“员工参与企业年金制度意愿的政策因素量表”的描述性统计分析

由于“员工参与企业年金制度意愿的政策因素量表”采用的是李克特量表，目的是测试出样本个体的参与意愿受企业年金政策因素影响的潜在构面，所以，逐题分析的作用仅在于观察量表不同题项答项的大致分布情况，对于更深层次的研究则需要以构面为分析依据。表6–4给出了该量表每个题项的描述性统计。

表6–4　员工参与企业年金制度意愿的政策因素的描述统计

变量	N	极小值	极大值	均值	标准差	偏度		峰度	
	统计量	统计量	统计量	统计量	统计量	统计量	标准误	统计量	标准误
b1	618	1	7	5.00	1.283	–0.596	0.098	0.648	0.196
b2	618	1	7	5.28	1.295	–0.597	0.098	0.125	0.196
b3	618	1	7	5.25	1.268	–0.659	0.098	0.664	0.196
b4	618	1	7	5.28	1.263	–0.710	0.098	0.814	0.196
b5	618	1	7	5.16	1.205	–0.435	0.098	0.376	0.196
b6	618	1	7	5.24	1.269	–0.513	0.098	0.302	0.196

① 经过预调查改进后，删除 yb3 题项，该量表剩下 yb1 与 yb2 两个题项。

续表

变量	N	极小值	极大值	均值	标准差	偏度		峰度	
	统计量	统计量	统计量	统计量	统计量	统计量	标准误	统计量	标准误
b7	618	1	7	5.50	1.212	−0.652	0.098	0.197	0.196
b8	618	1	7	5.60	1.178	−0.826	0.098	0.964	0.196
b9	618	1	7	5.07	1.311	−0.534	0.098	0.055	0.196
b10	618	1	7	4.70	1.345	−0.471	0.098	0.400	0.196
b11	618	1	7	4.53	1.369	−0.440	0.098	0.181	0.196

从表6–4可以看出，b1~b9题项的平均分都在5分（稍微同意）以上，说明员工们对这些政策因素是持认可态度的，这些正向刺激的政策能够激发员工的参与意愿。b10和b11两个题项的平均分稍低，在4分以上（介于不好确定和稍微同意两个分值之间），说明员工对这两项的政策认可程度不高，即认为“宣传力度”和“周围人的参与”与自己参与的关系不十分强烈。

前文已经述及，“员工参与企业年金制度意愿的政策因素量表”中共有三个构面，量表的信度和效度都非常显著，在后面的实证分析中，将对每个构面中的题项进行加总来作为该构面的度量。表6–5给出了该量表的三个构面的描述性统计。

表6–5　员工参与企业年金制度意愿的政策因素的描述统计

变量	N	极小值	极大值	均值	标准差	偏度		峰度	
	统计量	统计量	统计量	统计量	统计量	统计量	标准误	统计量	标准误
安全盈利性	618	5.00	35.00	25.9757	4.91032	−0.657	0.098	1.434	0.196
私有产权性	618	3.00	21.00	16.3463	3.23922	−0.646	0.098	0.749	0.196
效率	618	3.00	21.00	14.2977	3.21141	−0.488	0.098	0.932	0.196

（二）对个人特征及其参与企业年金制度情况的描述统计分析

在对个人特征的调查问卷中，除年龄之外，其他变量均为分类变量，为了将年龄的分布也展现在表格中，将年龄也进行了简单的分类。表6–6给出了被调查员工个人特征的描述统计。由表中数据可以看出，被调查员工在性别、年龄、学历、婚姻状况、子女数量、收入状况、职务状况、合同类型等方面的分布与现实是比较接近的，说明此次抽样调查的样本是比较合理的。

表6–6 员工的个人特征及其参与企业年金制度情况的描述性统计

题项		频数 / 个	未参与制度人数 / 个	已参与制度人数 / 个	占总样本比例 /%	未参与制度人数占比 /%	已参与制度人数占比 /%
性别	女性	330	209	121	53.4	63.3	36.7
	男性	288	194	94	46.4	67.4	32.6
年龄	30 岁以下	201	142	59	32.5	70.6	29.4
	30~40 岁	265	153	112	42.9	57.7	42.3
	40~50 岁	137	96	41	22.2	70.1	29.9
	50 岁及以上	15	12	3	2.4	80.0	20.0
学历	初中及以下	7	6	1	1.1	85.7	14.3
	高中、中专、技校等	109	90	19	17.6	82.6	17.4
	大专、本科	454	291	163	73.5	64.1	35.9
	硕士及以上	48	16	32	7.8	33.3	66.7
婚姻状况	未婚	131	91	40	21.2	69.5	30.5
	已婚	474	306	168	76.7	64.6	35.4
	离异	13	6	7	2.1	46.2	53.8
子女数量	0 个	202	137	65	32.7	67.8	32.2
	1 个	303	194	109	49.0	64.0	36.0
	2 个及以上	113	72	41	18.3	63.7	36.3
收入状况	5 万元及以下	163	135	28	26.3	82.8	17.2
	5 万 ~20 万元	373	225	148	60.4	60.3	39.7
	20 万元以上	82	43	39	13.3	52.4	47.6
职务状况	普通员工	350	236	114	56.6	67.4	32.6
	基层管理人员	142	86	56	23.0	60.6	39.4
	中层管理人员	107	68	39	17.3	63.6	36.4
	高层管理人员	19	13	6	3.1	68.4	31.6
合同类型	无合同	25	17	8	4.0	68.0	32.0
	短期合同或临时合同	152	125	27	24.6	82.2	17.8
	长期合同或永久合同	441	261	180	71.4	59.2	40.8

对表6-6进行总结，得到以下规律：

（1）员工学历越高，参与企业年金制度的比例就越大；

（2）员工收入越高，参与企业年金制度的比例就越大；

（3）签订长期合同或永久合同的员工的参与率高于签订短期合同或临时合同的员工。

表中的“无合同”员工的参与企业年金制度比例与预期存在一定的差距。通过对数据的进一步分析发现，其中72%的无合同员工都来自规模小的私企，但是收入水平并不低。所以，考虑产生该现象的原因是无合同的员工样本量较小，因此存在一定的抽样误差，但这并不影响对其他重要问题的分析。

（三）对企业特征及其参与企业年金制度情况的描述统计分析

在企业特征中，主要考虑企业属性、上市情况、工会情况和企业参与年金计划4个变量，并没有考虑企业的财务指标，因为对于个人来说，企业财务状况最终影响的是他们的收入，并且“个人特征”问卷中，已经将个人收入变量纳入进来。

表6-7给出了企业特征问卷的描述统计。由于调查目的是个人对企业年金制度的参与意愿，调查样本中需要有相当大一部分来自已经建立年金计划的企业，因此，调查样本中已经建立企业年金计划的企业比例、国有或集体企业比例、上市公司比例等都高于现实中的比例。

表6-7　员工的企业特征及其参与企业年金制度情况的描述性统计

题项		频数 / 个	未参与制度人数 / 个	已参与制度人数 / 个	占总样本比例 /%	未参与制度人数占比 /%	已参与制度人数占比 /%
企业属性	国有、集体	327	177	150	52.9	54.1	45.9
	其他	291	226	65	47.1	77.7	22.3
上市情况	未上市	443	321	122	71.7	72.5	27.5
	已上市	175	82	93	28.3	46.9	53.1
工会情况	未建立	348	295	53	56.3	84.8	15.2
	已建立	270	108	162	43.7	40.0	60.0

对表6–7进行总结，得到以下规律：

（1）国有、集体企业的员工参与率高于其他企业员工；

（2）上市企业的员工参与率高于其他企业员工；

（3）有工会的企业的员工参与率高于其他企业员工。

（四）对员工参与企业年金制度意愿的描述性统计分析

由于经过优化的员工参与企业年金制度意愿量表中剩余两个题项，两个题项构成一个构面，将两个题项的分值加总得到员工参与意愿的度量*willingness*。表6–8分别给出了两个题项的描述统计和综合的描述性统计分析。

表6–8　员工参与企业年金制度意愿的描述统计

变量	N	极小值	极大值	均值	标准差	偏度		峰度	
	统计量	统计量	统计量	统计量	统计量	统计量	标准误	统计量	标准误
*yb*1	618	1	7	5.00	1.283	–0.596	0.098	0.648	0.196
*yb*2	618	1	7	4.53	1.369	–0.4398	0.098	0.181	0.196
willingness	618	2	14	10.72	2.344	–1.020	0.098	1.540	0.196

第四节　研究结论

通过以上分析，本章最初做出的基本假定得到了模型的验证。由模型得到的结论如下：

1. 企业年金的政策制定显著影响了员工参与企业年金制度的意愿，其中对政策的私有产权性关注度最高，其次是企业年金政策的效率性，最后才是企业年金的安全盈利性

实证分析中3个估计系数的关系为*private* > *efficient*> *profit*，说明员工对企业年金政策的安全盈利性、私人产权性和政策的效率性期望并不一样大，三者相比，员工更看重企业年金的私人产权性是否能够得到保障，其次才是政策的效率性和安全盈利性。这个结论与我们过去的认知有一些不同。表现在以下两个方面：

（1）在学术界研究最多的和呼声最高的企业年金政策就是企业年金的安全盈利性，但是调查的结果分析发现，员工更看重的是企业年金的私人产权性是否能够得到充分保障，其中包括了企业缴费部分是否能够更多比例地归属员工、企业年金的支取是否足够灵活、企业年金的分配是否公平公正。这说明相对于企业年金基金的安全性和盈利性，员工对企业年金基金私有属性的期望更高。

分析其原因，可能有以下几点：由于企业与员工之间的劳资关系存在资方强、劳方弱的特点，员工更关注自己的权益是否能够得到有效保障；也可能由于我国还没有在金融危机下养老金损失惨重的经历，所以，员工们对年金基金的安全性和盈利性比较乐观，还没有培养出较高的危机意识；还有一个可能的原因是，长期以来的基本养老金制度使人们形成了一个普遍看法：国家不会对人们的养老金损失放任不管。这些都使得员工更加关注个人的企业年金私有权益获得，而不是企业年金的其他方面。

（2）企业年金政策的分配效率、政策的传递效率以及政府与企业的宣传效率也是提高员工参与热情的重要方面。调查发现，员工对企业年金制度的认知依然处在较低水平。调查问卷中设计题项“您是否了解企业年金”，题项答项为非常不了解、比较不了解、一般、比较了解和非常了解，分别记为1~5分，除去1.8%的被调查人对此问题没有回答之外，剩下问卷中得分为1~5的问卷比率分别为14.8%、28.3%、42.5%、13.3%、1%，平均分值为2.57，说明不了解企业年金概念的员工比率远高于了解企业年金概念的员工比率。

考虑到已经参与企业年金制度的员工可能与尚未参与企业年金制度的员工对企业年金概念的理解程度有所差异，进一步做交叉分析，得到表6–9。可以看出，已经参与企业年金制度的员工对企业年金概念的了解程度要高于尚未参与的员工，但是依然有34.5%的较高比例的员工对企业年金制度不了解，还有48.1%的员工的了解程度一般。对企业年金制度的认知程度较低也约束了员工对企业年金政策分配效率的认知。以上数据说明，我国目前对企业年金制度的宣传效率是比较低下的，通过提高企业年金制度政策的宣传效率，以及强调年金分配的效率，可以增加员工的参与意愿。

表6-9 员工对企业年金制度了解程度与是否参与年金制度的交叉分析

是否已经参与年金制度	对企业年金了解程度（%）					合计
	非常不了解	比较不了解	一般	比较了解	非常了解	
否	19.3	28.5	39.4	11.5	1.3	100
是	6.5	28.0	48.1	16.8	0.5	100
合计	14.8	28.3	42.5	13.3	1.0	100

2. 不同个人特征的员工的参与企业年金制度意愿不同，应当针对不同特征的个人制定相应的企业年金制度激励政策

（1）年龄对员工的企业年金制度参与意愿的影响为正，但是影响力增加幅度随着年龄的增加在逐渐减少。这与我们的认知是相符的：人们在年轻时，养老意识并不强烈，随着年龄的增加，离退休的日期越来越近，人们的养老意识越来越强，但是养老意识增强的速度却是在逐年降低的。当人们的年龄足够大时（依据极值处导数为0的方法，测算得到本研究的样本年龄“足够大”的标准为79.7岁），对年金的养老需求达到最大，随后养老需求开始逐渐降低。虽然本研究通过问卷得到的“79.7岁为极值”的结论可能存在偏差，但是却依然能够反映员工对企业年金制度的参与意愿随着年龄变化而变动的趋势，这个结论对于企业年金制度的宣传和政策的实施具有一定的借鉴意义。

（2）低受教育水平的员工对企业年金制度的参与意愿更强烈。模型中的受教育水平为虚拟变量，我们将受教育程度划分为4类：第一类为低受教育水平，指的是小学及初中文化；第二类为较低受教育水平，指的是高中、中专、技校等；第三类为较高受教育水平，包括大专及本科；第四类为高教育水平，包括硕士和博士。在其他条件相同的情况下，低受教育水平的员工参与企业年金制度的意愿要更强。事实也是如此，小学及初中文化的员工在企业中一般处于低收入、低职务、低职称的状态，他们的收入水平、职务上升空间、职称评定等均具有较大局限性，所以对养老金的需求更大，企业年金的替代

率对低学历员工来说也更高。所以，制定扩大企业年金制度覆盖面的相关政策时，应当考虑这一部分群体的需求，给予其更有激励作用的措施。

（3）高收入员工群体的企业年金制度参与意识要低于低收入员工群体。考虑其原因，收入20万元以上的员工，无论是在我国的哪个城市，都可以算得上是高收入人群，企业年金的补充养老作用相对于他们的收入而言占的比例非常小，所以，这些员工并不看重企业年金的养老替代补充作用。另外，高收入员工一般也具有较高的学历，学历越高，其理财能力也越强，他们普遍认为，与其将工资的部分以企业年金的形式缴纳给企业统一进行投资，还不如他们自己进行投资，可能会获得更高的收益。所以企业年金制度在设计政策时，应依据不同阶段企业年金制度发展目标来动态调整针对高收入员工的企业年金优惠政策。

3. 企业特征显著影响了员工参与企业年金制度的意愿，应当针对不同特征的企业制定相应的企业年金制度激励政策

（1）国有或集体企业的员工比其他企业的员工参与企业年金制度的意愿更强。这与现实是相符的，目前我国企业年金制度覆盖的主要是大中型国有或集体企业，由于存在同伴效应，其他国有企业或集体企业的员工参与企业年金制度的意愿也会增强。所以企业年金制度在扩大覆盖面时，需要将这些群体尽快地纳入进来，但是同时需要以更大的力度激励非国企或集体企业参与，否则会造成企业年金制度的不平等程度加剧。

（2）参加了工会组织的员工要比没有参加工会组织的员工的参与意愿更强，是因为工会是一个能够代表员工意愿的、具有强有力的谈判能力的组织，员工对工会的能力有一定的信任。这个结论恰好说明了工会是员工的有力支持，是员工能够更好表达自己意愿的平台，如果工会力量还不够强大，可能对员工的参与意愿影响比较有限。所以企业年金制度在推广时期，应注重联系工会和发动工会的宣传作用与谈判作用。

（3）已经参与企业年金制度的员工要比未参加企业年金制度的员工的参与意愿更高。由于员工已经参与了企业年金计划，员工的参与意愿并不会仅

仅从宣传、道听途说或者其他途径出发，而更多的是依赖于自身的参与经历和对企业年金计划已经产生的体验来作出综合的评价，所以，已经参与企业年金制度的员工的参与意愿显著高于未参与的员工意愿的平均值，恰好说明了已经建立的年金计划给员工带来的是良好的参与经历和较为深入的认识，也进一步说明了我国企业的员工对企业年金制度持有一种认可的态度，企业年金制度存在可持续发展的群众基础。

第七章　企业年金制度可持续发展的渐进式改革思路

通过前面章节的理论分析和实证研究，可以发现，我国企业年金制度的发展一直不平稳，目前又进入了发展停滞阶段，最主要的原因在于，现行企业年金制度缺乏可持续发展的价值理念指引与科学合理的顶层设计。本章将在探讨国外养老金制度的发展趋势基础上，借鉴他国的改革经验，针对前文分析得到的、影响我国企业年金制度发展的因素，探讨我国企业年金制度可持续发展的改革思路。

第一节　国外养老金制度的发展趋势与实践

一、国外养老金制度的发展趋势

在过去30多年里，为从社会保障支付危机中摆脱出来，应对人口老龄化带来的养老重荷，世界各地都发生了重大的养老保障体系改革，以确保财政的可持续性、养老金的充足性以及退休人员的福利水平。国外养老金制度最主要的变化就是从单一公共养老制度转向多支柱养老保障体系，将公共养老金向私人养老金转变。

欧洲部分国家和原苏联的一些国家，以及拉丁美洲的部分国家，接纳了世界银行的“三支柱”“五支柱”的多支柱养老保障体系的建议，逐渐地由“公共养老”向“私人养老”转变，将养老金安排由公共养老制度向私有化改革。私有化进程中有些国家实施强制性的私人个人账户制度，有些则是采取自愿的私人个人账户制度。通过对养老保障体系的一系列改革，各国的公共养老金支出危机得到一定程度的缓解，私人养老金比重不断加大，使养老保障体系的可持续性增强。

不同国家的私有化改革效果也有所不同，自由体制、社会民主体制、保守体制、转型体制国家的私人养老金改革效果存在较大差异，朱俊生等（2018）对此进行了分析：自由体制国家由于资本市场发达，私人养老金制度一直存续，同时这些国家较早开始养老金私有化改革，取得了显著的成效，改革比较成功。这些国家的公共养老只占据非常少的一部分，主要包括美国、英国、加拿大、澳大利亚、瑞士等国家。社会民主体制国家与自由体制国家相比，公共养老和私人养老都同时存在和发展，公共养老保持着普惠性、均等化和低水平的模式，而私人养老则强调与职业相挂钩，由工会和雇主协商建立。由于在社会民主体制国家中，工会有非常强大的权利和资源，所以，职业养老金的覆盖率和替代率都得到比较大的提高，这些国家主要包括荷兰、丹麦、瑞典、挪威、芬兰等国家。保守体制国家强调国家本位和权威，形成国家强制主导、基于就业的养老金制度，所以私人养老金发展比较缓慢，主要包括德国、日本、比利时、意大利、奥地利、法国等国家。转型体制国家具有人口相对年轻、保障水平较低、经济发展水平较低的特点，在受世界银行多支柱改革理念影响后，强行将公共养老金部分拨到私人养老金账户，其弊端是公共养老金缴费严重不足，改革效果较差，主要包括捷克、波兰、斯洛伐克、匈牙利等国家。①

2009年的金融危机使得私人养老金制度的重要性凸显。金融危机后，在以公共养老金为主的希腊、西班牙、意大利和葡萄牙公共养老金出现大量亏空，而私人养老金根本无力负担独立支柱的重任，加剧了债务危机的深度和广度，反观瑞士等私人养老金占比较高的国家，虽然也在金融危机中遭遇大幅缩水的风险，但是在金融危机后开始温和回升，2011年就已经创造了年金

① 朱俊生，袁铎珍.OECD 国家促进私人养老金发展的措施及启示［J］. 经济纵横，2018（3）：86-99.

历史纪录。[①]

在过去的10年多时间里，私人养老金稳步增长，使得养老金体系更加多样化和更加平衡。[②]图7-1显示了2002年与2017年OECD国家的私人养老金资产占GDP的百分比，由此可知私人养老金的发展速度及其规模变动情况。

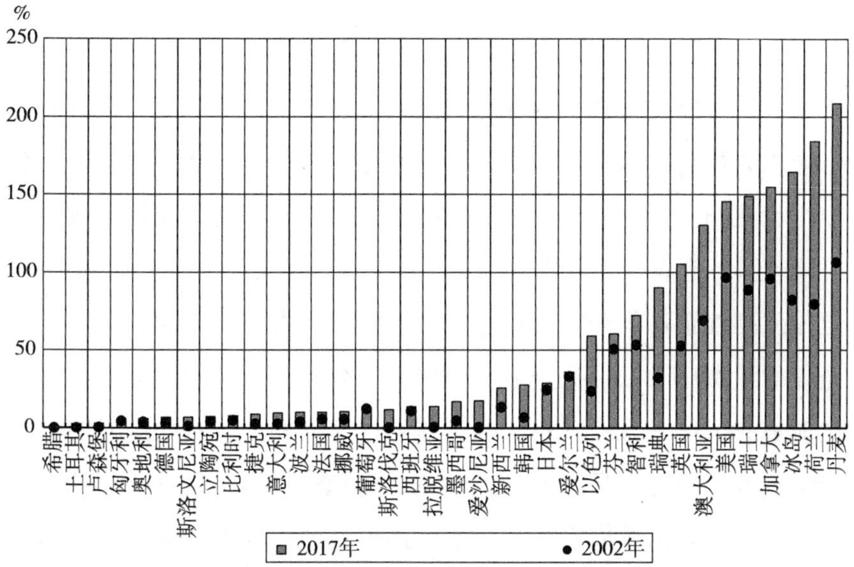

图7-1　2002年与2017年私人养老金占GDP的比重

资料来源：OECD Global Pension Statistics and Pension Markets in Focus［EB/OL］. 2018, http：//dx.doi.org/10.1787/888933850089。

如果要将公共养老金向私人养老金转变，面临的一个问题就是采取自愿性养老金还是强制性养老金，抑或两者兼而有之。郑秉文等（2008）对此作出详细划分：根据企业年金制度建立的法律基础，企业年金计划可以分为三类：一是强制性企业年金；二是准强制性企业年金；三是自愿性企业年金。强制性企业年金是按照国家法律规定建立的，诸如澳大利亚、冰岛和瑞士；准强制性企业年金是根据工会和雇主的集体谈判而建立的，诸如荷兰、丹麦和瑞典；自愿性企业年金是企业自愿为员工建立的养老金计划，诸如英国、

① 胡继晔 . 国际养老金制度发展的现状与趋势［J］. 中国社会保障，2014（4）：40-41.

② OECD. OECD Pensions Outlook 2018［EB/OL］. OECD Publishing,Paris,2018, https：//doi.org/10.1787/pens_outlook-2018-en.

美国和加拿大等国家。[①]

强制性的企业年金制度拥有自愿性企业年金制度所无法比拟的优点：首先，在从公共养老金向私人养老金转变过程中，自愿性企业年金制度的覆盖面扩大很慢，无法实现养老金体系的快速转变，无法顺利地填补公共养老金造成的财政支付缺口；[②]其次，由于自愿性企业年金是由雇主和雇员双方协商建立的，那么就必然存在道德风险和短视行为，雇主不愿意为雇员缴纳年金费用，雇员也可能忽视自身的养老风险而逃避年金缴费；最后，自愿性企业年金可能成为社会不公平的来源。自愿性年金制度是有能力的企业才能参与的，雇主也更倾向于为贡献大的雇员提供企业年金计划，这使企业年金向高收入群体倾斜，造成社会不公平。

但是强制性企业年金制度也存在一些缺点，主要体现在：其一，加大了部分企业的缴费压力，导致企业竞争能力下降；其二，用工成本升高，使得社会失业率有可能上升；其三，有可能通过降低雇员工资的途径实现强制性企业年金制度，损害雇员利益；其四，政府担负最后“付款人”的角色。由于企业年金计划是由政府发起并组织实施的，政府在该计划中负有一定的责任，如果企业年金计划面临较大的风险，政府不能够推卸全部责任。

从图7-1中可以发现，澳大利亚、瑞士、冰岛三个实施强制性年金制度的国家，私人养老金占GDP的比重，与美国、加拿大和英国的情况并没有太大区别。目前的研究还没有证据表明强制性年金制度和自愿性年金制度哪个更好。[③]

通过以上分析可知，我国既不能像美国、英国一样完全由私人养老制度主导养老保障体系，又不能像瑞典、芬兰等工会力量比较强大的社会民主体制国家一样，由工会和雇主推动私人养老金制度发展；既不能像德国、日本等保守体制国家一样缓慢地发展私人养老金制度，也不能像捷克、匈牙利等转型体制国家一样强制将公共养老金转为私人养老金。这一切都是由我国的

① 郑秉文，孙守纪. 强制性企业年金制度及其对金融发展的影响[J]. 公共管理学报，2008(5)：1-13.

② 袁妙彧. 福利国家强制性企业年金制度研究［M］. 武汉：湖北人民出版社，2012（2）：41.

③ OECD.OECD Pensions Outlook 2018［EB/OL］. OECD Publishing,Paris,2018, https：//doi.org/10.1787/pens_outlook-2018-en.

特殊国情决定的：首先，我国是社会主义国家，公平正义是我国养老保障体系的根本原则，所以，不能由私人养老金完全主导我国的养老保障体系；其次，我国的工会力量比较薄弱，如果完全由工会和雇主协商建立私人养老金，势必会造成私人养老金制度严重不公平并且覆盖面扩大缓慢；最后，我国是发展中国家，公共养老金的财政支出危机十分严峻，人口老龄化问题比其他国家来得更为激烈，所以，缓慢地扩大私人养老金制度的覆盖面也不是我国养老保障体系的较优选择；而强行将公共养老转为私人养老账户已经被历史证明具有极大弊端。综上所述，我国必须要寻找一条适合我国特殊国情的养老保障制度改革路径。

二、对各国经验的研究

（一）建立自动加入机制

作为一种扩大私人养老金覆盖面的政策，自动加入机制在OECD国家中越来越受到欢迎。“自动加入”是指雇员在入职时就被默认自动加入了年金制度，如果打算“退出”，就需专门提出申请并得到雇主的允许。[①]自动加入机制最早出现于1998年美国一些企业的401（K）计划，在2000年时，自动加入机制扩大到没有参加养老金计划的工人。2006年的《退休金保护法案》设立安全港鼓励自动加入和自动提高机制，并同时引入默认缴费率及默认投资配置（QDIA），这一制度既节省了集合投资托管成本，也给予受益人有限的投资组合选择权，雇员可以选择不参加计划，也可以调整缴费率或投资配置，或默认选择不变。[②]由此可以看出，自动加入机制对雇员来说具有非常大的灵活性。

自动加入机制在美国获得了极大成功，促使其他国家争相模仿。OECD组织中的意大利、智利、新西兰和英国等国家也建立了本国的自动加入机制，但是这些国家的自动加入机制的效果并不一致，特别是默认选择机制、宣传

① 郑秉文．中国养老金发展报告2016——“第二支柱”年金制度全面深化改革［M］．北京：经济管理出版社，2016（12）：5.

② 董登新．美国私人养老金政策机制探究［J］．中国社会保障，2018（8）：39-41.

与教育的程度和其他激励机制等措施，都影响了自动加入机制的效果。图7–2给出了意大利和新西兰在实施自动加入机制后私人养老金计划的覆盖率变化。意大利在2006年的私人养老金覆盖率为8.5%，到2013年上升至15.9%；新西兰则从2006年的15.8%快速上升至2013年的64.4%。加拿大、智利、意大利、新西兰和英国等国家在实施自动加入机制后都取得了非常显著的成绩，这些国家的实践表明，自动加入机制对扩大私人养老金覆盖面有积极影响。[①]

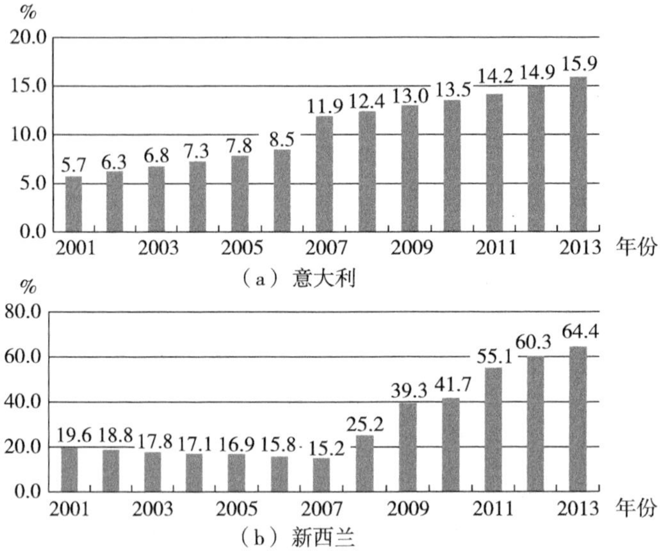

图7–2 自动加入机制前后私人养老金覆盖率对比

资料来源：OECD *Pensions Outlook* 2014.

（二）拓宽投资渠道

近些年部分国家的养老金制度由公共养老金逐步向私人养老金转变，使得私人养老金在养老方面发挥着越来越重要的作用。由于仅在公共养老金出现收支缺口时才有支付需求，养老储备基金对流动性要求不高，有较强的风险承受能力，其投资灵活性也要求较强。[②]为了获得较高的投资收益，各国政

① OECD. OECD Pensions Outlook 2014［EB/OL］. OECD Publishing,2014, http：/dx.doi.org/10.1787/9789264222687–en.

② 王彦杰，胡俊英 . 海外养老金资产管理：资产配置仍是核心，委托投资渐成主流［M］// 中国养老金融 50 人论坛 . 中国养老金融发展报告（2017）. 北京：社会科学文献出版社，2017：156–178.

府都在不断为养老基金进行“松绑”，养老金资产配置呈现国际化和多元化的趋势，有关养老金的投资资产配置限制逐渐减少。当前养老金投资的领域已经由存款、国家债券等扩展到股票、企业债券、抵押贷款、房产、海外投资等。表7–1列出了2017年部分OECD国家的养老金资产配置及其投资收益率的情况。

表7–1　部分OECD国家的养老金资产配置和投资收益率（2017年）　（%）

国家	股票	票据和债券	现金和存款	CIS	其他投资	投资收益率
波兰	85.23	7.41	5.92	0.01	1.43	14.50
澳大利亚	58.25	4.79	11.22	—	25.74	7.30
立陶宛	45.92	46.20	5.20	—	2.67	0.30
比利时	41.49	45.12	5.74	—	7.65	3.10
智利	40.83	58.40	0.23	—	0.54	5.60
芬兰	39.46	27.95	3.46	—	29.13	6.70
法国	38.12	22.39	34.49	—	5.01	3.10
挪威	36.94	54.18	2.37	—	6.52	6.10
爱沙尼亚	36.13	59.45	4.05	—	0.36	–0.10
奥地利	35.45	44.36	7.05	—	13.14	3.20
新西兰	33.23	23.75	6.97	34.47	1.59	
美国	32.95	21.58	2.37	33.29	9.81	7.50
爱尔兰	32.30	40.90	2.90	—	23.90	6.30
荷兰	31.70	43.60	3.28	—	21.42	4.50
瑞士	31.10	30.64	5.01	—	33.25	6.40
加拿大	30.50	31.74	4.29	—	33.48	5.70
冰岛	30.50	43.98	9.99	—	15.54	5.30
卢森堡	29.11	60.04	4.12	—	6.72	1.20
拉脱维亚	27.85	61.66	7.13	—	3.36	0.80
丹麦	25.65	29.86	2.01	4.12	38.37	3.90
墨西哥	21.52	75.64	0.88	—	1.96	1.50
葡萄牙	20.43	58.14	6.31	—	15.11	3.20
意大利	20.08	44.96	6.17	—	28.80	2.00

续表

国家	股票	票据和债券	现金和存款	CIS	其他投资	投资收益率
以色列	18.13	65.10	7.12	—	9.64	7.10
瑞典	13.92	14.52	0.90	65.23	5.43	
西班牙	13.20	45.48	11.00	21.83	8.50	2.20
英国	13.14	27.97	2.15	28.47	28.27	
土耳其	13.07	50.45	25.16	—	11.32	2.90
希腊	11.39	58.67	7.81	20.81	1.32	6.90
日本	10.46	30.44	8.04	—	51.06	3.20
匈牙利	7.15	60.11	3.70	26.62	2.42	4.70
德国	6.20	51.94	3.82	—	38.05	2.10
韩国	3.12	44.21	16.58	6.29	29.80	1.90
斯洛伐克	2.24	57.81	12.05	23.51	4.39	0.40
斯洛文尼亚	1.88	59.58	12.28	24.60	1.66	2.20
捷克	0.57	76.89	19.12	2.14	1.28	-1.80

资料来源：根据 OECD Global Pension Statistics 整理。其中数据解释详见 https：//www.oecd.org/dat/pensions/pensionmarkets。

由表 7-1 可以看出，不同国家对养老基金的投资风险偏好显著不同，养老基金资产配置相差很大，例如，波兰将 80% 以上的养老基金都投资于股票，而捷克则把近 80% 的养老基金都用于投资低风险的票据和债券。由于风险偏好不同，资产配置存在差异，所以养老基金的投资收益率也有显著的区别。进一步将表中的“投资收益率”与其他列作相关分析，发现“投资收益率”与“股票”“票据和债券”“现金和存款”“CIS”“其他投资”之间的皮尔逊线性相关系数 r 分别为 0.608、-0.617、-0.250、-0.077 和 0.105，说明养老金的投资收益率与股票资产占比呈显著正相关，股票比重越大，投资收益也就越高，这恰好与固定权益类资产相反，意味着如果追求高回报率，养老基金有必要做适当的风险较大的资产配置。Kaupelytė 等（2009）认为欧盟国家应该进行风险投资，强调欧盟国家虽然实施“审慎人”原则，但该原则不是限制养老基金资产配置，而是鼓励审慎的投资多元化，养老金进行风险投资对于欧洲国家的社会保险和养老体系非常重要，建议为养老基金发展风险投资。① 由此可见，扩大养老基金的投资范围、增加风险资产配置种类是各国追求较高收益的有力举措。

（三）制定税收优惠政策

OECD国家的企业年金发展经验已经证明，税收优惠政策是开展企业年金计划不可或缺的促进政策。企业年金是国家政策和法律引导下的企业行为，政府为了扶持企业年金的发展，会利用法律、税收、管理等手段来进行企业经济行为的调节，其中税收是一种重要的调控手段。政府利用税收政策调控主要采取的措施有减税、免税以及延税（即延期支付税款）。正是充分利用了税收优惠的政策，这些国家的企业年金制度才得以蓬勃发展。

由于具体国情、经济发展水平、外部环境、社会保障体系以及征税制度不同等，选择在企业年金的缴费期、投资期、领取期免税的各种组合的可能性都有。但是EET模式成为发展的主流，这是由于在EET（或ETT）模式下，政府不仅对企业的缴费部分或全部免征企业所得税，而且允许在一定比例内递延或免征个人所得税，所以它有利于鼓励企业和员工进行缴费，并调动他们参加企业年金计划的积极性。相较于其他模式而言，EET模式的税收优惠模式更受到OECD组织中国家的欢迎，表7-2列出了OECD国家中部分较早实施EET模式的国家的税收优惠情况，由此可见，这些国家很早就开始实施税收优惠政策，即便是税收优惠减少了政府的税收收入，这些国家还是将优惠让渡给雇主和雇员，以期提高年金制度参与率，扩大制度覆盖面。

表7-2　私人养老金税收优惠的税收支出

国家	税收支出	年份	占财政税收比例（%）
比利时	私人年金储蓄	1989	0.3
	雇主年金计划	1988	0.1
加拿大	退休储蓄计划	1988	2.5
	养老金计划	1989	5.9

① Kaupelytė, D., Jankauskienė,V. Stimulating Pension Funds Investments to Venture Capital: Opportunities in European Union Countries［J］. European Integration Studies, 2009（3）：86-92.

续表

国家	税收支出	年份	占财政税收比例(%)
芬兰	免税的国家养老金供款	1991	0.3
	市政税收下的养老金收入减税	1991	1.5
德国	应纳税的职业养老金计划中的雇主缴费，统一税率 15%	1991	0.2
爱尔兰	经核准的退休金计划中的雇员缴费	1990	0.5
	经批准的退休金基金收入免税	1990	2.0
	自雇佣的退休养老金	1990—1991	0.2
葡萄牙	退休储蓄计划	1992	0.1
西班牙	养老基金优惠的税收	1993	0.1
英国	职业年金计划	1996—1997	3.0
	个人年金计划	1996—1997	0.8
美国	雇主计划	1991	3.0
	IRAS	1991	0.4
	自由职业者的退休存款	1991	0.1

资料来源：Edward Whitehouse.The Tax Treatment of Funded Pensions［Z］. OECD,1999.

第二节　构建可持续发展的企业年金制度价值理念的路径

价值理念是人们对某种事物的价值取向和信念，是指导人们实践活动的行动指南。不科学的价值理念会成为阻碍社会、经济、制度等发展的桎梏。目前我国企业年金制度裹足不前，这与企业年金制度实践缺乏科学的价值理念作为理论指引有非常大的关系，因此，有必要构建科学的企业年金制度价值理念。

一、企业年金制度价值理念的调整方向

第三章的分析结论认为，企业年金制度发展仅仅追求“效率”带来了严重的不公平问题，无益于企业年金制度的可持续发展，我们需要从价值理念的高度来调整制度设计。魏崇辉（2011）指出“新制度经济学在我国的广泛

传播，使得一些学者担心在我国传扬新制度经济学会成为新自由主义，背离社会主义核心价值观，把经济效率视为首要的追求目标，无视社会主义的社会公平目标，因为新自由主义视野下的新制度经济学的意识形态理论彰显了意识形态的经济功能，强调意识形态对制度变迁和有效配置资源的作用，从个体出发诠释意识形态的形成及其功能，刻意回避意识形态背后的不同利益诉求，抹杀了意识形态的阶级性”。①这种担心不无道理，因为新制度经济学产生的土壤是资本主义私有制，所以在发展企业年金制度时，要充分认识到中国的企业年金制度与西方国家的企业年金制度有明显区别，不能一概而论，我们应以中国公有制环境为基础来探讨企业年金制度的价值取向。

在现阶段，根据我国的企业年金制度的发展背景和具体状况，其价值理念应渐进性地从“效率”向“公平与效率”兼顾的价值理念调整，主要原因如下：

1. 企业年金与其他社会保障制度的分配性质不同，决定了其不能一味地追求公平

企业年金制度在我国的诞生天然地具有两个性质：其一，它是社会保障制度之一；其二，它属于企业的初次分配领域。企业年金制度的这两个性质共存使得企业年金的公平与效率的关系变得复杂。一般来讲，大多数社会保障制度都是社会的二次分配，如基本养老保险、失业保险、医疗保险、生育保险、社会救济等都是二次分配，二次分配虽然也涉及分配的效率问题，但更注重的是公平问题。正是由于在初次分配领域产生了无法解决的分配差距大的矛盾，才需要进行二次分配，才有必要建立社会保障制度，所以，对于属于社会二次分配的社会保障制度一般都更加强调“公平”。但是企业年金制度具有不同于其他社会保障制度的特点，它属于社会的初次分配领域，企业年金的缴费由员工自己缴费部分和企业缴费部分组成，属于个人账户的完全积累，即个人账户上有多少积累额，退休后就能够获得多少额度。员工个人

① 魏崇辉．新制度经济学的意识形态理论本质——基于构建基础与引入根由视角［J］．学术交流，2011（10）：97-101.

的缴费部分毫无疑问属于初次分配，而对于企业缴费部分，企业有权利将更多的年金分配给有更大贡献的员工，但这属于企业内部的二次分配，从这个意义上来讲，它与企业的福利性质并没有什么不同，如奖金、股权、加班费等，所以仍然属于社会的初次分配领域。综合这两点，可以看出企业年金属于收入分配领域的初次分配。而社会初次分配通常强调的是“效率”，因为只有保证了效率才能对人们起到足够大的激励。

综上所述，正是企业年金的社会保障属性和初次分配属性的共存，使得企业年金制度追求的价值理念与其他制度应当有所区别，不能一味地追求公平。

2. 企业年金制度作为一种社会保障制度，应以“公平”作为制度可持续发展的保障

社会保障制度作为国家提供的“公平物品”或者说“准公共物品”，天然地具有“公平性”要求，“公平性”无论在社会保障制度的哪个阶段都一直存在。首先，在制度建立初始阶段，被覆盖的人群虽然是少数，但是他们内部之间要实现公平，这样制度才能得到集体内部的一致支持，否则会因为得不到集体中大多数个体的支持而“流产”。其次，在制度建立一段时期后，不同群体之间的公平性显得尤为重要。社会保障制度是社会的“稳定器”，不同集体之间、不同社会阶层之间的社会保障水平差异不宜过大，只有这样，社会保障制度才能够持续扩面，同时保持国家的稳定。最后，保障制度实现广覆盖后，“公平性”成为制度的首要目标，因为社会保障是国家投入的一个长期的、实现再分配调节功能的生产要素，其目标就是实现“收入再分配”，而再分配的目的必然是实现社会公平和社会正义。

企业年金制度虽然具有私人属性，但它也是我国社会养老保障制度中的第二大支柱，也具有社会保障制度的属性，其发展应当符合社会保障制度“公平”的核心价值取向的发展要求。企业年金制度作为社会养老保障的第二大支柱，是关系到亿万民众的生存与生活状况的重大政策，更要强调公平性和运行效率。企业年金制度的社会保障属性及其在养老保障体系中的地位决

定了它的建设和发展应该以追求“公平”为目标，帮助更多的人享受到该制度，实现老有所养、老有所依。

3. 现阶段我国企业年金制度还必须依靠“效率”作为扩面的支撑

当一个社会保障制度的覆盖面早已实现应保尽保，它的公平性就会被很多人和国家主要设定为横向的再分配或纵向的消费熨平；但一个覆盖率长期不能实现应保尽保的社会保障制度最大的社会公平表现为迅速扩大覆盖面。[①]就目前来看，企业年金制度的顶层设计还存在很多问题，如公平性较差、资金运营不透明、激励性不足、缺乏可携带性等，这些问题都导致企业年金制度参与率过低。近些年来，制度覆盖率增速明显减缓，在2007—2014年，员工的制度覆盖率增长情况良好，但是到了2015年后，增长几乎停滞。2007年至2017年的年员工参与率增长速度分别为11.73%、15.20%、13.58%、18.13%、17.12%、11.32%、11.53%、1.00%、0.37%和0.29%。可以看出在2007—2014年增速都在10%以上，但在2015—2017年，增速急剧下降，增长几乎可以忽略不计。这说明这三年基本没有增长，究其原因，其一是数据本身，经过若干年的增长，参与制度的员工人数基数变得较大，增长速度指标会相对较低；其二是制度原因，有能力、有意愿的大中型央企已经建立年金计划，而其他绝大多数企业或者被制度的参与条件约束，或者缺乏建立年金计划的动力。

当前绝大多数企业和员工无法被纳入企业年金制度体系中来，所以首要问题依然是尽快实现制度扩面，而扩面需要以“效率”为支撑。以“效率”为目标并不是忽略了“公平”，而是这个时候需要达到一个新的“公平”与“效率”的均衡点。如第四章中的图4-2所示，这个均衡点中“效率”维度取值更大而已，并且当“公平”维度的取值低于均衡点时“公平”的取值，短时期内的发展方向必然是“公平”，“效率”与“公平”两个维度再一起沿着均衡路线不断地调整着向上移动，使人们同时收获制度的效率和公平。在企

① 郑秉文．中国特色社会保障文化内涵与核心价值体系——从国际比较视角所做的观察与分析［J］．中国社会保障，2012（11）：39-41.

业年金制度不断深化改革，覆盖面逐渐扩大，绝大多数的企业已经能够参与到制度中来时，公平问题就要超越效率问题，开始向下一个更高层次的均衡点行进。

综上所述，企业年金制度的价值理念需要进行调整，公平和效率都有鲜明的时代特征，与制度的阶段发展需求和目标方向相关联，企业年金制度的“效率”与“公平”的价值理念在不同的历史阶段的关系并不是完全不变的，价值理念在不同的发展时期必须有所侧重，并与社会和经济发展情况相结合，动态地进行调整适应。

二、可持续发展的企业年金制度价值理念的实现路径

（一）正确认识企业年金的属性

企业年金制度移植于国外发达国家，人们对外来事物的接受能力和认识深度与制度的普及性、宣传的广度、制度安排的完善性等息息相关，在制度没有得到广泛普及、宣传不到位和制度不完善的情况下，人们自然缺乏对其属性及定位的正确认识。

在制度经济学中，私有产权被认为是在竞争领域内最有效率的产权安排。任何经济发展都要考虑私人收益率和社会收益率，对某种产品进行产权界定是对私人收益率和社会收益率的综合考量。有效率的产权制度使得私人收益率和社会收益率同时增加，而无效率的产权制度使得私人的收益和成本与社会收益和成本偏离，这种偏离意味着某个员工或集体不经过他人同意就可以免费获得该产品的好处，存在“搭便车”现象。

那么，企业年金是一种私有产权还是公共产权？可以从企业年金的缴费义务与权利归属来分析。企业年金的缴费包括个人缴费和企业缴费两个部分，其权利归属也分两种情况。对于员工缴费部分，无论是在未来退休，还是因工作变动发生基金转移，个人缴费部分的积累完全归属个人，可以提取，可以携带，所以个人缴费具有私有产权性质；对于企业缴费部分，则与个人缴费部分处理方法稍有不同，这部分基金的携带或提取只能

在满足一定前提条件下才能完全归属个人。如果员工个人能够按照企业的要求，在服务年限、服务内容等方面都达到企业的要求，企业缴费部分才真正归属个人，员工可以足额携带或领取；如果员工在规定期限内提前离职或者存在其他违背企业要求的情况，那么计入该员工个人账户中的企业缴费部分则可能部分或者全部剥离员工个人账户，重新归属企业，企业决策层有权力处置这部分基金，企业缴费部分权利的归属具有不确定性。但是无论怎样，企业内部的收入分配属于社会的初次分配领域，不属于收入再分配领域，而公共产品是社会再分配的结果，所以企业年金具有私有产权性质。

认清企业年金的属性与企业年金制度在养老保障体系中的定位和重要作用是弥补认识不足的关键。可以从两方面入手开展宣传教育工作：一方面，普及企业年金基本常识。通过各种宣传手段，让参与主体认识到参加企业年金计划是对其自身养老的有力保障，也使企业清楚通过企业年金能够增强企业的竞争力；另一方面，进行政策与法律法规的宣导。各参与主体应大力加强对现行法律法规的宣传和解释，包括企业年金基本法规框架、现行和今后的税收优惠政策、资格准入的规定等，让群众尽早了解国家养老保障体系的政策走向。

（二）厘清不同时期企业年金制度中公平与效率的关系

公平和效率是企业年金制度价值体现的两个范畴。资源配置效率是企业年金制度追求的目标，而参与主体在分配中的起点、过程和结果的公平，也是企业年金制度追求的目标，两者既相互制约，又共同促进着企业年金制度的发展。当企业年金制度以效率为优先目标时，更有利于短时期内扩大制度覆盖面和刺激经济增长，而以公平为优先目标时，则更有利于长时期的制度覆盖面扩大和经济的可持续增长，以及有利于维护社会稳定。

从我国企业年金制度产生的原因来看，企业年金制度的价值取向是以效率优先。2004年颁布的《企业年金试行办法》中强调了“自愿”原则，只有具有相应经济负担能力，依法参加基本养老保险并履行缴费义务，已经建立集体协商机制的企业才有资格参与企业年金制度；在企业年金分配时可以向部分贡献大的员工倾斜；企业有权利规定年金分配方案和归属原则；只对全部缴费额度的上限作出规定；等等。可以看出，这些制度安排都强调了制度的“效率”，并不太关注“公平”问题，因此，也造成了现今企业年金制度的极大不公平。

由第三章对企业年金制度可持续性的评价得知，2004—2014年，企业年金制度无论是制度覆盖面还是基金积累量，都取得了较快的增长。尤其是2008年以后，制度覆盖人数每年的增长速度都在10%以上，基金积累增长速度大都在25%以上（2010年较低，为10.90%）。但是到了2015年以后，制度覆盖面和基金积累增长速度出现了断崖式的回落，制度覆盖面增长速度不足1%，基金积累增长速度也明显放缓。由此可见，之前的以“效率”为目标的企业年金制度进入发展瓶颈期，因此有必要对其进行深度改革。

增加制度公平性是当前建立科学的企业年金制度价值理念的关键。为了适应当前的发展形势，2018年2月开始实施《企业年金办法》，与2004年的《企业年金试行办法》相比，“公平性”目标得到了一定的体现。《企业年金办法》规定，企业年金可以由企业“自主”建立，在语义上表明了政府积极推动和鼓励广大企业建立年金计划的态度；弱化了企业年金制度的参与条件，增强企业建立年金计划的积极性，扩大年金参与率；对计入员工个人账户的最高额作出限定，不得高于平均额的5倍，阻止了年金差距继续扩大的趋势；规定企业缴费部分完全归属于个人账户的期限最长不超过8年，减少了企业侵害员工权益的可能性。从以上制度安排可以看出，《企业年金办法》虽然也以“效率”为主要目标，但是加入了一些体现公平性的机制，这有助于企业年金制度向公平性目标迈进。然而，应当看到，如果要实现企业年金制度的可持续发展，以上对公平性的保障措施还不够充分，还需要制定更多的措施来保障制度的公平性。

第三节　提高企业年金制度运行效率的路径

一、增强企业年金制度的激励效应

通过第二章的分析可知，吸引现代企业建立企业年金计划最根本的原因是企业年金制度能够为企业带来效益。这些效益既包括了可以直接以现金度量的效益，即节约的税收和在其他条件不变的情况下劳动产出的增加；也包括了无法用现金度量的效益，如员工积极性、员工忠诚度、员工稳定性、企业和谐性等。

本书第二章对企业年金制度激励效应的实证分析发现，已经建立企业年金计划的企业建立企业年金计划的预期目标并没有完全实现。虽然在实践中，企业年金制度带来的增加企业吸引力和增强企业和谐度方面均达到了企业预期，但是实际上产生这个结果很大一部分原因是企业对企业年金制度的这两个效应并没有强烈预期。相对来说，企业对提高生产效率和提高员工对企业的管理满意度这两方面的期望值更高，但是在实践中这两方面并没有达到企业预期。可以从以下几个方面着手提高年金制度的激励效应。

（1）需要转变传统的企业福利主义观念和体制，强化员工的自我保障意识，了解国家从“强调国家责任”转向“强调国民权利，国家有义务承担”的政策，了解企业年金制度是一项由国家、企业和员工共担风险的社会保障机制。

（2）企业应根据自身情况，合理地设计企业年金计划。该计划一旦形成，项目和标准则具有一定的刚性，表现为项目可增不可减、标准可升不可降的特征。年金计划在企业内部具有一定的强制性，任何员工都应服从，而且不能随意删除、降低。所以在企业年金计划设计之初，就应根据企业自身经营和人员构成情况，并充分考虑到未来发展状况、企业自身和企业员工的承受能力，既不过高也不过低地设计合理的缴费费率。标准过高，给企业和员工带来额外的压力，标准过低，则无法激发企业与员工的参与热情。

（3）企业在设计年金计划时，还要充分考虑员工的贡献，做到有差别对待，体现企业年金制度的效率性。如果所有员工的年金缴费都一视同仁，那么部分员工会产生懒惰心理，“搭便车”情况就会出现。因为无论干好干坏，大家得到的年金基金都一样多，“搭便车”情况就无法避免。所以，为了以年金制度增强员工工作积极性，有必要向贡献大的员工适度地倾斜，以实现差别对待，提高年金制度的效率。

二、提高企业年金总收益

提高企业年金制度的收益率可以从提高投资收益率和降低管理费用两个方面着手进行。前文已经述及提高企业年金投资收益率的其他国家的经验，主要是开拓新的投资市场和丰富基金资产配置。此外，我国学者认为开发新的养老金产品也是优化养老金资产配置的有效工具。[①]本处不再赘述有关提高企业年金投资收益的相关举措，仅就降低管理费用方面提出建议。

减少私人养老金管理费用已经成为大部分实施私人养老金制度的国家的共识，这是因为私人养老金的管理费用往往要比公共养老金多得多，严重挤压了私人养老金的盈利空间，降低了个人的缴费意愿。公共养老金由于采取的是现收现付制，所以不需要复杂的资产管理和投资管理，而私人养老金则不然，它的管理运营环节要比公共养老金复杂很多。经合组织估计私人养老金的管理费用占到总缴费的10%~35%，比利时在2001年的公共养老管理费用占总费用的1%，而第二、第三支柱的管理费用占总费用的4%；爱尔兰的职业年金计划的管理成本是总成本的5%，而同期所有的社会福利保险的管理成本仅占到1.5%~2%；法国的自愿补充计划的管理费用一般占缴款的4%。[②]由此可见，私人养老金管理费用支出要高于公共养老金。

---

① 闫化海．养老金产品：养老金资产配置时代新工具［R］// 中国养老金融 50 人论坛．中国养老金融发展报告（2017）．北京：社会科学文献出版社，2017：348–378.

② European Commission. Joint Report by the Commission and the Council on Adequate and Sustainable Pensions［EB/OL］.http：//europa.eu/epc/sites/epc/files/docs/pages/pension%5freport%5f2003.pdf.

我国可以借鉴欧洲国家的做法来降低我国的企业年金制度管理费用。欧洲国家在降低私人养老金管理费用方面采取了一系列的措施：奥地利通过为所有社会保险机构设立一个联合数据处理公司的方式，使得私人养老金的管理费用逐步削减；英国的“利益相关者基金”和爱尔兰的“个人退休储蓄账户”都试图降低私人养老金的负担，从而让低收入人群更容易获得养老金；英国政府还以立法形式简化职业和个人养老金制度，减轻雇主的行政负担和降低缴费者的成本；德国与丹麦则规定私人养老金的提供者有义务在签订合同前向客户提供有关预期管理费用的书面信息；英国的职业年金和个人养老金的相关管理部门要向参与者提供退休后养老金的未来供款计划和年金利率等内容。①这些措施为欧洲的企业年金制度发展注入活力，但是需要注意的是，我国的企业年金管理机构存在一些不正当的竞争行为，所以需要政府出面制定相关政策，为管理机构提供一个良好的竞争平台，才能够保证有关降低管理费用的举措落到实处。

第四节　提高企业年金制度参与率的路径

在我国企业年金制度的实施中，企业员工基本是被全部纳入的，所以如果要扩大企业年金制度的覆盖面，第一步要做的工作就是扩大企业年金制度的企业覆盖面，只有参与企业年金制度的企业数量增加，员工的参与数量才能增加。

一、增加企业参与企业年金制度的机会

（一）加快发展集合年金计划

企业年金制度改革主要有3个目标，分别是宏观目标、微观目标和结构性目标。在结构方面，国有企业、垄断企业、大型企业都是目前我国企业年金

① European Commission. Joint Report by the Commission and the Council on Adequate and Sustainable Pensions [EB/OL]. http://europa.eu/epc/sites/epc/files/docs/pages/pension%5freport%5f2003.pdf.

制度的主要参与者，但是中小企业才是市场经济的主体，所以，应当为中小企业提供企业年金制度，这是企业年金制度可持续发展的基础。

中小企业是我国国民经济的重要组成部分，有着广泛的社会经济基础，在发展经济、促进就业、改善民生、推动创新等方面起着举足轻重的作用，是我国市场化经济主体中数量最大、最具活力的企业群体。无论是在经济水平相对发达的地区，还是在相对落后的地区，中小企业在数量上都占据着绝对的优势。《中国中小企业调研咨询报告（2015）》对中小企业进行过统计：截至2015年年末，全国工商登记中小企业超过2000万家，个体工商户超过5400万户；中小企业提供80%以上的城镇就业岗位，成为就业的主渠道；中小企业利税贡献稳步提高，全国规模以上中小工业企业36.5万家，占规模以上工业企业数量的97.4%，实现税金2.5万亿元，占规模以上工业企业税金总额的49.2%；完成利润4.1万亿元，占规模以上工业企业利润总额的64.5%。由此可见，中小企业已经占据了我国国民经济的半壁江山。

在第四章中已经证实，无论是覆盖率还是资金积累，中小企业参与企业年金制度的比例都非常低，与其经济地位和人口规模极其不符。中小企业参与企业年金制度的主要形式是集合年金计划，第四章总结了我国集合年金计划的变动规律：第一，中小企业人均缴纳年金基金相较于全国平均缴费水平更低；第二，集合计划的建立情况不容乐观，与其他企业相比地位低微。参与集合计划的企业账户数、员工人数和资产占全国总量的比例增长量非常少，五年的平均增长率仅仅达到1.95%、5.79%和0.07%。如果我国的企业年金制度无法持续扩大中小企业的覆盖面，那么我国企业年金制度的发展将不可持续。

我国有关集合年金计划政策制定一直落后于市场需求。在2011年前，我国还没有关于集合年金计划的相关政策，一些年金基金的管理机构为有需求的中小企业设立了多个准集合年金计划，但是缺乏政策依据，无法正常进入资本市场投资运营。直到2011年出台的《企业年金基金管理办法》才明确了法人受托机构可设立集合年金计划，并对受托人报备集合计划、委托人参加集合计划作出原则性规定；在其后的《关于企业年金集合计划试点的有关问题的通知》中进一步规范了企业年金集合计划的设立、运行和监督，保护了委托人、受益人以及各企业年金基金管理机构的合法权益。至此，集合年金计划得到法律上的认可。但是对于推动建立更多的集合年金计划，政府却缺乏相关的政策指引。根据国外集合年金计划经验和我国的具体国情，提出以下建议：

1. 建立行业年金计划

在第三章中曾以国泰安数据库中的A股上市公司为样本数据，对企业年金制度的行业公平性进行了测度，发现现行企业年金制度在不同的行业间存在巨大分层，垄断行业和非垄断行业之间的差异尤为显著。国外案例研究表明，发达国家存在众多的行业年金计划，这为我国发展非垄断行业的集合年金计划提供了发展思路。成功的行业年金计划将会产生巨大的“同伴效应”和“规模效应”，吸引众多的中小企业加入，同时也吸引众多的管理机构争相提供管理服务。我国可以考虑由行业协会或行业工会牵头，组织企业和员工共同设立行业年金理事会，操作相关集合年金计划的事宜；也可以参考荷兰的行业年金计划政策，将行业中的大型企业和中小型企业同时纳入行业年金计划中，发挥行业中大型企业的示范效应，带动更多中小型企业加入行业年金计划。

2. 为灵活就业群体提供加入集合计划的机会

第六章的实证分析发现，签订短期劳动合同的员工比长期固定劳动合同的员工参与企业年金制度的意愿更强，但是现实参与率却低很多。现代企业中有较大比例的灵活就业人员，他们的待遇与签订了正式劳动合同的员工差距很大，如果能够将这部分人员纳入企业年金制度中来，将会极大地提高企业年金制度的参与率。事实上，对于已经具有年金计划的企业来说，为灵活就业人员提供年金计划也具有可行性，因为只要企业具备了建立年金计划的基础和条件，那么只需解决灵活就业人员的流动性和基金的转移问题就可以实现目标。在国外的成功经验是采取“零售年金”的集合年金形式，我国可以借鉴这种方式来发展集合年金计划。近几年我国工会组织发展很快，工会组织正在逐步吸收广大灵活就业群体，可以利用工会组织的强大号召力和宣传力来组织灵活就业群体加入集合年金计划。

3. 对集合年金计划的管理机构提供政策支持

在市场上，集合年金计划的基金总量小，参与企业多，管理烦琐，管理机构付出的基金管理成本要远远高于基金总额高的大企业，所以，很多年金管理机构并不愿意接受集合年金计划，即便一些管理机构接受了集合年金计划，接受的也只是在行业中具有垄断地位或者是经济效益非常好的中小企业的年金计划。对于其他中小企业的年金集合计划，管理机构往往持观望态度，没有动力去参与开发更多的计划。这就给政府提出一个要求，针对有加入集合年金计划需求的中小企业，政府应当在政策方面给予管理机构一定的支持，使得管理机构有动力去帮助这些中小企业加入集合年金计划。

（二）建立“自动加入”机制

企业年金制度在我国建立之初，就对企业设置了若干约束条件。1991年国务院颁布《国务院关于企业职工养老保险制度改革的决定》，规定“补充养老保险由企业根据自身经济能力为本企业职工建立”；1995年国务院颁布《关于深化企业职工养老保险制度改革的通知》，提出“企业按规定缴纳基本养老保险费后，可以在国家政策指导下，根据本单位经济效益情况，为职工建立补充养老保险”；2004年《企业年金试行办法》明确规定符合以下条件的企业，才可以建立企业年金计划：依法参加基本养老保险并履行缴费义务、具有相应的经济负担能力、已经建立集体协商机制。这为企业参与企业年金制度设置了较高的进入门槛；2017年的《企业年金办法》将三个约束条件减为两个，即依法参加基本养老保险并履行缴费义务和企业具有相应的经济负担能力，但是这依然给很多企业造成了准入困难。在国有、集体企业陆续加入企业年金制度后，这两个门槛仍使得私营、外资等企业望而却步。

第五章的实证分析得到结论，只有大型国企、垄断行业企业参与的企业年金制度容易导致制度不公平。企业参与企业年金制度决策虽然受到众多因素的影响，但是受到企业属性的影响最大，企业属性变量不仅直接影响企业的决策，还会通过影响企业的财务变量、参与者意愿变量来进一步影响企业的参与决策。双重效应下，国有控股企业的参与概率达到非国有控股企业的12倍以上。由此可知，我国大型国企和其他中小企业的参与率存在巨大鸿沟，这将导致制度的严重不公平，使得企业年金制度成为新的“二元”制度，增加了社会不稳定因素。

OECD国家解决进入门槛问题时采取的是“自动加入”机制，这为我国降低进入门槛提供了很好的借鉴经验。鉴于我国的具体国情，考察OECD国家的自动加入机制的相关措施，建议采取以下措施：

1. 设置合理的过渡期

英国采取的做法充分考虑了雇主和雇员在参与制度时可能遇到的问题。英国的自动加入机制制订了详细的过渡计划，给雇主和雇员一个适应期，在这个适应期内，逐步提高DC型养老金计划的最低缴费比例，最终达到8%的目标。同时，根据预扣个人所得税的雇员人数或其他条件，为不同的雇主制定不同的履行自动加入义务时间表。[①]我国由于人口众多，各地管理水平参差不齐，政策的执行力度也难以全部得到保障，所以可以适当放宽适应期。

2. 建立动态的加入调整机制

英国的做法是，雇主在为雇员提供年金计划后，雇员可以在一个月内退出，此时将返还其已经缴纳的费用，如果雇员反悔，可以申请再次加入，或者三年后由雇主再次将退出的雇员加入。如果两次都退出年金计划，则由雇主决定是否可以再次给雇员加入机会。这种动态调整机制充分地考虑了雇员的非理性的可能性，并为他们提供一个更改的机会，这样就可以避免雇员由于短视或冲动造成永久的遗憾。我国也可以建立类似的动态调整机制，给雇主和雇员较为充分的认知调整机会，以避免雇员的短视行为造成参与率的降低。

（三）给予减税降费的政策支持

参加企业年金制度意味着企业要把更多的利润拿出来与员工分享，这样

---

① 郑秉文．美国和英国扩大年金参与率的经验与启示［N］．中国证券报，2017-04-14.

一方面将会导致可用于扩大生产运营的资本减少，另一方面企业年金的运营也需要投入管理成本，将会导致企业整体运行成本增加。我国企业参与企业年金制度的一个设定门槛是有经济能力，当企业缴费压力过大时，企业的利润空间被严重压缩，企业参与企业年金制度的能力将会降低。

但是，第五章的实证研究发现，企业的资产负债比和企业的实际所得税税率两个变量，与企业参与企业年金制度决策呈正相关，在包括所有变量的完整Logit的模型中（汇报概率比），两个变量的系数分别为1.015和1.013（其他模型中两个变量的系数变化很小），两个系数含义分别是：在控制其他条件不变时，企业资产负债比每增加1个百分点，企业参与企业年金制度决策的概率增加1.5%；在控制其他条件不变时，企业实际所得税税率每增加1个百分点，企业参与企业年金制度决策的概率增加1.3%。这两个系数意味着，企业参与企业年金制度的决策与企业的负债情况和税收优惠呈负相关，这与理论不符，前文已经详细分析过其最重要的原因就是我国的企业缴费压力与税收优惠政策对企业参与决策的影响程度远不如其他非经济因素（如企业性质）对企业决策的影响程度。实际上，很多大型国有企业的资产负债率高，实际所得税率也高，但是企业参与企业年金制度的比例很高；而一些非国有控股的企业，资产负债率低，实际所得税率也低，但是企业参与企业年金制度的比例反而也低，这恰好说明我国企业参与企业年金制度决策的最重要影响因素是企业属性。理论与现实的矛盾反映出我国对企业的降费和税收优惠政策都还没有能够真正地提高企业的参与积极性，所以有必要重新对此进行思考，采取合适的措施来应对这种情况。

1. 进一步完善税收优惠政策

我国的税收优惠政策并没有起到激励企业的作用。2013年12月，我国首次在《财政部、人力资源社会保障部、国家税务总局关于企业年金职业年金个人所得税有关问题的通知》中明确了税收优惠政策是EET模型，对于这项“千呼万唤始出来”的政策的出台，企业和员工理应有非常强烈的反应，但是在2014年后，企业年金制度的发展反而进入停滞期，覆盖面扩面速度非常缓慢。其原因包括：历史遗留的缴费已完税情况难以认定；缴费时可税前扣除个人缴费额度的确认标准不明确；个人缴费超出税优部分在领取时可能造成重复计税；领取时可抵扣的已完税部分计算规则存在理解误差；领取时选择购买商业年金保险的计税规则尚不明确。[①]这些问题可以从统一政策和优化细节方面逐一解决，并不会给企业年金制度的税收优惠造成非常大的困难。当前使企业年金税收优惠政策失效的最主要原因是税收优惠力度不足以抵补企业的成本。依据前面章节的实证结果，企业的属性对企业参与企业年金制度决策的影响程度非常大，所以在确定税优比例时，可以将税优比例与企业属性相关联。

2. 加大力度降低企业缴费压力

2016年我国的企业职工5项社保总费率为企业职工工资总额的39.25%，在列入统计的173个国家地区中居第13位[②]。所以，“五险一金”费率长期居高不下使我国众多企业面临巨大挑战，降低企业的缴费负担是提高企业年金制度覆盖面的重要举措。为降低企业成本、增强企业活力，近年来我国不断出台相关文件以降低职工基本养老保险单位的缴费比例。2016年人社部与财政部联合发布了《关于阶段性降低社会保险费率的通知》，规定自2006年5月1日起，将单位缴费比例降至20%，同时也降低失业保险总费率、工伤保险平均费率和生育保险费率。但是与世界平均缴费水平10%、国际警戒线20%的水平相比，仍有较大下调空间。

二、激发个人参与企业年金制度的动力

（一）加强员工的企业年金制度相关知识的教育培训

虽然企业年金制度已经实施多年，但是调查发现，我国的企业管理层和普通员工对企业年金制度的相关知识所知甚少，甚至有的企业管理层和员工

① 郑秉文．中国养老金发展报告2016——“第二支柱”年金制度全面深化改革［M］．北京：经济管理出版社，2016：264-273.

② 关博．降低“五险一金”缴费率，合理降低企业人工成本［EB/OL］.http：//zys.ndrc.gov.cn/xwfb/201608/t20160829_816063.html,2016-08-29.

根本就没有听说过这一制度。当他们对企业年金制度非常不熟悉时，就不明白企业年金制度的养老作用和储蓄功能，更不可能知道企业年金制度是如何投资和运营的。所以，人们对企业年金制度的了解程度是他们参与企业年金制度的意愿的重要影响因素。

本研究调查资料显示（见表7–3），在所调查的全部样本中，选择“非常不了解”“比较不了解”“一般”“比较了解”“非常了解”的员工占比分别为14.8%、28.3%、42.5%、13.3%、1.0%，并且，员工在企业中职务越高，对企业年金制度的了解程度就越高。在企业中，对企业年金程度“比较了解和非常了解”的普通员工占普通员工总数的10.2%，比例很低，基层、中层和高层管理者的情况要好些，比重分别为18.4%、19.3%、31.6%；而“非常不了解”和“比较不了解”的普通员工占普通员工总人数的49.6%，基层、中层和高层管理者的相应比例为41.9%、27.9%和21%。由此可见，我国要普及企业年金制度，还需要加大教育宣传力度。

表7–3　不同职位员工对企业年金制度的了解程度　（%）

职位	非常不了解	比较不了解	一般	比较了解	非常了解	合计
普通员工	17.2	32.4	40.2	9.6	0.6	100
基层管理人员	12.8	29.1	39.7	17.0	1.4	100
中层管理人员	10.6	17.3	52.9	18.3	1.0	100
高层管理人员	10.5	10.5	47.4	26.3	5.3	100
合计	14.8	28.3	42.5	13.3	1.0	100

由前文对员工参与企业年金制度意愿的影响因素的实证分析得到了以下几个结论：年龄对员工的企业年金制度意愿影响为正；受教育水平越低，员工的参与意愿更强烈；高收入员工群体的参与意愿要低于低收入员工群体；已经参与企业年金制度的员工与未参与企业年金制度的员工对企业年金概念的理解程度有显著差异，并且已经参与企业年金制度员工的参与意愿显著大于未参加企业年金制度的员工；国有、集体企业的员工的参与意愿更强；有工会组织的员工的参与意愿更强。

其他国家也有许多员工对企业年金的金融知识一无所知（Lusardi et al.,2014），通过对员工进行养老与金融方面的知识培训，可以提高员工参与职业年金意愿。[①]Allen等（2016）对雇主提供的养老金培训进行评估，发现养老金知识培训提高了员工的财务知识水平，进而提高了员工规划退休后生活的能力。[②]Clark 等（2017）对美联储系统内雇员参与储蓄计划和固定缴费计划（DC）的情况进行了调查，发现美联储系统内的雇员的财务知识水平高于一般雇员，并且经济知识水平高的雇员参与DC计划的比例也更高，知识丰富的雇员比知识欠缺的雇员对DC计划的贡献多3个百分点，他们在养老金账户中也持有更多的权益。该研究还有一个重要发现，在雇员学习了一年的养老金计划相关知识后，雇员的计划行为发生了积极的改变：完成学习的雇员开始参与DC计划，并且停止DC计划的可能性降低。[③]由此可知，雇主提供养老金知识的培训有助于提高企业年金制度的参与率、贡献率和员工的投资收益率。

结合国外经验和我国的现状，可以从以下几个方面着手培训。

1. 加强对年轻员工的教育培训

年龄越大，员工参与企业年金制度的意愿越强，说明年轻员工缺乏自我养老意识和养老危机意识，所以需要培养年轻人群体的养老意识，让他们清楚参加国家的基本养老保险只能够保基本，而不能在退休后继续维持退休前的生活水平，如果要保障自己的生活水平不变，有必要参加企业年金制度。

2. 加强对中高等受教育水平和中高等收入水平员工的培训

国外的很多研究已经表明，养老金缴款水平受到员工的收入水平和财务知识水平的影响，收入水平越高，拥有的财务知识越多，员工就越有可能参

① Lusardi,A., Mitchell, O. S. The Economic Importance of Financial Literacy: Theory and Evidence［J］. Journal of Economic Literature, 2014, 52（1）：5–44.

② Allen, S., R.Clark, J., Maki, M. Morrill.Golden Years or Financial Fears: How Plans Change after Retirement Seminars［J］. Journal of Retirement, 2016, 3（3）：96–115.

③ Clark, R., Lusardi, A., Mitchell, O. S. Employee Financial Literacy and Retirement Plan Behavior: A Case Study［J］. Economic Inquiry, 2017,55（1）：248–259.

与养老金计划并且缴纳更多比例的年金（Clark,2017）。[①]本书的研究发现，收入低的群体比收入高的群体参与企业年金制度的意愿更为强烈，但是就参与比例来说，收入高的群体参与比例远远高于收入低的群体，所以与国外研究一致，企业年金制度最容易扩面的对象就是收入较高的群体。

3. 由政府组织对非国有和集体企业、无工会组织的员工进行知识培训

在非国有或集体企业中，由于建立企业年金计划将增加企业运行成本，雇主没有培训员工相关养老知识的动力；在缺乏工会组织的企业中，缺少了能够将员工凝聚起来为自己的权益发声的集体组织，另外，雇主也没有培训员工除生产之外的知识的意愿。因此，当雇主不能够承担培训责任的时候，政府作为企业年金制度的重要受益者之一，有必要为这些员工提供相应的培训。

（二）完善企业年金的个人权益保护政策

在第六章对员工参与企业年金制度意愿的影响因素分析中，发现员工最看重因素是个人的年金权益是否能够得到保障，其次是年金政策的效率，最后才是年金基金的安全盈利性。这说明，员工对企业年金制度的养老功能并没有深刻的认识和较高的认可，反而更加担忧在个人缴费后，个人的年金权益是否能够得到保障。这与我国的资方强、劳方弱的现状相符，也与有关保护政策不完善有关。员工关心的权益包括年金的归属权、年金支取的灵活性、年金分配的公平性等方面。但是在企业年金的各个环节，员工的这些权益都有可能被侵害。

在企业年金计划的初始建立环节，就无法完全避免对个人权益的侵害。虽然企业年金计划的建立由雇员和雇主协商而定，但是为每位雇员缴纳多少费用却由雇主来决定，这就造成年金向企业高层转移的可能。为了降低企业年金的不公平，2018年2月开始实施的《企业年金办法》对此进行了限定，规定“企业当期缴费计入职工企业年金个人账户的最高额与平均额不得超过5倍”，但是这条规定存在缺陷：这里的“5倍”指的是最高额与平均额之间的

① Clark, R., Lusardi, A., Mitchell, O. S. Employee Financial Literacy and Retirement Plan Behavior：A Case Study［J］. Economic Inquiry, 2017, 55（1）：248–259.

差距，那么最高额与最低额的差距在理论上就有可能差到10倍以上甚至更多。例如，在一个企业中，员工企业年金收入最高值为10000元，企业内全部员工年金的平均值为2000元，员工年金收入最低值可能是1000元，也可能是500元，差距就达到了10倍及以上。由于没有对极差加以限定，年金计划就有可能被企业高层领导利用。

企业年金制度对个人权益的侵害可能发生在缴费环节。员工个人账户的缴费包括两部分：一是个人缴费部分；二是企业缴费部分。其中企业缴费部分如果归属于个人，则需要满足一定的约束条件，企业往往规定员工领取年金基金的比例与员工的贡献相挂钩，如果员工没有完成约定的工作年限或任务，那么员工就无法完全获得企业缴费部分的年金。这对于员工来说存在一定的不公平，也降低了员工的参与积极性。对于宏观经济来说，也阻碍了劳动力的正常流动，使劳动力市场活力降低。

企业年金制度的个人权益侵害也可能发生在投资和领取环节。由于缺少个人投资选择权、监管机构监督和投资信息的及时披露，员工对于企业年金的投资运营情况几乎是一无所知，这很可能给员工造成巨大损失。以英国的麦克斯维尔事件为例，麦克斯维尔为弥补他的媒体帝国运营资金的不足，从《每日镜报》的养老基金中共挪用了4.5亿英镑，以致8.5万员工丧失了部分或全部养老金及收益。[①]其原因就是缺乏委托基金投资，而我国企业的这种“隐性”的资金挪用问题更加突出。由于企业在谈判中处于强势地位，年金管理机构无法做到完全不受企业意志的影响支配年金资金，这给企业及其管理层通过各种途径干扰资金运作留下隐患。[②]另外，年金基金在投资期间也可能遭受投资损失，企业年金为了追求超过通货膨胀和GDP增长的高回报，有必要将基金投入高收益的产品上，但是高收益意味着高风险，企业年金基金也会面临投资失败的风险。

---

① Robert Maxwell. Who Backed the Man Who Stole the Pensions? [EB/OL] . https://socialistworker.co.uk/art/10987/Robert%20Maxwell：%20who%20backed%20the%20man%20who%20stole%20the%20pensions?

② 马伯寅 . 职工企业年金权益保护机制研究 [M] . 北京：北京大学出版社 ,2011：14.

针对以上情况，提出以下建议：

1. 缩小企业内部年金分配差距

企业年金制度在企业内部不公平，会影响员工的参与意愿，降低企业内部员工的公平感和归属感，给企业带来负面影响。由于2018年2月实施的《企业年金办法》没有对年金分配极差加以限定，年金分配政策就有可能被企业高层利用，将企业年金分配由收入较低的员工群体向部分领导层转移。因此笔者认为，还应该对企业内部年金分配的差距进行更多限制，如限制最高额和最低额的差距，以防差距过大，或者限制年金分布的标准差，防止年金分配过于离散，等等。

2. 逐步缩短直至取消个人账户的企业缴费归属期

前文已经分析过，企业年金的属性是私有产权，所以对于员工来说，企业年金应当完全属于个人所有，它是员工在职期间的正当所得。之前为了提高企业参与年金制度的积极性，特别制定了对员工流动性进行约束的条件，但是从第三章的企业年金激励效应分析结果来看，实施效果并不显著。这是因为，我国已经实施年金计划的企业大都是金融、交通、能源等大型国企，这些企业本身对人才的吸引力就非常强，所以在大型国企中实施这个约束，意义并不大。与此同时，中小企业或私营企业可以实施该制度，但是也应当缩短归属年限，否则以员工的视角来考虑，员工可能会放弃参与企业年金计划。因此，该约束条件可以随着企业年金制度的发展而逐渐舍弃。

3. 充分发挥工会维护员工权益的职能

在第六章的分析中发现，工会会员的参与制度意愿要高于未参加工会的员工，这是因为工会是一个能够为员工权益提供保护的组织，所以，在当前员工最担心自己的年金权益得不到保障时，工会应当发挥其保护职能。工会可以关注以下几个方面的内容：企业年金计划的设计是否合理，员工之间的年金收入是否差距过大；年金的管理和投资过程是否透明；年金的投资收益情况能否及时披露；员工离职、退休时的年金基金是否能够正常转移或领取；等等。

参考文献

英文文献：

［1］Alder，F. The Value Concept in Sociology Theory［J］. American Journal of Sociology，1956，62（3）：272–279.

［2］Allen，S.，R. Clark，J.，Maki，M. Morrill. Golden Years or Financial Fears：How Plans Change after Retirement Seminars［J］. Journal of Retirement，2016，3（3）：96–115.

［3］Amos G.N. Predictors of Pension Finance Literacy：A Survey of Members of Occupational Pension Schemes in Kenya［J］. International Journal of Business and Management，2011，6（9）：101–113.

［4］Armeanu，O.I. The Battle over Privileges and Pension Reform：Evidence from Legislative Roll Call Analysis in Poland［J］. Europe–Asia Studies，2010，62（4）：571–595.

［5］Arrow，K. J. Social Choice and Individual Values［M］. New York：Wiley，1951.

［6］Braun，A.，Rymaszewski，P.，Schmeiser，H. A Traffic Light Approach to Solvency Measurement of Swiss Occupational Pension Funds［J］.Geneva Papers on Risk and Insurance - Issues and Practice，2011，36（2）：254–282.

［7］Bridgen，P.，Meyer，T. The Politics of Occupational Pension Reform in Britain and the Netherlands：The Power of Market Discipline in Liberal and Corporatist Regimes［J］. West European Politics，2009，32（3）：586–610.

［8］Burger，C. Adoption Patterns of Occupational Pensions in Germany［J］. Environment and Planning A，2011，43（11）：2666–2687.

[9] Burger, C., Clark, G.L. The German Model of Risk Distribution in Supplementary Occupational Pensions [J] . Journal of Risk, 2011, 13 (3): 93–122.

[10] Conrad, H. Economic System and Welfare Regime Dynamics in Japan Since The Early 2000s–The Case of Occupational Pensions [J] . Journal of Social Policy, 2012, 41 (1): 119–140.

[11] Clark, R., Lusardi, A., Mitchell, O.S. Employee Financial Literacy and Retirement Plan Behavior: A Case Study [J] .Economic Inquiry, 2017, 55 (1): 248–259.

[12] Dirk, B., David R. A Life–Cycle Approach in the Dutch Occupational Pension System? [J] . Rotman International Journal of Pension Management, 2010, 3 (1): 52–61.

[13] Domínguez, B.F. Why Do People Invest in Personal Pension Plans? [J] . Applied Economics, 2007 (39): 1115–1126.

[14] Dummann, K. What Determines Supply and Demand for Occupational Pensions in Germany? [J] . Journal of Pension Economics & Finance, 2008, 7 (2): 131–156.

[15] European Commission.Joint Report by the Commission and the Council on Adequate and Sustainable Pensions [EB/OL] .http: //europa.eu/epc/sites/epc/files/docs/pages/pension%5freport%5f2003.pdf.

[16] Fabio, B. Social Protection in Latin America: The Challenges of Heterogeneity and Inequity [J] . International Social Security Review, 2005, 58 (7): 3–13.

[17] Fleckenstein, T., Saunders, A.M., Seeleib–Kaiser, M. The Dual Transformation of Social Protection and Human Capital: Comparing Britain and Germany [J] .Comparative Political Studies,2011,44 (12): 1622–1650.

[18] Gill, I., Packard, T., Yermo, J. Keeping the Promise of Social Security in Latin America [M]. Stanford, CA, Stanford University Press, 2005.

［19］Grande，G.，Visco，I. A Public Guarantee of a Minimum Return to Defined Contribution Pension Scheme Members［J］. Journal of Risk，2011，13（3）：3–43.

［20］Hastings，J.，Mitchell，O.，Chyn，E. Financial Literacy and Pension Fund Fees［EB/OL］. http：//www.tiaa–crefinstitute.org/pdf/research/trends_issues/ ti_financialpension0211.pdf.，2011.

［21］Hernaes，E.，Piggott，J.，Zhang，T.，Strom，S. Occupational Pensions，Tenure，and Taxes［J］. Journal of Pension Economics & Finance，2011，10（3）：435–456.

［22］Holzmann，R.，Hinz，R.，von Gersdorff，H.，Gill，et al.［M］. World Bank , 2005.

［23］Holzman，R.，Hinz，R.［M］.Washington D.C.：World Bank，2005.

［24］Huberman，G.，Iyengar，S.S.，Jiang，W. Defined Contribution Pension Plans：Determinants of Participation and Contribution Rates［J］. Journal of Financial Services Research，2007，31（1）：1 – 32.

［25］Kaupelytė，D.，Jankauskienė，V. Stimulating Pension Funds Investments to Venture Capital：Opportunities in European Union Countries［J］. European Integration Studies，2009（3）：86–92.

［26］Kenne，M.Opportunity or Threat？ How Trade Union Power and Preferences Shape Occupational Pensions［J］. Social Policy & Administration, 2018，3（52）：463–476.

［27］Kuang X.，Moser V. D. Reciprocity and the Effectiveness of Optimal Agency Contracts［J］.The Accounting Review , 2009（84）：1671–1694.

［28］Lusardi，A.，Mitchell，O.S.The Economic Importance of Financial Literacy：Theory and Evidence［J］.Journal of Economic Literature，2014，52（1）：5–44.

［29］Meyer，T.，Bridgen，P. Class，Gender and Chance：The Social Division of Welfare and Occupational Pensions in the United Kingdom［J］. Ageing & Society，2008（28）：353–381.

[30] Maarten, K. Opportunity or Threat? How Trade Union Power and Preferences Shape Occupational Pensions [J] .Social Policy & Administration, 2018 (52): 463-476.

[31] Mudrack, G. The Current Tax Situation of Occupational Pensions and Pan-European Pension Funds [J] . Journal of Business Economics and Management, 2007, 8 (1): 45-49.

[32] OECD. OECD Pensions Outlook 2018 [EB/OL] . OECD Publishing, Paris, 2018, https: //doi.org/10.1787/pens_outlook-2018-en.

[33] OECD. OECD Pensions Outlook 2014 [EB/OL] . OECD Publishing, 2014, http: /dx.doi.org/10.1787/9789264222687-en.

[34] Pavolini, E., Seeleib-Kaiser, M. Comparing Occupational Welfare in Europe: The Case of Occupational Pensions [J] . Social Policy & Administration, 2018 (52): 477-490.

[35] Roth, M. Employee Participation, Corporate Governance and the Firm: A Transatlantic View Focused on Occupational Pensions and Co-Determination [J] . European Business Organization Law Review, 2010, 11 (1): 51-85.

[36] Schunk, D. What Determines the Saving Behavior of German Households? An Examination of Saving Motives and Saving Decisions [R] . MEA Discussion Papers, No. 124-2007, MEA, University of Mannheim.

[37] Tamborini, C.R., Purcell, P., Iams, H.M. The Relationship between Job Characteristics and Retirement Savings in Defined Contribution Plans during the 2007-2009 Recession [J] . Monthly Labor Review, 2013, 136 (5): 3-16.

[38] Wiβ, T.From Welfare States to welfare Sectors: Explaining Sectoral Differences in Occupational Pensions with Economic and Political Power of Employees [J] .Journal of European Social Policy, 2015, 25 (5): 489-504.

[39] Yoshida, K., Horiba, Y. Determinants of Defined-Contribution Japanese Corporate Pension Coverage [J] . The Japanese Accounting Review, 2012, 2 (1):

33–47.

［40］Yoshida，K. Horiba，Y. Japanese Corporate Pension Plans and the Impact on Stock Prices［J］.Journal of Risk & Insurance，2003，70（2）：249–268.

［41］Robert Maxwell：Who Backed the Man Who Stole the Pensions?［EB/OL］. https：//socialistworker.co.uk/art/10987/Robert%20Maxwell：%20who%20backed%20the%20man%20who%20stole%20the%20pensions?

中文文献：

［1］［美］阿瑟·奥肯.平等与效率——重大抉择［M］.北京：华夏出版社.

［2］艾慧.中国城镇职工养老保险制度的可持续性研究［M］.上海：上海大学出版社，2015.

［3］丛春霞.中国企业年金监管研究［J］.财经问题研究，2010（10）：92–96.

［4］［美］丹尼斯·梅多斯，等.增长的极限［M］.北京：商务印书馆，1984.

［5］［美］道格拉斯·C.诺思.制度、制度变迁与经济绩效［M］.上海：格致出版社，上海三联书店，上海人民出版社，2014.

［6］丁烈云.公平与效率的均衡分析［J］.科学社会主义，2006（4）：44–47.

［7］董登新.美国私人养老金政策机制探究［J］.中国社会保障，2018（8）：39–41.

［8］董克用.中国养老金融发展报告（2017）［M］.北京：社会科学文献出版社，2017.

［9］邓大松.可持续发展的中国新型农村社会养老保险制度研究［M］.北京：经济科学出版社，2014.

［10］方爱东.社会主义核心价值观的发展历程及其当代构建［D］.合肥：安徽大学，2010.

［11］封进.可持续的养老保险水平——全球化、城市化、老龄化的视角［M］.

北京：中信出版社，2016.

［12］付舒.我国社会保障价值理念嬗变的学理分析［J］.社会经纬，2014（2）：152-156.

［13］何平. 我国企业年金制度发展现状与评价［N］. 中国劳动保障报，2002-09-05.

［14］何文炯. 社会养老保障制度要增强公平性和科学性［J］. 经济纵横，2010（9）：42-46.

［15］胡继晔. 国际养老金制度发展的现状与趋势［J］. 中国社会保障，2014（4）：40-41.

［16］辜毅，林义. 我国企业年金可携带性问题探索［J］. 保险研究，2009（2）：29-33.

［17］［美］佛朗哥·莫迪利亚尼，阿伦·莫拉利达尔. 养老金改革反思［M］. 北京：中国人民大学出版社，2010.

［18］关博. 降低“五险一金”缴费率，合理降低企业人工成本［EB/OL］. http：//zys.ndrc.gov.cn/xwfb/201608/t20160829_816063.html，2016-08-29.

［19］郭磊，苏涛永. 人力资源、税收、所有制与企业年金参保——基于家庭金融微观数据的实证研究［J］. 公共管理学报，2015，12（1）：94-106，157.

［20］郭磊，周岩，苏涛永.所有制影响企业年金参保的实证研究［J］. 管理评论，2017，29（4）：239-254.

［21］郭林. 中国养老保障体系变迁中的企业年金制度研究［M］. 北京：中国金融出版社，2008.

［22］郭庆然. 企业年金面临的制约因素及对策选择［J］. 理论探索，2010（1）：82-84.

［23］［美］劳伦斯·汤普森. 老而弥智：养老保险经济学［M］. 北京：中国劳动社会保障出版社，2003.

［24］［美］蕾切尔·卡逊. 寂静的春天［M］. 北京：科学出版社，1979.

［25］李丹阳. 公平与效率的互补关系探析［J］. 学术研究，2007（1）：

51–55.

［26］李迎生. 社会工作［M］. 北京：中国人民大学出版社，2010.

［27］李连友. 基本养老保险制度中政府作用研究［M］. 长沙：湖南人民出版社，2004.

［28］李仲生. 人口经济学（第3版）［M］. 北京：清华大学出版社，2013.

［29］李珍，王海东. 英国养老金私有化改革的历程与评价［J］. 保险研究，2011（2）.

［30］梁栩凌. 北京市部分企业年金激励效用研究［J］. 价值工程，2011（22）：117–119.

［31］刘德吉. 基本公共服务均等化：基础、制度安排及政策选择——基于制度经济学视角［M］. 上海：上海交通大学出版社，2013.

［32］刘军丽. 中国企业年金发展问题研究——反思、借鉴与现实选择［M］. 北京：中国工人出版社，2011.

［33］刘昌平. 可持续发展的中国城镇基本养老保险制度研究［M］. 北京：中国社会科学出版社，2008.

［34］刘伟兵. 从墨尔本美世全球养老金指数看我国养老保险制度［J］. 社会保障研究，2011（2）：6–10.

［35］林毅夫. 关于制度变迁的经济学理论：诱致性变迁与强制性变迁［M］// 罗纳德·H. 科思，等. 财产权利与制度变迁——产权学派与新制度学派译文集［M］. 上海：格致出版社，上海三联书店，上海人民出版社，2014.

［36］陆解芬，侯复兴. 企业年金税收优惠政策的成本研究——EET税制下的档期税收支出分析［J］. 财会研究，2011（16）：58–61.

［37］卢成会. 中国社会保障制度价值理念选择研究——基于马克思人的发展理论［D］. 长春：吉林大学，2017.

［38］罗淳. 人口转变进程中的人口老龄化——兼以中国为例［J］. 人口与经济，2002（2）：38–43.

［39］罗小芳，卢现祥. 制度质量：衡量与价值［J］. 国外社会科学，2011

（2）：43–51.

［40］马伯寅. 职工企业年金权益保护机制研究［M］. 北京：北京大学出版社，2011.

［41］［美］马尔萨斯. 人口原理［M］. 北京：商务印书馆，1992.

［42］［德］马克思，恩格斯. 马克思恩格斯全集（第19卷）［M］. 北京：人民出版社，1960.

［43］［美］曼瑟尔·奥尔森. 集体行动的逻辑［M］. 陈郁，等，译. 上海：格致出版社，上海三联书店，上海人民出版社，2014.

［44］［美］尼古拉斯·巴尔，大卫·怀恩斯. 福利经济学前沿问题［M］. 北京：中国税务出版社，2000.

［45］［美］诺思. 经济史中的结构与变迁［M］. 上海：上海三联书店，1994.

［46］彭光细. 新制度经济学入门［M］. 北京：经济日报出版社，2014.

［47］［日］青木昌彦，奥野正宽. 经济体制的比较制度分析［M］. 北京：中国发展出版社，1999.

［48］世界环境与发展委员会. 我们共同的未来［M］. 长春：吉林人民出版社，1997.

［49］孙开，金华. 企业年金激励机制探讨［J］. 东北财经大学学报，2009（5）：25–29.

［50］钱振伟，丁江萍. 创新我国企业年金监管制度研究——基于全球金融危机的警示［C］. 中国保险学会首届学术年会论文集，2009.

［51］唐钧. 社会保障价值理念溯源［J］. 中国社会保障，2012（2）：28–29.

［52］陶裕春. 人口经济学概论［M］. 北京：北京大学出版社，2018.

［53］汪华. 制度效率与社会公平：体系分立的社会保险运作效应研究［M］. 上海：华东理工大学出版社，2015.

［54］汪行福. 分配正义与社会保障［M］. 上海：上海财经大学出版社，2003.

［55］王信领. 可持续发展概论［M］. 济南：山东人民出版社，1999.

［56］王彦杰，胡俊英. 海外养老金资产管理：资产配置仍是核心，委托投资渐成主流［M］//中国养老金融50人论坛.中国养老金融发展报告（2017）. 北京：社会科学文献出版社，2017：156–178.

［57］魏崇辉. 新制度经济学的意识形态理论本质——基于构建基础与引入根由视角［J］. 学术交流，2010（10）：97–101.

［58］吴永求，冉光和. 养老保险制度公平与效率的测度及权衡理论［J］. 数理统计与管理，2014，33（5）：761–769.

［59］吴明隆. 问卷统计分析实务——SPSS操作与应用［M］. 重庆：重庆大学出版社，2010：244.

［60］［美］西蒙. 管理行为［M］. 北京：北京经济学院出版社，1988.

［61］熊卫. 我国企业年金劳动关系管理效应的实证研究［J］. 统计与决策，2013（21）：182–184.

［62］徐瑞仙. 当代中国社会保障价值理念构建研究［D］. 兰州：兰州大学，2016.

［63］徐颖. 中国社会养老保险保障水平分析与评价［M］. 北京：社会科学文献出版社，2010.

［64］杨长汉. 中国企业年金指数的设计与应用［J］. 价格理论与实践，2011（12）：57–58.

［65］杨燕绥. 国外企业年金的历史沿革及经验［J］. 劳动保障通讯，2004（3）：38–41.

［66］杨燕绥，鹿峰，修欣欣. 中国养老金市场的公共治理——企业年金市场恶性竞争成因分析［J］. 西安交通大学学报（社会科学版），2011，31（3）：44–50.

［67］于宁. 中国基本养老保险基金支出绩效评价：2003–2015［J］. 社会科学，2017（2）：80–92.

［68］袁妙彧. 福利国家强制性企业年金制度研究［M］. 武汉：湖北人民出版社，2012.

[69] 袁仕福. 新经济时代需要新企业激励理论——国外研究最新进展 [J]. 中南财经政法大学学报，2012（5）：75-82.

[70] 袁志刚，封进，葛劲峰，陈沁. 养老保险经济学：解读中国面临的挑战 [M]. 北京：中信出版集团，2016.

[71] 闫化海. 养老金产品：养老金资产配置时代新工具 [M] //中国养老金融50人论坛. 中国养老金融发展报告（2017）. 北京：社会科学文献出版社，2017：348-378.

[72] 曾湘泉. 价值理念、收入分配差距与社会保障制度构建 [J]. 中国人民大学学报，2002（3）：60-66.

[73] 张东旭. 企业年金参与决策的影响因素：理论框架与实证分析——来自A股上市公司的经验证据 [J]. 经济管理，2017，39（1）：49-68.

[74] 张东旭，徐经长. 同伴效应在企业年金缴费中的影响分析——来自A股上市公司的经验证据 [J]. 证券市场导报，2017（2）：21-27.

[75] 张曙光. 论价值与价值观——关于当前中国文明与秩序重建的思考 [J]. 人民论坛·学术前沿，2014（23）：4-57，95.

[76] 张曙光. 制度、主体、行为——传统社会主义经济学反思 [M]. 北京：中国财政经济出版社，1999.

[77] 郑秉文，孙守纪. 强制性企业年金制度及其对金融发展的影响——澳大利亚、冰岛和瑞士三国案例分析 [J]. 公共管理学报，2008（2）：1-13.

[78] 郑秉文. 中国企业年金发展滞后的政策因素分析——兼论“部分TEE”税优模式的选择 [J]. 中国人口科学，2010（2）：2-23.

[79] 郑秉文.中国特色社会保障文化内涵与核心价值体系——从国际比较视角所做的观察与分析 [J]. 中国社会保障，2012（11）：39-41.

[80] 郑秉文.中国养老金发展报告2016——“第二支柱”年金制度全面深化改革 [M] .北京：经济管理出版社，2016（12）.

[81] 郑秉文.美国和英国扩大年金参与率的经验与启示 [N] .中国证券报，2017-04-14.

［82］郑秉文.企业年金：踏上新征途　面对新挑战［N］.经济参考报，2018-03-07.

［83］郑功成.社会保障学：理念、制度、实践与思辨［M］.北京：商务印书馆，2004.

［84］郑功成.中国离福利时代还有多远［N］.解放日报，2007-10-20.

［85］褚福灵.中国社会保障发展指数报告2012［M］.北京：经济科学出版社，2013.

［86］褚福灵.城乡养老保障评估研究［M］.北京：经济科学出版社，2016.

［87］中证金牛研究.企业年金积累基金1.29亿，账管人托管人工行均列第一［EB/OL］.http：//fund.jrj.com.cn/2018/04/12172624381831.shtml，2018-04-12.

［88］朱俊生，袁铎珍.OECD国家促进私人养老金发展的措施及启示［J］.经济纵横，2018（3）：86-99.

［89］朱铭来，于新亮，程远.企业年金决策影响因素研究——基于上市公司避税动机的实证分析［J］.保险研究，2015（1）：8-21.

索　引